Filosofia latino-americana e brasileira

2ª edição

Rui Valese
Giselle Moura Schnorr

inter saberes

Rua Clara Vendramin, 58 . Mossunguê
CEP 81200-170 . Curitiba . PR . Brasil
Fone: (41) 2106-4170
www.intersaberes.com
editora@intersaberes.com

Conselho editorial
Dr. Alexandre Coutinho Pagliarini
Dr³. Elena Godoy
M³. Maria Lúcia Prado Sabatella
Dr. Neri dos Santos

Editora-chefe
Lindsay Azambuja

Gerente editorial
Ariadne Nunes Wenger

Assistente editorial
Daniela Viroli Pereira Pinto

Edição de texto
Monique Francis Fagundes Gonçalves

Capa
Luana Machado Amaro (*design*)
Sílvio Gabriel Spannenberg (adaptação)

Projeto gráfico
Bruno Palma e Silva

Diagramação
Querido Design

Equipe de design
Sílvio Gabriel Spannenberg

Iconografia
Regina Claudia Cruz Prestes

Dados Internacionais de Catalogação na Publicação (CIP)
(Câmara Brasileira do Livro, SP, Brasil)

Valese, Rui
  Filosofia latino-americana e brasileira / Rui Valese, Giselle Moura Schnorr. -- 2. ed. -- Curitiba, PR : Editora Intersaberes, 2023. -- (Série estudos de filosofia)

  Bibliografia.
  ISBN 978-85-227-0449-1

  1. Filosofia - História 2. Filosofia brasileira 3. Filosofia latino-americana I. Schnorr, Giselle Moura. II. Título. III. Série.

23-142670
CDD-199.81
-199.980

Índices para catálogo sistemático:
1. Filosofia brasileira : História   199.81
2. Filosofia latino-americana : História   199.980

Eliete Marques da Silva – Bibliotecária – CRB-8/9380

1ª edição, 2018.
2ª edição, 2023.

Foi feito o depósito legal.

Informamos que é de inteira responsabilidade dos autores a emissão de conceitos.

Nenhuma parte desta publicação poderá ser reproduzida por qualquer meio ou forma sem a prévia autorização da Editora InterSaberes.

A violação dos direitos autorais é crime estabelecido na Lei n. 9.610/1998 e punido pelo art. 184 do Código Penal.

sumário

agradecimentos, xi
apresentação, xv
organização didático-pedagógica, xxv

1

O problema da identidade, 30
    1.1 As diferentes perspectivas, 36
    1.2 Pensamento pré-colombiano, 46
    1.3 A ontologia do Ser europeu
    dos séculos XV e XVI, 55
    1.4 O choque de culturas, 59

2 A filosofia latino-americana e brasileira no período de colonização, 72

   2.1 Contexto histórico, político e socioeconômico, 74
   2.2 Problemas e correntes da filosofia latino-americana e brasileira no período colonial, 76
   2.3 Alguns dos principais autores e obras, 78
   2.4 Filosofia no Brasil colonial, 82
   2.5 Uma pensadora latino-americana no período colonial, 87

3 A filosofia latino-americana e brasileira em tempos de emancipação política, 100

   3.1 Contexto histórico, político e socioeconômico, 102
   3.2 Problemas e correntes da filosofia latino-americana e brasileira no contexto das lutas por emancipação política, 107
   3.3 Alguns dos principais autores e obras, 116
   3.4 Filosofia no Brasil e a independência de Portugal, 122
   3.5 Algumas pensadoras latino-americanas nos tempos da emancipação, 134

4 A filosofia latino-americana e brasileira e o populismo do início do século XX, 148

   4.1 Contexto histórico, político e socioeconômico, 150
   4.2 Problemas e correntes da filosofia latino-americana e brasileira no início do século XX, 152
   4.3 Alguns dos principais autores e obras, 158

4.4 Filosofia no Brasil no início do século XX, 173
4.5 Pensadoras latino-americanas da primeira metade do século XX, 178

5 Filosofia latino-americana e brasileira contemporânea, 190
5.1 Contexto histórico, político e socioeconômico, 192
5.2 Problemas e correntes da filosofia latino-americana e brasileira na contemporaneidade, 195
5.3 Alguns dos principais autores e obras, 203
5.4 Filosofia no Brasil contemporâneo, 215
5.5 Algumas filósofas brasileiras contemporâneas, 226

6 Filosofia da Libertação, 242
6.1 Nascimento da Filosofia da Libertação, 244
6.2 Alguns dos principais nomes e obras, 254
6.3 Filosofia da Libertação no Brasil, 266
6.4 Alguns autores e obras da Filosofia da Libertação no Brasil, 269

considerações finais, 281
referências, 287
bibliografia comentada, 299
respostas, 303
sobre os autores, 307

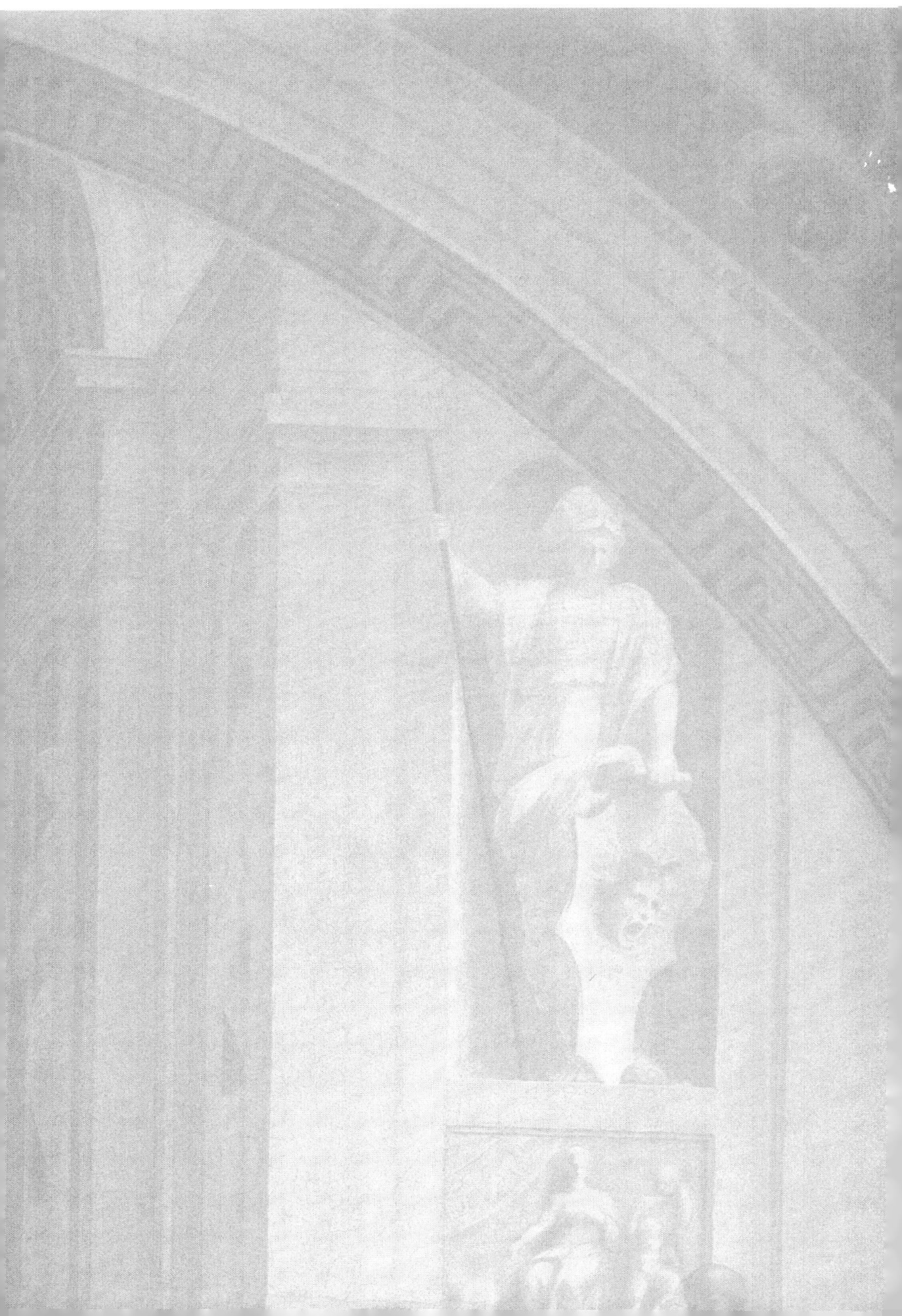

A todos aqueles e aquelas que sonharam/sonham com uma América Latina Livre e que lutaram/lutam para que ela seja de todos os povos latino-americanos – tanto dos que já estavam aqui quanto dos que fizeram deste chão sua pátria! Que a utopia deixe de ser o não lugar para se tornar real.

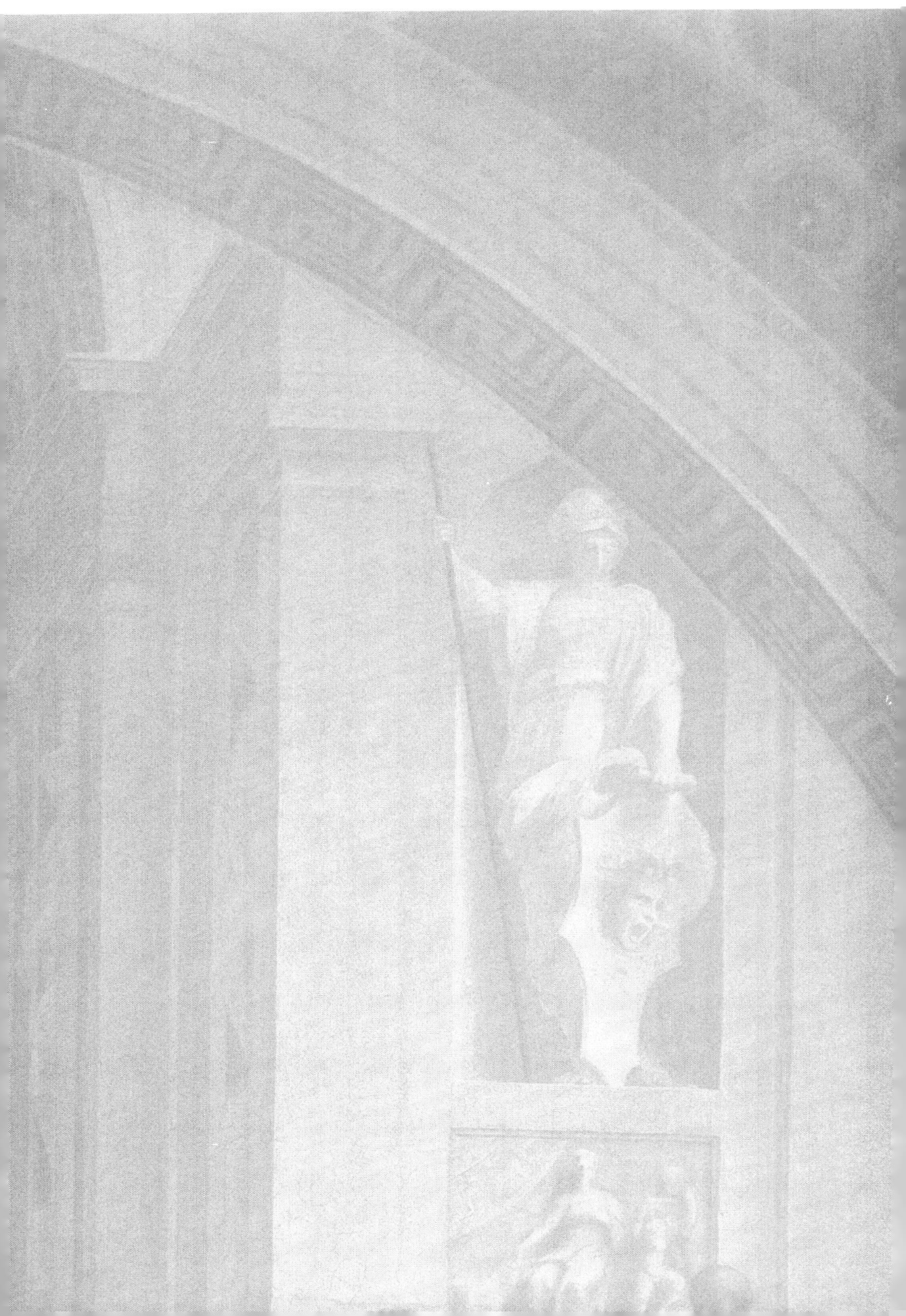

agradecimentos

Primeiramente, *quero agradecer* àqueles professores que, ainda na minha graduação, em meados da década de 1980, me apresentaram a filosofia latino-americana e a Filosofia da Libertação. Em particular, ao professor doutor Celso Ludwig, por ter me iniciado no pensamento de Enrique Dussel.

Em segundo lugar, agradeço ao amigo e professor doutor Luís Fernando Lopes, por ter feito o convite e ter tido a paciência para a produção desta obra, elaborada e apresentada com carinho no contexto das condições históricas que se alteraram significativamente de 2016 para 2017.

Em terceiro lugar, mas em primeiro em ordem de prioridade, agradeço à minha esposa, professora mestre Sirley Machado Maciel, por ter compreendido a importância deste trabalho e aberto mão de minha companhia e presença em muitos momentos, bem como ao meu amado filho, Gabriel Vinicius, que também foi compreensivo, ainda que não deixasse de cobrar minha presença.

Em quarto lugar, agradeço à amiga e professora doutora Giselle Moura Schnorr, por ter aceitado o convite para dividir a parceria nesta obra e escrever o capítulo final – "Filosofia da Libertação". Seu conhecimento a respeito desse tema é muito maior que o meu, sendo ela, portanto, mais competente, no sentido extenso da palavra, para fazê-lo.

Por fim, agradeço à minha mãe, que, do jeito dela e em sua sabedoria de quem pouco pôde frequentar os bancos escolares, me deu lições de vida que guardo até hoje. E a meu pai (*in memoriam*), que teve pouco tempo para me educar, mas contribuiu muito para a formação do meu caráter.

Rui Valese

Primeiramente, agradeço ao professor doutor Rui Valese pelo, por ter me convidado para contribuir na produção desta obra, na qual humildemente colaborei com o Capítulo 6.

Agradeço também à Editora InterSaberes e a parabenizo por confiar em nosso trabalho e dar visibilidade à produção filosófica latino-americana e brasileira, ainda tão silenciada em nosso meio.

Deixo registrada minha gratidão aos mestres que, ao longo de minha formação, me apresentaram a filosofia latino-americana e Filosofia da Libertação e que são testemunho de resistência à dimensão colonial da filosofia em nossa sociedade – em especial aos professores Pe. Domenico Costella, Euclides André Mance e Antonio Joaquim Severino.

Por fim, sou grata aos jovens estudantes de Filosofia com quem convivo e que me desafiam cotidianamente a pensar e repensar minha prática educativa.

Giselle Moura Schnorr

apresentação

Conhecer o país e governá-lo conforme o conhecimento é a única forma de livrá-lo das tiranias. [...] A história da América, dos Incas até aqui, tem que ser ensinada em detalhes, embora não se ensine a dos arcontes* da Grécia. Nossa Grécia é preferível à Grécia que não é nossa. É mais necessária para nós.

(José Martí)

---

* O termo *arcontes* se refere aos magistrados aos quais se conferiu o governo de Atenas e outras cidades na antiga Grécia (Martí, 2011, p. 49).

Iniciamos esta obra com a citação do escritor e político cubano José Martí, que, no século XIX, em sua extensa produção intelectual, defendeu a unidade entre as nações latino-americanas como caminho para a erradicação do que restasse de colonial e contra o ímpeto imperial norte-americano que se avizinhava desses países.

A utopia de José Martí não se concretizou, e o século XX, para a América Latina, foi marcado pelo imperialismo norte-americano. Neste início do século XXI, as contradições gestadas pelo mundo globalizado seguem incidindo em nosso continente, onde as desigualdades se perpetuam, com ameaças à soberania e à democracia; ou seja, pensar a América Latina comprometida com a justiça social segue um desafio de nosso tempo.

Escrever um livro que se propõe a realizar uma introdução ao pensamento filosófico latino-americano, reconhecendo aspectos do pensamento de povos originários, retomando importantes expoentes do filosofar, destacando homens e mulheres que se dedicaram ou se dedicam a pensar sob o ponto de vista do solo latino-americano, expressa uma atitude que pressupõe engajamento ético e político libertador, no qual o conhecimento não é neutro.

A América Latina como conteúdo curricular nos cursos de graduação continua como tema à margem, quando não completamente ausente, não somente nos cursos de Filosofia. Darcy Ribeiro denuncia, em *A América Latina existe?* (2010), a ausência no Brasil da percepção de pertencimento a esse continente. Esta publicação representa uma ação concreta rumo ao "re-conhecimento" não só de autores e autoras, mas de uma longa trajetória, ainda pouco conhecida, dos filosofares em nosso continente e do Brasil como parte dessa construção.

O presente livro tem por objetivo apresentar em linhas gerais o pensamento filosófico latino-americano e assim somar esforços para o conhecimento acerca da América Latina como território teórico-prático de disputas epistêmicas, em particular no campo da filosofia. Foi realizada uma ampla pesquisa, em diversas fontes, com vistas a apresentar sínteses relevantes, com rigor teórico, e a tecer uma importante contribuição para o campo da formação em filosofia. Trata-se de uma obra introdutória e de um grande desafio. Isso porque tal pensamento em terras brasileiras – e principalmente na academia – ainda é pouco explorado, pois a maioria dos filósofos brasileiros e dos professores da disciplina reduz a filosofia a pensadores europeus e estadunidenses. Ainda não descolonizamos nossas mentes...

Da mesma forma, podemos afirmar que pensar em um processo de integração latino-americana é mais do que um desafio. Ainda não nos vemos como pertencentes a este continente; vemo-nos como brasileiros, como se fôssemos um continente à parte: existem nós e outra América Latina. Nosso continente e sua rica diversidade têm sido território de dominação econômica, política e cultural, assim como de resistências e de lutas há mais de cinco séculos.

Afirmar o pensamento filosófico latino-americano e as filosofias da libertação ainda pode causar estranheza no campo acadêmico, sendo considerado por alguns abusivo e sem universalidade. No entanto, esses argumentos situam-se no modo como se concebe a filosofia, descomprometida com a práxis, voltada para o fazer filosofia pela filosofia.

O trabalho de pesquisa e sistematização realizado neste livro esboça o debate de diferentes correntes filosóficas da América Latina em diálogo com a tradição europeia. Não se trata, portanto, de negar a tradição, mas de se colocar em diálogo crítico com ela, contribuindo para enriquecer e não apenas repetir teses filosóficas já construídas.

Escrever uma obra sobre a filosofia latino-americana e brasileira é desde o inicio ter de se decidir, fazer uma escolha, uma tomada de posição:

De onde estamos falando? Ao lado de quem estamos nos colocando e, ao mesmo tempo, contra quem? Isso porque uma primeira pergunta que se faz necessário responder é se estamos falando de filosofia **na** América Latina ou **da** América Latina. Na primeira perspectiva, estaremos nos referindo à presença da filosofia em determinado lugar; na segunda, nossa reflexão estará relacionada à filosofia produzida nesse e a partir desse lugar.

Para alguns historiadores, embora seja possível falar de várias filosofias – no sentido de que cada filósofo tem um conceito diferente de filosofia –, ainda assim, só poderíamos falar de uma que teria surgido na Grécia Antiga por volta dos séculos VIII e VII a.C. Se seguirmos essa ótica, somente é correto falar de filosofia **na** América Latina, em especial após a chegada dos colonizadores europeus. Porém, a perspectiva que adotamos é a de que podemos falar de uma filosofia **da** América Latina, no sentido de que esta não é uma exclusividade indo-europeia, mas uma produção humana que se manifestou em diferentes continentes, em diferentes momentos históricos e de maneiras diversas. Assim, um *tlamatinime* – "aquele que sabe alguma coisa" – é tanto um filósofo quanto o foram os pré-socráticos; ou seja, a filosofia é uma atividade humana que se manifesta de modo plural na busca de significações da existência humana no mundo e essa existência é sempre situada em um lugar histórico-cultural.

Dessa forma, diferentemente daqueles que duvidam de nossa capacidade de produzir pensamento filosófico no sentido extenso da palavra, entendemos que de modo próprio, até antes da chegada dos colonizadores, já se fazia filosofia na Ameríndia. E, mesmo diante da imposição de outra ontologia, de outro Ser – o do *ego conquiro* –, podemos falar de um pensamento filosófico latino-americano original e autóctone. Isso não significa que ele tenha sido sempre independente, autônomo. Como afirma Enrique Dussel, por vezes se produziu (e ainda se produz) por aqui um pensamento inautêntico. Portanto, é no movimento das contradições da história latino-americana que se gestou e se gesta o pensamento filosófico neste continente.

Como um convite para exercermos um olhar filosófico a partir da América Latina, buscando romper com essa mentalidade, começamos este livro com o que chamamos de *capítulo de fundação*. Trata-se de um momento fundamental da obra: o de assumir determinada postura epistemológica e ideológica – a de que a filosofia não é uma exclusividade grega e/ou europeia/estadunidense. Apresentamos nesse **primeiro capítulo**, para reflexão, a tese consagrada historicamente de que a origem da filosofia é grega, quando trazemos os questionamentos do filósofo afro-americano Molefi Kete Asante sobre a origem tanto da palavra *filosofia* – que teria surgido no Egito e depois desenvolvida na Grécia pelos filósofos da natureza, os pré-socráticos, que teriam não somente viajado para o Egito, mas estudado e aprendido várias ciências com os sábios egípcios. Nesse primeiro capítulo, tratamos também do pensamento pré-colombiano, manifestando já as primeiras reflexões de caráter filosófico, antes ainda da chegada dos europeus. Finalizamos essa parte com uma discussão sobre o choque de culturas ocorrido com a chegada de espanhóis e portugueses ao continente latino-americano.

Desafiamo-nos, ainda que incipientemente, a pensar a possibilidade de uma filosofia a partir de nossa *Pacha Mama**, de nossa Ameríndia. Mas procuramos fazê-lo sem buscar nenhuma outra referência como parâmetro de justificação e/ou legitimação que não o próprio pensamento racional. Afinal de contas, se queremos defender e concebemos que aqui

---

* *Pacha Mama* (ou *Pachamama*) é uma palavra de origem quíchua que significa "Mãe Terra" – divindade feminina, mãe de todos os seres humanos e presente em todos os seres minerais, vegetais, animais, bem como nos fenômenos em geral.

também se produziu e se produz um pensamento filosófico, não faz sentido buscar um parâmetro exógeno para justificá-lo e/ou sustentá-lo.

No **segundo capítulo**, tratamos do pensamento filosófico no período colonial (séculos XVI-XIX). Ali temos o primeiro momento da Filosofia da Libertação, com os questionamentos levantados por Bartolomé de las Casas em relação ao processo de colonização implantado pelos espanhóis, baseado na eliminação do Outro, seja pelo processo de aculturação, seja pela eliminação física. Ao mesmo tempo, é o momento da chegada da filosofia de origem indo-europeia pelas mãos dos jesuítas, fundamentando e legitimando o processo de colonização. José de Acosta, por exemplo, um dos pensadores desse período, busca enquadrar o "Novo Mundo" no esquema aristotélico. De Juan Ginés de Sepúlveda vem, de modo corroborativo, a tese de inferioridade das populações ameríndias autóctones, e de Padre Antônio Vieira, a justificação da escravização dos povos africanos: era a forma que tinham de ser salvos, na medida em que, por meio da escravização, puderam conhecer tanto a cultura europeia quanto o cristianismo. Para finalizar o capítulo, destacamos a presença da primeira voz feminina a não somente pensar filosoficamente, mas publicizar suas ideias e até polemizar com Padre Antônio Vieira sobre o sermão deste a respeito das finezas do amor de Jesus: Sóror Juana Inés de la Cruz.

No **terceiro capítulo**, apresentamos o pensamento filosófico desenvolvido entre o processo de independência das antigas colônias espanholas e portuguesa e o início do século XX. Dividimos esse período em três momentos distintos: 1) influência das ideias políticas contrárias ao absolutismo e ao Antigo Regime; 2) período pós-emancipação, em que a ideia de busca pela autonomia política provocou Alberdi a afirmar que a filosofia deveria "sair de nossas necessidades"; e 3) segunda metade do século XIX, em que chegaram pensamentos filosóficos diversos: positivismo, neotomismo, krausismo, espiritualismo, comunismo e anarquismo.

No **quarto capítulo**, abordamos o pensamento filosófico da primeira metade do século XX. Em linhas gerais, ele se caracterizou pela luta contra as marcantes influências do positivismo no final do século XIX e início do século XX. Marcou também o fortalecimento da ideia de um pensamento autóctone. Segundo Dussel (1994), a retomada da temática indígena surgiu como uma alternativa no confronto com a Europa e o pensamento francês. De acordo com o mesmo filósofo, a burguesia nascente era anti-imperialista – ainda que não tivesse em mente a extensão das ideias de igualdade entre todos os latino-americanos –, como também o foram os líderes das independências. No entanto, a influência europeia era muito forte nesse período: o pensamento marxista se fez presente e de modo significativo, principalmente pelas obras do peruano José Carlos Mariátegui e pela filosofia racionalista do espanhol Ortega y Gasset em países como Argentina, México, Peru e Brasil, bem como pelo pensamento neotomista no Brasil, que por aqui teve como principais representantes Alceu de Amoroso Lima e Leonel Franca.

No **quinto capítulo**, tratamos do pensamento filosófico da segunda metade do século XX e início do século XXI. Na segunda metade, o pensamento marxista era ainda muito forte, mas começava a dividir espaço, seja na academia, seja nos movimentos políticos e sociais, com outras perspectivas filosóficas. Foi o caso de diversos filósofos que se pretenderam "neutros", por desenvolverem um pensamento universalista, científico. Alguns pensadores latino-americanos passaram a ser influenciados por filósofos e por correntes como o estruturalismo (Wittgenstein e Frege), a fenomenologia, o existencialismo (Sartre, Heidegger e a Escola de Frankfurt), entre outras. Nesse período, também surgiu a Filosofia da Libertação. O ponto de partida foi o debate que se estabeleceu entre

Augusto Salazar Bondy e Leopoldo Zea sobre a existência ou não de um pensamento filosófico latino-americano.

No **sexto capítulo**, finalizamos a obra com um texto dedicado exclusivamente à Filosofia da Libertação. Procuramos apresentar alguns de seus principais representantes, categorias e produções. Ainda que identifiquemos uma data de nascimento essa corrente – década de 1970 –, suas raízes podem ser buscadas no período colonial, desde as primeiras manifestações de Bartolomé de las Casas.

Os capítulos, exceto o primeiro, mantêm a mesma estrutura básica: partimos de um contexto histórico, político e socioeconômico para, em seguida, apresentarmos as principais ideias filosóficas do período estudado e, na sequência, alguns dos principais nomes do pensamento filosófico. Finalizamos os capítulos (à exceção do primeiro e do último) com a menção a algumas das principais mulheres que se destacaram no campo filosófico do mesmo período. Fizemos dessa separação por entendermos que é tempo de a filosofia deixar de ser pensada apenas no masculino e para o mundo masculino.

A filosofia como busca de significação da condição existencial mantém perguntas clássicas como: "Quem somos?", "De onde viemos?" e "Para onde vamos?", entre outras. Pensar essas questões a partir do contexto latino-americano, tal como nos ensinam as filosofias da libertação, representa partir dos seres humanos situados na concretude, nas condições de opressão e negação da liberdade, gestando um pensamento libertador, na medida em que a teoria se submete ao humano e não o contrário, em que as relações de dominação e dependência são pontos de partida do pensar, tendo como horizonte a construção de uma nova sociedade pautada na superação das condições de alienação, opressão e negação dos sujeitos.

Este livro representa um esforço de síntese que se insere no reconhecimento das filosofias latino-americanas como resultado de um trabalho longo e coletivo que precisa ser mais conhecido pelas novas gerações, semeando a esperança na formação intelectual com compromisso com a coletividade e com os excluídos.

Não nos colocamos como meros descritores de um pensamento, de uma realidade, mas como sujeitos epistêmicos dela. Como dizia Eduardo Galeano (1990, p. 44), "Pertenço a uma terra que ainda ignora a si mesma. Escrevo para ajudá-la a revelar-se – revelar-se, rebelar-se – e buscando-a me busco e encontrando-a me encontro e com ela, me perco".

Com as palavras desse escritor uruguaio, finalizamos esta apresentação e desejamos bons estudos, esperando que a obra contribua para sua formação filosófica, ampliando o mapa-múndi da filosofia. Fica o convite para conhecer mais sobre nosso continente e seus filosofares, pois somos América Latina!

Fazemos votos de que as ideias aqui propostas suscitem o interesse em conhecer mais acerca das filosofias aqui abordadas e provoquem a curiosidade própria do filosofar e a inquietude em torno da condição latino-americana.

*organização
didático-pedagógica*

E sta *seção tem* a finalidade de apresentar os recursos de aprendizagem utilizados no decorrer da obra, de modo a evidenciar os aspectos didático-pedagógicos que nortearam o planejamento do material e como o leitor pode tirar o melhor proveito dos conteúdos para seu aprendizado.

Introdução do capítulo

Logo na abertura do capítulo, você é informado a respeito dos conteúdos que nele serão abordados, bem como dos objetivos que o autor pretende alcançar.

Síntese

Você conta, nesta seção, com um recurso que o instigará a fazer uma reflexão sobre os conteúdos estudados, de modo a contribuir para que as conclusões a que você chegou sejam reafirmadas ou redefinidas.

Atividades de autoavaliação

Com estas questões objetivas, você tem a oportunidade de verificar o grau de assimilação dos conceitos examinados, motivando-se a progredir em seus estudos e a se preparar para outras atividades avaliativas.

Atividades de aprendizagem

Aqui você dispõe de questões cujo objetivo é levá-lo a analisar criticamente determinado assunto e aproximar conhecimentos teóricos e práticos.

Bibliografia comentada

Nesta seção, você encontra comentários acerca de algumas obras de referência para o estudo dos temas examinados.

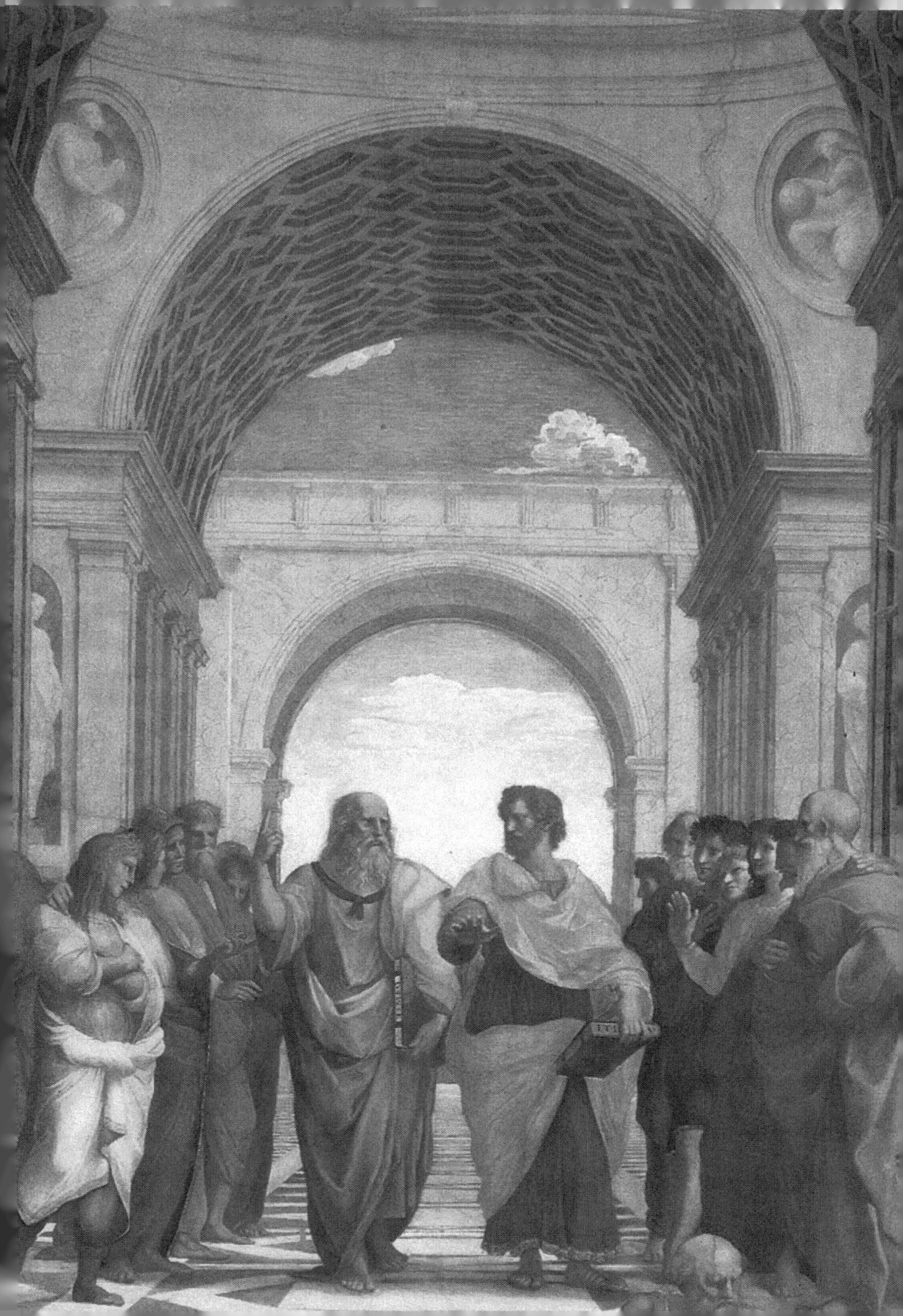

1
O problema da identidade

Neste primeiro capítulo, abordaremos a originalidade do pensamento filosófico latino-americano e brasileiro, mas, igualmente, de que maneira ele foi "colonizado". O pensamento filosófico latino-americano começou a ser gestado ainda antes da chegada dos europeus. Porém, assim como os povos que aqui existiram foram negados em sua condição existencial, também sua cultura, seus costumes, crenças, conhecimentos e pensamentos o foram. Portanto, nosso maior desafio aqui é caracterizar o pensamento filosófico latino-americano como universalista, sem ser universalizante, questionando, ao mesmo tempo, a centralidade e a totalidade totalizante do pensamento filosófico indo-europeu.

Uma obra que se propõe a tratar da filosofia latino-americana e brasileira, já de pronto, enfrenta um problema: o da identidade/autenticidade de um pensamento autóctone. Em outras palavras: É possível falar de uma filosofia latino-americana e/ou brasileira? Ou isso seria uma falácia, na medida em que se construiu um discurso de que a filosofia seria universal e, portanto, não podemos falar de filosofias, mas de uma filosofia apenas, em sentido universalista e singular?

Para possibilitar uma melhor compreensão desse problema, vamos tratá-lo sob dois aspectos. O primeiro é o da afirmação de uma perspectiva indo-eurocêntrica, universalista, segundo a qual a filosofia teria uma origem grega e, assim, somente poderíamos falar de **uma** filosofia: a grega, que depois foi levada à Europa, em parte pelos latinos durante o Império Romano (27 a.C.-476 d.C.), e que por mais de mil anos ficou restrita aos estudos dos árabes e dos persas, como Al-Farabi, Averróis e Avicena.

Essa primeira explicação da origem da filosofia encontra pelo menos dois problemas. Um deles é o fato de ela ter nascido nas colônias gregas – portanto, na periferia –, e não no centro da cultura grega; surgiu em Mileto, colônia da Ásia Menor, onde hoje é a Turquia, e na Magna Grécia, onde hoje se encontram a Itália e a região da Sicília. O outro problema tem a ver com a origem do próprio termo *filosofia*. Conforme o estudioso, historiador, filósofo, poeta, dramaturgo e pintor afro-americano Molefi Kete Asante, a palavra vem de uma antiga língua falada no Egito, com o termo *Seba*, que significa "Sábio". Segundo ele, o termo se transformou em *Sebo*, no copta, língua falada no Egito, e em *Sophia*, que é o termo grego (Asante, 2015).

Somente com a expansão da cultura muçulmana, a partir do século VII, pela Ásia, pela África e pela Europa (via Espanha), foi que, de fato, os pensadores europeus conheceram os principais nomes e obras dos pensadores gregos. Mais tarde, durante a Baixa Idade Média, mais obras do pensamento grego chegaram ao continente europeu. Aliás, até mesmo a forma de se referir ao continente europeu como "Velho Continente" já é uma expressão desse etnocentrismo.

Essa afirmação indo-eurocêntrica, a partir do século XV, foi estabelecida com base em algumas ações político-econômicas, bem como religiosas, culturais e mesmo afirmações explícitas por parte de alguns filósofos. No primeiro caso, destaca-se a política de conquista de novas rotas de comércio entre a Europa e a Ásia, procuradas por Portugal e Espanha, o que resultou na conquista e exploração dos continentes africano e latino-americano, bem como na exploração, escravidão e matança de seus povos, além dos processos de aculturação via religião e educação. Nesse encontro de povos e culturas, há a imposição de um Ser indo-europeu sobre o Ser latino-americano e africano e, consequentemente, a negação desse Ser como o Outro:

> Portanto, a interpretação da "invenção da América" toma, em primeiro lugar, Colombo e o ser-aí europeu como centro do mundo. E, em segundo lugar, ao encontrado no Mar Oceânico como um ente. Isto é verdade na história, e a realidade dos fatos, na verdade, o homem europeu considerou os resultados como um ente, uma coisa. Não o respeitou como "o outro", como outro mundo, como o mais além de toda constituição de sentido possível desde o mundo colombino. (Dussel, 1986, p. 7-8, tradução nossa)

O Ser da totalidade totalizante indo-europeia se impõe sobre as outras identidades, negando-as, coisificando-as, seja por meio da exploração econômica, seja por meio da violência física, sexual (estupro) ou da morte. É o que se pode observar nos relatos de Bartolomé de las Casas em sua obra *Brevíssima relação da destruição das Índias*, escrita em 1542.

Se, de um lado, a cultura indo-europeia se impõe política, econômica, cultural e religiosamente dessa forma, de outro, alguns filósofos corroboram suas ideias direta ou indiretamente nesse processo de legitimação e justificação. É o caso, por exemplo, do *cogito* cartesiano. Ao afirmar o "Penso, logo existo!", Descartes oferece os fundamentos ontológicos para a totalidade europeia impor-se sobre as demais, afirmando-se como aquela que pensa, logo existe, e negando que as demais pensassem – portanto, somente passariam a existir se pensassem a partir dos cânones indo-europeus. É o que afirma Kant (1993, p. 75-76): "Os negros da África não possuem, por natureza, nenhum sentimento que se eleve acima do ridículo". Na mesma obra, ele declara que "O senhor Hume desafia qualquer um a citar um único exemplo em que um Negro tenha mostrado talentos". Segundo o mesmo Hume, ainda, haveria uma enorme diferença entre a capacidade mental entre brancos e negros. Acrescente-se por fim: "Os negros são muito vaidosos, mas à sua própria maneira, e tão matraqueadores, que se deve dispersá-los a pauladas" (Kant, 1993, p. 75-76).

O discurso de que a filosofia é grega se faz sustentado por uma historicidade e uma ontologia que, de um lado, afirma um Ser como existente e, de outro, nega a possibilidade de outro Ser como existente, ou outros Seres. Em outros termos, afirma-o como não-Ser. Ou ainda, dentro da lógica formal aristotélica, afirma-o a partir do princípio da não contradição: é impossível que o Ser seja europeu, ameríndio e africano ao mesmo tempo – ou ele é europeu, ou ele é ameríndio, ou ele é africano. Como os europeus se afirmaram portadores do *cogito*, do *logos* herdado dos gregos, somente eles **são**. Os demais são **não-Ser**.

De imediato, corrobamos que existe, sim, uma filosofia que é grega. Porém, defendemos também que existe aquela que é asiática, africana e latino-americana. Essa, aliás, é a outra perspectiva da existência da filosofia – ou "filosofias" –, uma vez que cada uma delas vai se constituir partindo de determinações diferentes. Nessa segunda perspectiva, não estamos aludindo a uma posição nacionalista, típica das ideologias populistas que alimentaram governos, partidos e movimentos nazifascistas. A possibilidade de o pensamento nacionalista tornar-se aquilo que se tornou o nazifascismo é muito grande, uma vez que a linha divisória entre ambos é por demais tênue.

Nesse sentido, afirmamos – e reforçamos – a existência de uma filosofia asiática, africana e latino-americana. Isso não significa que ela invente problemas que não são filosóficos para se chamar de *filosofia*, mas que trata de questões universais – como vida, morte, justiça, bem, mal e belo, entre outras – e que é local, isto é, específica da localidade onde tais questões são pensadas; ou seja, as filosofias são sempre temporais e contextuais. Por exemplo: ainda que **vida** seja um conceito universal, não é a mesma coisa falar dele da perspectiva de algum país da Europa, como a Dinamarca, ou de determinada localidade do interior do nordeste brasileiro, ou de um país africano como a Somália, ou ainda do Afeganistão. Em cada uma dessas regiões – e poderíamos ainda considerar subdivisões com base em critérios econômicos e políticos –, tal conceito vai adquirir significados completamente distintos. Como afirmam Marx e Engels (2007, p. 11), "O que são coincide portanto com a sua produção, isto é, tanto com aquilo que produzem como com a forma como produzem. Aquilo que os indivíduos são depende, portanto, das condições materiais da sua produção". Isto é, estamos determinados por nossas condições materiais – nossa existência é estabelecida por elas –, mas não submissos, limitados. E, da mesma forma, parafraseando ainda Marx (Marx; Engels, 2007), não são as ideias que produzem o mundo material, é este que produz as ideias.

Quando refletimos sobre problemas universais, não os pensamos descolados da realidade que vivemos e de nossas determinações; nós o fazemos com base em nossas determinações históricas, culturais, sociais e econômicas. É nesse sentido que podemos falar de uma filosofia latino-americana, de uma filosofia africana, de uma filosofia oriental e assim por diante, e não de uma filosofia num sentido universalista, que tenha sido produzida ou se originado na Grécia, migrado para a Europa e depois, aos poucos, sido apropriada pelos outros povos dos demais continentes ou então imposta a eles, num processo de aculturação, de colonização das mentes, assim como ocorreu, *pari passo*, com a colonização cultural, política e econômica. Competiria aos demais povos dos outros continentes apenas apropriar-se dessa filosofia de maneira inautêntica, como afirma Dussel, tratando de problemas que não os seus.

1.1
As diferentes perspectivas

Anteriormente, discutimos a existência de filosofia fora do centro indo-europeu. Tomamos como referência a ideia de que filosofar diz respeito a pensar a condição humana, seus problemas em diálogo com as tradições históricas e culturais. Nesse sentido, não desconsideramos a tradição de pensamento europeia – parte de nossa constituição como latino-americanos desde 1492; ao contrário, destacamos como nos inserimos nessa tradição, por vezes de modo acrítico.

Há uma perspectiva universalista que afirma a existência de apenas uma filosofia – nesse caso, a indo-europeia, que, aliás, tem seu *status* de "primeira" questionado por diversos pensadores africanos contemporâneos (que argumentam, inclusive, com base na citação de pensadores gregos clássicos), como é o caso do filósofo afro-americano Molefi Kete Asante.

> *Tal como nos dizem Cheikh Diop, George James, Molefi Asante, Maulana Karenga, Martín Bernal, Théophile Obenga, Marimba Ani, Nkolo Foé, Mogobe Ramose e José Nunes Carreira, o racismo antinegro que questionava os avanços técnicos, filosóficos,*

científicos e culturais do Egito faraônico deu origem a discursos que desacreditavam a capacidade dos egípcios de construir pirâmides e aquedutos, embalsamar corpos, represar rios, criar sistemas sofisticados de cultivo e agricultura. (Nogueira, 2017, p. 48)

Segundo Nogueira (2017, p. 48-49), dois modelos explicativos conflitavam sobre o berço da humanidade e no século XIX,

o modelo ariano se tornou mais influente do que o modelo antigo nos meios acadêmicos ocidentais, o que causou o silenciamento do Egito como civilização que influenciou profundamente o mundo helênico, celebrando a Grécia como "pura", "original" e "inventora" da Filosofia. Mas o modelo antigo reconhece que os gregos não foram os primeiros. Na interpretação de James, Diop, Asante e Obenga, os primeiros textos de Filosofia eram egípcios.

Assim como não podemos afirmar que **um** povo tenha criado os rituais religiosos, a arquitetura, a agronomia, a astronomia etc., também o mais correto é reconhecer, ainda que isso cause estranheza e desconforto, que a filosofia não tem **uma** certidão de nascimento – a grega – mas várias, ou seja, ela não é exclusividade grega como se proclama predominantemente no discurso historiográfico da filosofia. Ela surgiu na Grécia, entre os séculos VII e VI a.C., por meio das investigações dos filósofos pré-socráticos, surgiu no Egito com os *rekh**, com os escritos de Imhotep (século XXVII a.C.) e Ptah-Hotep (século XXV a.C.) (Nogueira, 2017); e também surgiu com os *tlamatinime nahuatl* antes da invasão europeia no continente americano.

---

*   O trabalho dos *rekh* era "perguntar pela natureza das coisas (khet) baseado no conhecimento acurado (rekhet) e bom (nefer), discernimento (upi). A palavra 'upi' significa 'julgar', 'discernir', 'dissecar'. A palavra cognata 'upet' significa 'especificação', 'julgamento', e 'upset' quer dizer 'específico', isto é, dar os detalhes de algo" (Nogueira, 2017, p. 49).

Nesta primeira seção, nosso objetivo é discutir a existência de pensadores latino-americanos, inclusive brasileiros. Da mesma forma, buscamos refletir sobre a seguinte questão: O que seria necessário para se afirmar que alguém é um filósofo latino-americano e/ou brasileiro?

Sobre a existência de um pensamento filosófico na América Latina, à primeira vista, bastaria fazer um levantamento histórico e biográfico daqueles pensadores que publicaram obras de filosofia, comentando, criticando ou apresentando ideias ou conceitos de filósofos indo-europeus ou norte-americanos. Ao mesmo tempo, faríamos uma análise crítica dessas obras para verificar até que ponto tais pensadores são originais em suas reflexões ou meros repetidores de pensamento alheio – ou, como afirma Dussel, pensadores inautênticos. Poderíamos, igualmente, verificar se influíram no pensamento de seus contemporâneos ou no dos que vieram depois deles, ou, conforme Cabrera (2010), se obtiveram reconhecimento por seus pares.

Já quanto à questão sobre a existência de um pensamento filosófico latino-americano e/ou brasileiro – o que seria necessário para se afirmar que alguém é um filósofo latino-americano e/ou brasileiro –, faríamos uma investigação ontológica, uma vez que nossa pergunta trataria de quem é o sujeito do filosofar, o **Ser** desse sujeito, aquilo que o distingue dos demais (dos pensadores que apresentaríamos na questão anterior). Este estaria se perguntando e refletindo sobre problemas, universais sim, mas a partir de sua realidade latino-americana, criando as próprias categorias de análise e falando da América Latina, na ótica da América Latina, com categorias e conceitos criados na *Pacha Mama*.

Se fizermos uma brevíssima retomada histórica, já que o intento desta obra é apresentar o pensamento filosófico latino-americano e brasileiro, perceberemos que os pensadores têm dedicado mais tempo e energia a ideias e conceitos de pensadores indo-europeus e/ou norte-americanos do que propriamente aos dos locais ou até mesmo ao propósito de desenvolver um pensamento original. Como recentemente afirmou Porchat Pereira (2010, p. 18), "Estamos fazendo boa História da Filosofia e estamos preparando nossos alunos com seriedade e rigor para serem bons historiadores da Filosofia". Porém, o mesmo autor adverte que isso não é suficiente:

> *Quero interrogar-me aqui, porém, sobre se essa é também a melhor maneira de preparar alguém para a prática da Filosofia, para atender ao anseio original dos que vieram ao curso de Filosofia movidos por outra intenção que não a de tornar-se um dia bons historiadores do pensamento filosófico.* (Porchat Pereira, 2010, p. 21)

Porchat Pereira chama a atenção para o fato de que os alunos não procuram um curso de Filosofia porque querem fazer história da filosofia ou ser historiadores da filosofia, mas para **fazer filosofia**. No entanto, pela maneira como os cursos têm se organizado e conduzido seus *curricula**, o máximo que têm conseguido é, conforme Porchat Pereira (2010, p. 21), produzir "bons historiadores do pensamento filosófico". E acrescentaríamos: do pensamento filosófico indo-europeu, tão somente.

Entretanto, "Ficar de frente para o mar e de costas pro Brasil não vai fazer deste lugar um bom país" (Nascimento; Brant, 1981). E o mesmo

---

* *Currícula* é o plural latino de *currículo* e, em sentido original, derivado do verbo *currere*, denomina um lugar de corrida, bem como o percurso a ser percorrido. Segundo Pacheco (2007, p. 48), já foi "associado a rol de conteúdos escolares, matriz curricular, programas de ensino, ações práticas no contexto escolar e a todos esses fatores em conjunto". Pode ser entendido, dessa forma, como "uma sequência de conteúdos definidos socialmente, com base em sequências definidas para o processo de aprendizagem" (Pacheco, 2007, p. 48). Assim tomamos *currículo* aqui tanto como o percurso que deverá ser/será percorrido por dado aluno de determinado curso quanto como o conjunto de conteúdos socialmente definidos e encadeados, não nos esquecendo, também, da diferença que existe entre aquilo que é expresso e o que é oculto ou implícito em determinado currículo.

podemos dizer da América Latina. Desse modo, aliando o pensamento de Dussel ao que Porchat Pereira enfatiza, os cursos de Filosofia no Brasil têm produzido não somente pensadores inautênticos, mas apenas "bons historiadores", matando neles (naqueles que procuram tais cursos) o desejo de produzir filosofia – ou, talvez, até mesmo de produzir uma filosofia oriunda do Brasil, da América Latina.

Antes da chegada dos europeus, havia já uma cosmovisão ameríndia. A essa temática têm se dedicado diferentes pesquisadores, entre os quais destacamos Miguel León-Portilla*. Infelizmente, por estratégia de resistência daqueles que sobreviveram e não quiseram compartilhar seus conhecimentos, pelo histórico do passado, assim como, principalmente, pela atitude dos colonizadores que destruíram muitos dos escritos dos povos ameríndios com o argumento de que eram obras satânicas, nosso conhecimento sobre a cosmovisão ameríndia está prejudicado. Outro fator que se faz necessário mencionar é que havia diferentes povos habitando o continente latino-americano, em estágios distintos de desenvolvimento cultural e social. Entre o norte do México e a Terra do Fogo, entre o nordeste brasileiro e o Oceano Pacífico, viviam centenas de povos com costumes e culturas completamente distintos.

Esse pensamento e essa cosmovisão não são reconhecidos por muitos historiadores da filosofia como de caráter racional, quiçá ontológico, sendo reduzidos ao pensamento mítico. Com a chegada dos jesuítas, juntamente com os colonizadores portugueses e espanhóis, aportou também a filosofia escolástica, entre os séculos XVII e XVIII. Até pelo menos a primeira metade do século XIX, essa foi a filosofia

---

* Miguel León-Portilla é um filósofo e historiador mexicano. Pesquisador emérito da Universidade Autônoma do México, é reconhecido como o principal estudioso da literatura e do pensamento náuatle. No Capítulo 5 deste livro, trataremos de sua obra e de seu pensamento.

predominante no Brasil e na América Latina; na segunda metade, chegou o positivismo, trazendo a mentalidade técnico-científica para as escolas técnicas, faculdades e universidades.

No restante da América Latina, as figuras filosóficas eram predominantemente do Direito e de ordens religiosas e, aos poucos, começaram a ser substituídas por filósofos profissionais no início do século XX. No Brasil, isso passou a ocorrer a partir da década de 1940, quando, em 1934, foi criada a Universidade de São Paulo (USP) e chegou ao Brasil a chamada *Missão Francesa*.

Se na academia o pensamento filosófico somente começou a ser substituído nesse período, nos movimentos políticos, sociais e sindicais as mudanças se deram ainda em finais do século XIX, com a chegada dos imigrantes italianos e espanhóis, principalmente, quando estes trouxeram para cá os pensamentos anarquistas e comunistas. O primeiro predominou até pelo menos a década de 1920 e, com a fundação de partidos comunistas em vários países latino-americanos, estes passaram a ser predominantes em tais setores. Autores marxistas começaram a ser discutidos e influenciaram os movimentos sociais e, mais tarde, também chegaram às universidades, principalmente nos cursos das áreas de humanas, como História, Ciências Sociais e outros.

Em síntese, podemos afirmar, então, que existe, historicamente, uma filosofia latino-americana. Porém, o que buscamos não é uma resposta histórico-bibliográfica simplesmente, mas ontológica. Isto é, não queremos saber apenas da presença da filosofia na América Latina, mas de um pensamento filosófico que se constituiu na América Latina e que afirme o Ser latino-americano.

O pensamento indo-europeu defende que a filosofia nasceu na Grécia e que fora dali não se fez filosofia, mas tão somente, como afirma a filósofa brasileira Marilena Chaui, "sabedoria".

> Evidentemente, isso não quer dizer, de modo algum, que outros povos, tão antigos quanto os gregos, como os chineses, os hindus, os japoneses, os árabes, os persas, os hebreus, os africanos ou os índios da América não possuam SABEDORIA, pois possuíam e possuem. Também não quer dizer que todos esses povos não tivessem desenvolvido o pensamento e formas de conhecimento da Natureza e dos seres humanos, pois desenvolveram e desenvolvem.
>
> Quando se diz que a Filosofia é um fato grego, o que se quer dizer é que ela possui certas características, apresenta certas formas de pensar e de exprimir os pensamentos, estabelece certas concepções sobre o que sejam a realidade, o pensamento, a ação, as técnicas, que são completamente diferentes das características desenvolvidas por outros povos e outras culturas. (Chaui, 2011, p. 34, grifo nosso)

Ou seja, o tipo de pensamento que se produziu fora da Europa até pode ser chamado de "sabedoria", mas não "possui certas características", "certas formas de pensar e de exprimir os pensamentos", entre outras características que permitam classificá-lo como **filosofia**. Como sabedoria, ele se origina da experiência, que acumula conhecimentos e orienta as ações, o viver. Por isso, tais conhecimentos, também, têm caráter moral ou religioso.

Nesse sentido, ele impõe uma ontologia indo-europeia de um ser indo-europeu que é e que deve ser assumido, ao passo que a ontologia e o Ser latino-americano devem ser negados. Basta olharmos para o próprio estudo da história da filosofia, a qual é dividida do mesmo modo tradicional que se aplica à história europeia, que também predominou por muito tempo no estudo de história.

Tal negação, no entanto, não se faz aleatoriamente, senão que, segundo Cabrera, de acordo com determinados critérios. Isto é, para que um pensamento possa ser considerado como filosófico e um pensador como filósofo, ambos têm de passar e ser aprovados pelos seguintes critérios:

> *a) Um conceito do que seja um trabalho de filosofia e o que o torna um trabalho filosófico de qualidade, original e universal.*
>
> *b) Consequentemente, uma noção do que seja fazer uma "contribuição" para essa filosofia.*
>
> *c) A convicção de que qualquer trabalho filosófico, surgido em qualquer parte do mundo, pode ser aceito como um bom trabalho filosófico usando esses critérios; de tal forma que se uma parte do mundo não apresenta filósofos, o motivo é que não se preencheram aquelas condições.*
>
> *d) Por último, a presença de uma comunidade que zela, vigia e desenvolve trabalho filosófico tal como caracterizado nos itens anteriores. Não existe nenhuma fiscalização superior, mas os próprios "pares" se ocupam com a implementação deste modelo.*
>
> (Cabrera, 2010, p. 9)

Assim, o pensamento universalista somente identifica como "filósofo" quem tenha produzido um pensamento que passe, ou tenha passado e lavrou sucesso, pela prova desses critérios. Ora, ao olharmos para nossos "filósofos", o que vemos é que até podem ser "competentes intérpretes e comentadores críticos de Spinoza ou Nietzsche, mas não serão visualizados como pensadores originais e universais além da competência do seu trabalho exegético" (Cabrera, 2010, p. 11). Da mesma forma, apesar desse esforço, não os vemos serem estudados nos *curricula* de nossos cursos de graduação.

Não alcançamos ainda, com algumas exceções, o projeto de esclarecimento defendido pelo filósofo de Königsberg. Optamos ainda pela tutela dos intelectuais indo-europeus e pelo uso privado da razão. Tal qual

Malinche*, encantamo-nos pela "sofia" europeia e facilitamos o processo de dominação cultural. Ou, como comentava o dramaturgo Nelson Rodrigues, ainda preferimos afirmar nossa identidade pelo "complexo de vira-lata", valorizando o pensamento alienígena e exógeno, em vez de produzirmos e/ou valorizarmos nosso pensamento.

Assim, ao longo de nossa brevíssima história, temos duas perspectivas em debate: uma que nega qualquer originalidade de nosso pensamento e defende que nosso papel é o de meros reprodutores do pensamento estrangeiro e outra que afirma a existência de um pensamento latino-americano e brasileiro, que convive com pensadores inautênticos e que os critica. Do primeiro grupo, por exemplo, faz parte Augusto Salazar Bondy, que, em sua obra *¿Existe una filosofía de nuestra América?* (1968), primeiramente levanta o seguinte questionamento: "Se houve ou não uma filosofia de nossa América, em caso de resposta negativa, se se poderia ter, e em que condições e, por fim, até que ponto faz sentido e importância assumir como tema ou objeto de privilegiada atenção a realidade latino-americana?" (Salazar Bondy, 1968, p. 42, tradução nossa). Segundo Pinto (2012, p. 341), Salazar Bondy conclui que o pensamento latino-americano teria se constituído "em mera recepção e repetição imitativa do pensamento europeu".

---

* Durante a conquista espanhola do atual México, uma princesa asteca, de nome Malinche, foi amante de Hernán Cortez. Assim como essa princesa buscava se beneficiar das contradições do sistema de colonização, também, talvez, alguns pensadores latino-americanos busquem se beneficiar realizando o mesmo no campo filosófico. Segundo Majfud (2008), Malinche é "aquela mulher – e aquela sociedade – oprimida por um sistema patriarcal que se beneficia das contradições do próprio sistema. E é julgada historicamente pelas deficiências morais de sua manipulação, como se fosse um indivíduo isolado e não produto de um sistema e uma mentalidade histórica que reproduz o que condena".

Do segundo grupo faz parte Leopoldo Zea. Ele defende a existência de uma tradição filosófica latino-americana, partindo do princípio de que, ao nos perguntarmos se existe uma filosofia na e da América Latina, já nos colocamos como diferentes, distintos de nossos colonizadores, e recusamos a ontologia que querem nos impingir, mostrando que queremos produzir, refletir sobre nossa própria ontologia, nosso Ser: "uma filosofia original, não porque acredita uma e outra vez em novos e estranhos sistemas, em novas e exóticas soluções, mas porque trata de dar resposta aos problemas que uma determinada realidade, num determinado tempo, originou" (Zea, 2002, p. 377). A originalidade do pensamento latino-americano, repetindo Alberdi, não está em criar uma filosofia nova, como se ela não existisse, mas em encontrar respostas novas a problemas universais: "não há uma filosofia universal porque não há uma solução universal às questões. Cada país, cada época, cada filósofo teve uma filosofia peculiar [...] porque cada país, cada época e cada escola deram soluções diferentes aos problemas do espírito humano" (Zea, 2002, p. 379).

Essa segunda perspectiva é a de que partilhamos e a que buscamos apresentar aqui. Claro que também abriremos espaço para aqueles pensadores que, mesmo não sendo originais, no sentido de pensar os problemas filosóficos desde nossa América, deram sua contribuição ao pensamento filosófico latino-americano com a compreensão e propagação da tradição grega e europeia, principalmente, em nosso meio. Mas nosso objetivo principal é a busca pelo pensamento e pelo pensador autóctone que fez de nossa realidade, a partir da filosofia, um problema universal.

1.2
Pensamento pré-colombiano

Neste tópico, nosso principal objetivo é apresentar o pensamento filosófico pré-colombiano. Para alguns historiadores da filosofia, poder-se-ia tratar esse pensamento como pré-filosófico, mítico e anímico, entre outras classificações. Porém, tais classificações são feitas com base em um referencial – o processo de desenvolvimento indo-europeu –, e o princípio que vimos perseguindo é o de que cada cultura tem o próprio processo de desenvolvimento. Dessa forma, não podemos adotar padrões de determinada cultura para avaliar, medir qualquer outra que seja; o desafio que se nos coloca é do diálogo intercultural, de aprendizagens e crítica **das** e **com as** culturas, no sentido de superação do modo monocultural de estudo e produção da filosofia.

E por que consideramos o pensamento desenvolvido pelos povos que habitam a Ameríndia como filosófico? Porque ele se apresenta como complexo, racional, ontológico, que organiza a vida das pessoas para o viver individual (moral e ética) e coletivo (política), as relações de produção (economia), as sugestões sobre a origem das coisas e dos seres (ontologia), o que são os seres (ontologia), a relação entre os entes (seres) e sua alma/seu espírito (ontologia), entre outros problemas de ordem filosófica.

Dividiremos este tópico em três momentos: no primeiro, abordaremos de alguns aspectos gerais desse pensamento, baseando-nos em elementos comuns às culturas inca, maia, asteca, náuatle, tolteca, quéchua, entre outras. No segundo momento, partindo da obra de Miguel León-Portilla, *La filosofía náhuatl*, mostraremos as ideias de um *tlamatinime* ("aquele que sabe alguma coisa") – assim eram chamados os filósofos pelos antigos náuatles. Apresentaremos o pensamento de

Quetzalcóatl (séculos XII-XIII), rei tolteca justo que organizou um pensamento complexo. Era sacerdote, astrônomo e, tendo adaptado o calendário maia, estruturou o calendário tolteca. Estima-se que sua morte tenha ocorrido em 5 de abril de 1208. Por fim, evidenciaremos a cosmovisão de uma etnia brasileira: os guaranis. Aqui cabem duas importantes observações: a primeira delas é que não estamos com isso querendo dizer que todos os povos que aqui habitam pensavam dessa forma, mas apenas apresentar parte desse pensamento para justificar a hipótese de que por aqui também já se fazia filosofia.

É importante enfatizar que a diversidade de povos nativos, muitos que ainda hoje resistem às investidas do projeto moderno global, é muito maior do que destacamos neste livro. Para ilustrar a diversidade cultural indígena e a riqueza que representa a filosofia dialogar com outras tradições de pensamento, basta lembrar que, quando os portugueses conquistaram o Brasil (século XVI), viviam aqui aproximadamente oito milhões de indígenas, organizados em vários povos e culturas diferentes, que falavam aproximadamente 1.300 línguas. Atualmente, de acordo com dados de 2010 do Instituto Brasileiro de Geografia e Estatística (IBGE), a população indígena gira em torno de 896,9 mil pessoas, divididas em 305 etnias e falantes de 274 línguas. Cada língua, um universo de pensamentos e modos de significação de si e do mundo, e filosofar é um ato de pensamento por meio da linguagem.

Conhecer um pouco das tradições de pensamentos anteriores à chegada dos colonizadores na América Latina se insere na necessidade de revisão crítica do pensamento latino-americano com abertura para redescobrir esse território como lugar plural, com modos de vida e pensamento múltiplos, construindo-se um novo ponto de partida, com vistas a romper com a estrutura de racionalidade sancionada pela tradição moderna-ocidental. Isso significa questionar sobre o modo

como produzimos filosofia e como podemos nos abrir a outras tradições de pensamento, fomentando a expressão de outras racionalidades (Fornet-Betancourt, 2001, p. 40-47).

Esse trabalho historiográfico, brevemente pontuado aqui, pode contribuir para complementar as leituras críticas já existentes, as quais são muitas vezes regionais, e dar voz àqueles que até então estavam ausentes em nossa filosofia, como as tradições indígenas e as africanas. Com isso, propomos um descentramento do modo de fazer filosofia em relação à tradição grega e posteriormente à moderna ocidental, liberando-nos de um modelo unilateral de conceber o *logos* e partindo para a abertura real do Outro, abertura à polifonia e pluralidade de nosso continente (Fornet-Betancourt, 2001, p. 56-58).

A filosofia, portanto, não é uma exclusividade indo-europeia. Nesse contexto, a segunda observação importante é que não cairemos na tentação de apresentar tais reflexões comparando-as com o pensamento filosófico desenvolvido por qualquer filósofo ou corrente filosófica indo-europeia, como que querendo legitimar aquelas tomando estas como padrão de referência; comparar como estratégia discursiva nos soa como uma prática colonizadora do Outro, visto que estamos tratando de racionalidades que se expressam de modo bastante distinto. Se fizermos algumas comparações, será com o pensamento desenvolvido fora de onde se apresenta como centro; será da periferia.

Iniciemos, então, pelo pensamento da etnia dos náuatles, que viveram e ainda vivem na América Central, onde hoje estão situados o México e a Nicarágua, e pela forma como essa cosmovisão ordenava a vida social, econômica, religiosa e política do povo náuatle.

1.2.1 Organização náuatle

Os náuatles estavam organizados em *calpullis* – unidades sociais que se estabeleciam com base em um parentesco – e tinham um antepassado comum (um deus tribal). A organização era muito parecida com um clã, e cada *calpulli* se especializava em determinada atividade econômica. Um conjunto de *calpullis* formava uma cidade. Eram cidades-Estado, uma vez que tinham governos próprios e autônomos em relação às demais. Uma delas era Tenochtitlan, que se organizava sob esta lógica: estava dividida em quatro setores – cada um era composto por até cinco *calpullis*. As atividades econômicas (cultivo da terra, por exemplo) e religiosas eram realizadas de maneira coletiva. Essa forma de trabalho, conhecida como *tequio*, derivado do antigo *tequiutl*, era obrigatória, não remunerada, mas dava prestígio social a quem a realizasse.

Quanto à organização social, havia estratificação e distinção entre as pessoas, considerando-se a riqueza, a posição social e o poder delas. Essa distinção era feita também levando-se em conta a relação direta que tinham com os ancestrais, o que leva a pressupor que havia um discurso justificador e legitimador dessa divisão.

Cada *calpulli* tinha um chefe: o *calpullec*. Ela era eleito vitaliciamente e tido como uma espécie de patriarca; exercia as funções de juiz, representava o *calpulli* no conselho da cidade e era também o responsável por dirigir a educação das crianças, além de ser encarregado de repartir as terras de acordo com os integrantes do *calpulli*. Cada um tinha ainda um sacerdote, um conselho de anciões, um tesoureiro e um pintor de livros encarregado de representar a história do grupo por meio de desenhos. A reunião dos *calpullis* formava um conselho, que estava subordinado a um imperador – chefe de Estado –, que era um cargo eletivo. Tais sociedades eram tributárias, isto é, seus integrantes pagavam tributos para manter uma estrutura estatal.

1.2.2 Ontologia

As ideias dos náuatles estão expressas na forma de poesias e cantos. Tais textos apresentam questões sobre visão de mundo, destino humano, divindade e vida após morte, entre outros temas. A principal característica do pensamento ontológico é considerar que todo ser tem consciência. Por consequência, age e posiciona-se diante do mundo, das coisas e dos outros seres intencional e conscientemente. Esse posicionamento se dá não somente diante do ser humano, mas também dos demais seres animais, vegetais, minerais etc. Outra ideia importante é que os náuatles não têm uma visão dualista dos seres; assim, no caso dos seres humanos, por exemplo, o corpo não é uma vestimenta da alma (Ser, essência), mas seu sustentáculo. Não há distinção entre corpo e alma, sujeito e objeto, como indica o fundamento da ciência moderna empreendida por Descartes. Da mesma forma, não existe separação entre natureza e cultura.

O corpo é visto como possibilidade (potência), perspectiva, intenção, postura diante do mundo; a alma é a possibilidade de sociabilidade, ao passo que o corpo é a concretização; é ser em função do Outro. O princípio dessa ontologia é, portanto, relacional: é sujeitar-se (não assujeitar-se) à perspectiva do Outro e vice-versa. Por meio do corpo, os seres realizam as trocas sociais. É daqui, podemos dizer, que Dussel deriva seu conceito de *analética* como método que busca superar a dialética como categoria de conhecimento. Ele afirma a ética como princípio fundamental na busca do conhecimento e na relação com o Outro, bem como reafirma a "outridade" do Outro como princípio fundante dessa relação: ver – ser visto; apreender – ser apreendido; ouvir – ser ouvido; a dialogia. É o mesmo princípio da filosofia ubuntu: uma pessoa é uma pessoa junto com outras pessoas.

Na ontologia náuatle, o mundo é visto sob duas perspectivas: uma horizontal e outra vertical. Na primeira, ele é considerado uma grande ilha, dividida em quatro quadrantes para além dos quais existe somente água. Esses quadrantes convergem para um mesmo centro, que seria o umbigo da Terra, e cada um deles tem um nome, uma função e uma finalidade específicas:

1. **Oriente**: região da luz, representada pela cor branca; simboliza a fertilidade e a vida.
2. **Norte**: região negra do Universo, representada pela cor vermelha; é onde foram sepultados os mortos.
3. **Oeste**: é a casa do Sol e está representada pela cor roxa.
4. **Sul**: região das sementeiras, representada pela cor azul.

Na outra perspectiva, a vertical, o mundo é dividido em uma série de pisos superpostos, acima e abaixo da Terra. Acima da Terra, existem os Céus, que se juntam com as águas e formam uma abóboda azul, sulcada por caminhos por onde o Sol, a Lua, as estrelas, os astros os e cometas se movem. Mais acima, além do mundo físico (metafísico), é a região da morada dos deuses. Abaixo da Terra, há os caminhos inferiores, por onde devem cruzar os que morrem até chegarem ao mais profundo, onde está Mictlani – a região dos mortos. Com exceção das mulheres que morriam no parto, dos guerreiros, dos afogados e daqueles que morriam em sacrifícios, todos os demais tinham de passar por Mictlani. Essa viagem após a morte era um grande desafio, no qual eram ajudados pelo deus Xolotl, a quem deveriam vencer antes de alcançar a paz eterna.

Esse mundo, por outro lado, é pleno de divindades e forças invisíveis. Ao mesmo tempo, já existiram várias vezes. Isso porque os deuses criadores travaram, no tempo, lutas cósmicas. Cada idade do mundo era governada por um deus, que tanto podia criá-lo quanto destruí-lo. Os seres humanos foram criados com o sangue e o sacrifício dos deuses, por isso são chamados de *macehualtin* – "os merecidos". Da mesma forma e por isso mesmo, deveriam fazer *tlamacehualiztli* – merecimento, sacrifício, inclusive de sangue.

Um dos importantes deuses na tradição náuatle é Quetzalcóatl, o deus criador do último mundo que, segundo o mito, teria ido até o mundo dos mortos – o Quadrante Norte –, apanhado ossos humanos e derramado sobre eles o próprio sangue para criar os novos seres humanos. É também o nome de um rei tolteca que viveu entre os séculos XII e XIII. Ele organizou um conjunto de crenças e ideias filosóficas e teológicas. Concebe a divindade, a partir de antigas tradições, como um Ser Uno e Dual, criador de todas as coisas. A ela dá o nome de Ometéotl – deus da Dualidade. Um lado é Ometecuhtli – senhor da dualidade, com rosto masculino – e o outro é Omecíhuatl – senhora da dualidade, com rosto feminino. Era a origem de tudo quanto existe e, ao mesmo tempo, é responsável pelos destinos humanos. Segundo Quetzalcóatl, para se alcançar a sabedoria, havia a necessidade de se aproximar dessa divindade, e o caminho era por meio de esforço, do sacrifício e da abstinência. Mediante a contemplação e a meditação, era possível buscar o verdadeiro sentido do ser humano e do mundo.

Nas sociedades náuatles, havia os *calmécac* – escolas de sábios –, onde se ensinava e se aprendia sobre a divindade, o mundo e a realidade humana; destinados aos filhos dos nobres, estes eram preparados para as funções de comando. Para os filhos do povo, havia os *tepochcali*, com missão de formá-los para o trabalho e para a guerra. Quanto à moral, não havia um conjunto de regras para serem seguidas com vistas a uma vida após a morte, mas a viver em paz nesta.

Outro importante nome na filosofia náuatle é Nezahualcóyotl, filho do Rei Ixtlilxóchitl e que viveu de 1402 a 1472. Tratou de problemas como a mudança contínua das coisas, o tempo (o qual definia como "aquele que nos deixa"), a fugacidade do que existe, a morte e como superá-la, buscando uma raiz e um apoio para além da mudança e do próprio tempo. Segundo Nezahualcóyotl, tudo é transitório: "É verdade que se vive sobre a terra? Não para sempre na terra: somente um pouco aqui; mesmo que seja jade, quebra-se; mesmo que seja ouro, rompe-se; mesmo que seja a plumagem de quetzal, desgarra-se; não para sempre sobre a terra. Só um pouco aqui" (León-Portilla, 2006, p. 139, tradução nossa).

Para Nezahualcóyotl, então, a vida é transitoriedade, tanto quanto é frágil. A solução para tal transitoriedade e fugacidade é a busca pelo fundamento, pela raiz para além da mudança e do tempo como forma de superação da morte.

Fechando esse ciclo sobre o pensamento e a filosofia náuatle, ainda que não de maneira conclusiva, vejamos agora um pouco sobre a cosmovisão guarani, com base em um trabalho que vem sendo feito pelo professor o estudioso. Por meio do projeto Observatório Solar Indígena, esse pesquisador tem resgatado e divulgado muito da cosmovisão dos povos nativos brasileiros, mostrando suas ideias ontológicas e teológicas, astronômicas, éticas, socioambientais e outras. Segundo o estudioso (Afonso; Moser; Afonso, 2015), a cosmovisão guarani expressa sua maneira de pensar, ver, ordenar e sentir o mundo; ela implica tanto a cultura individual, quanto coletiva: "mundo e indivíduo não estão apenas articulados, mas estão imbricados, um definindo o outro e o indivíduo definindo-se a si mesmo" (Afonso; Moser; Afonso, 2015, p. 181).

Cada etnia apresenta sua cosmovisão, porém alguns elementos são semelhantes. Um deles é o animismo, de acordo com o qual cada uma das coisas e manifestações tem uma alma individual (*ânima*). Da mesma forma, não há separação entre mundo espiritual e mundo físico, isto é, os guaranis não têm uma visão dualista das coisas. Tudo é uno. Em decorrência disso, o ser humano está ligado à natureza, que é vista como um ser vivo, com alma própria e que precisa ser preservada. Da mesma forma, não separam natureza e cultura. Na relação com a natureza, a produção é feita com vistas ao necessário para a subsistência, segundo da lógica da sustentabilidade e não do esgotamento, o que não significa que não haja relações de trocas de mercadorias.

O Sol é o principal regulador da vida na Terra e tem grande papel religioso, mas não somente. Por meio dele, construíram um sistema de medição e controle do tempo, a partir do qual organizavam a vida. Por intermédio de uma haste vertical, chamada de *Kuarahy Ra'anga*, num terreno plano e horizontal, observavam a sombra projetada pelo Sol e a partir daí "determinavam o meio-dia solar, os pontos cardeais e as estações do ano" (Afonso; Moser; Afonso, 2015, p. 191). Junto a esse sistema de medição e controle do tempo, há também uma teologia:

> *Na cosmogonia guarani, Nhande Ru Ete (Nosso Pai Sagrado) criou quatro deuses principais que o ajudaram na criação da Terra e de seus habitantes. A parte mais alta do céu (Zênite) representa Nhande Ru Ete e os quatro pontos cardeais representam esses deuses. O Norte é Jakaira Ru Ete, deus da neblina vivificante e das brumas que abrandam o calor, origem dos bons ventos. O Leste é Karai Ru Ete, deus do fogo e do ruído do crepitar das chamas sagradas. No Sul, Nhamandu Ru Ete, deus do Sol e das palavras, representa a origem do tempo-espaço primordial. No Oeste, Tupã Ru Ete é deus das águas, do mar e de suas extensões, das chuvas, dos relâmpagos e dos trovões. Os pontos colaterais são domínios das esposas desses deuses, que foram criadas por eles. Os seixos representam ovos de Ema, que Nhande Ru Ete deixou para os quatro deuses auxiliares criarem a vida na Terra. A circunferência de seixos, em torno do Gnômon, representa a Terra, circular e plana, como era vista na antiguidade.*
> (Afonso; Moser; Afonso, 2015, p. 191-192)

Assim terminamos este tópico, no qual nos propusemos a mostrar alguns elementos do pensamento filosófico e ontológico dos povos ameríndios. Ao estudarmos essas ideias, percebemos que, ainda que em alguns momentos misturem elementos míticos e religiosos, elas apresentam elementos racionais abstratos e metafísicos que fogem às especulações religiosas e teológicas, não se limitando às explicações míticas. Passemos agora à ontologia europeia do momento do encontro dessas duas culturas e, em seguida, às consequências desse choque.

1.3
A ontologia do Ser europeu dos séculos XV e XVI

Durante a Idade Média, na Europa, o ser humano só tinha sentido em sua relação com o divino. Mesmo a relação com outros indivíduos da mesma espécie se estabelecia mediante sua relação com Deus. Por sermos todos filhos do mesmo Deus, fazíamos parte da mesma família; portanto, éramos todos irmãos. Da mesma forma, a existência humana só fazia sentido se vivida como uma forma de alcançar a vida eterna. Assim, tudo aquilo que remetesse ao mundo terreno era considerado feio, pecaminoso, corrompido e corruptível. Por outro lado, tudo o que estava relacionado ao mundo espiritual era perfeito, belo e bom.

Nosso objetivo nesta seção é compreender a mentalidade que emerge a partir do Renascimento, seus determinantes históricos, bem como as principais características dela. Vejamos, primeiramente, os determinantes históricos de seu aparecimento.

A partir do século XI, alguns cristãos iniciaram uma série de viagens até o Oriente Médio para libertar Jerusalém da dominação dos muçulmanos. Em um primeiro momento, elas tinham caráter religioso e militar, passando depois a ter uma dimensão mais comercial e militar do que religiosa, e ficaram conhecidas como *Cruzadas*. Isso porque os cruzados, aproveitando a viagem de volta à Europa, traziam mercadorias que encontravam na região e não em sua terra natal. Essa atividade comercial demandou outras mudanças, entre as quais podemos destacar: conhecimentos de geografia para estabelecer as melhores rotas; conhecimentos do clima e do tempo, bem como das estações do ano, com vistas a determinar as melhores épocas do ano para realizar a viagem; conhecimentos de administração e contabilidade para gerenciar negócios; conhecimento de outras culturas e línguas para estabelecer relações comerciais e diplomáticas. Tais demandas provocaram uma mudança de mentalidade com relação ao conhecimento que antes era considerado monopólio e privilégio de alguns religiosos – o alto clero – e, agora, tornava-se uma necessidade para a classe que emergia aos poucos – a burguesia.

Ao mesmo tempo, os padrões de pesos e medidas precisaram passar por um processo de unificação a fim de facilitar as atividades comerciais. À época do feudalismo, como os feudos eram praticamente autônomos, cada um tinha um sistema de pesos e medidas, o que dificultava ou até impossibilitava as transações. Além disso, havia a necessidade da utilização de moedas para o comércio funcionar, o que fez surgir as primeiras casas bancárias.

O enriquecimento da nova classe social (a burguesia) e sua aliança com alguns monarcas levaram ao aparecimento das primeiras universidades: Bolonha (Itália), em 1088; Universidade de Paris (França), em 1150; a de Oxford (Inglaterra), em 1167; a de Medicina em Saler (Itália), em 1173; Montpellier (França), em 1181; Vicenza (Itália), em 1204; Cambridge (Inglaterra), em 1209; Palência (Espanha), em 1212; Arezzo (Itália), em 1215; Salamanca (Espanha), em 1220; Pádua (Itália), em 1222; Nápoles (Itália), em 1224; Vercelli (Itália), em 1228; Toulouse (França), em 1229; Angers (França), em 1229; Valença (Espanha), em 1245; Siena (Itália), em 1246; Placenza (Itália), em 1248; Valladolid (Espanha), em 1250; e Sevilha (Espanha), em 1254.

Com o surgimento das universidades, mesmo que algumas tenham sido fundadas com a participação do clero, o conhecimento passou a ser considerado como laico e a atender, cada vez mais, aos interesses da burguesia. Ao mesmo tempo, essa classe social, para adquirir o *status* que a riqueza ainda não lhe proporcionava, passou a financiar artistas, bem como a estudar os clássicos gregos e romanos. Esse movimento deu início ao humanismo renascentista, que definitivamente recolocou o ser humano no centro de suas atenções.

Durante a Idade Média, a razão humana era compreendida como uma extensão do poder divino. Porém, com o renascimento cultural e o humanismo, ela adquiriu autonomia e tornou-se subjetiva, ou seja, era o sujeito mesmo que conhecia, o conhecimento não lhe era passado por meio do Espírito Santo, como se defendia no período medievo. O *ego cogito* cartesiano foi a primeira expressão dessa mentalidade, assim como a ideia lockiana de que a mente humana era uma tábula rasa.

Com a Reforma Protestante, iniciada no século XVI, houve certa liberdade no pensar, pois a Inquisição católica não podia alcançar os pensadores protestantes. Como consequência da Reforma, o catolicismo deixou de ser a religião hegemônica praticada na Europa, na medida em que outras apareceram, como o luteranismo, o anglicanismo e o calvinismo. Além disso, a própria Igreja Católica passou por uma reforma interna – a Contrarreforma – como reação às críticas que recebeu com a publicação das 95 teses de Lutero, em 31 de outubro de 1517, na cidade de Wittenberg. Entre as principais medidas adotadas pelo Concílio de Trento, em 1545, destacamos: a retomada do Tribunal do Santo Ofício, a criação do *Index Librorum Prohibitorum* – lista de livros considerados perigosos e, portanto, proibidos pela Igreja –, a reafirmação da autoridade papal, a reforma e a criação de novas ordens religiosas e a catequização dos povos do chamado *Novo Mundo*.

Quando se fala em um conhecimento subjetivo, relativo ao sujeito, isso não significa dizer que este seja também relativo, mas que, por meio de um método adequado, o indivíduo pode conhecer as coisas e o mundo, saber como este funciona, quais as leis que explicam os acontecimentos. Consideremos, por exemplo, como se explica por que um objeto qualquer cai. Antes, acreditava-se que nada acontecia que não fosse por vontade de Deus. Assim, se um objeto qualquer caísse, era porque Deus queria. Agora, formula-se uma lei para explicar tal fenômeno: a lei da gravidade. O mundo passa a ser desencantado, desmitologizado.

Outro empreendimento que contribuiu para o desencantamento do mundo foram as Grandes Navegações, realizadas por portugueses e espanhóis com o objetivo de encontrar um novo caminho rumo ao Oriente. Em 1453, o Império Turco Otomano conquistou Constantinopla, bloqueando o comércio entre o Oriente e a Europa. Para continuarem a usar essa rota, os comerciantes tinham de pagar uma espécie de pedágio, o que acabava encarecendo o custo das mercadorias que seriam vendidas na Europa. Isso incentivou a navegação pelas costas do continente africano. A crença de que a Terra era uma superfície plana fazia as pessoas acreditarem que o mar acabava num precipício ou que era habitado por monstros marinhos gigantescos, capazes de engolir um navio da época. Isso era alimentado na medida em que muitas embarcações não retornavam quando adentravam em alto mar ou mesmo quando apareciam destroços de um naufrágio no litoral.

Em 1417, D. Henrique fundou, na cidade de Sagres, uma escola de navegação. Seu principal objetivo era reunir ali pessoas, cartas de navegação e os conhecimentos que havia até aquele momento com vistas a aperfeiçoar as técnicas para navegar, que eram bastante precárias. A teoria de Copérnico e de Galileu de que a Terra não era uma superfície plana, mas esférica, e o aperfeiçoamento das embarcações e das técnicas permitiram a realização de viagens mais seguras.

Com as Grandes Navegações surgiram novos problemas. O encontro com povos e culturas ainda desconhecidos pelos europeus provocou-lhes novos desafios. Do ponto de vista religioso, a Igreja Católica via uma nova perspectiva de crescimento, uma vez que se propunha a "evangelizar" os gentios. Ao mesmo tempo, ensinava-lhe não somente a fé, mas também os valores culturais europeus, como a língua, as vestimentas, as formas de governo etc. Do ponto de vista comercial, com a descoberta de metais e pedras preciosas em algumas dessas regiões, os governantes e os comerciantes viram uma nova maneira de acumulação de riquezas. Do ponto de vista metafísico, era a possibilidade que os europeus tinham de impor a esses povos seu *éthos* civilizatório, haja vista que, considerando-se superiores aos demais, se colocavam a tarefa de elevá-los à condição de civilizados, impondo-lhes seus costumes, crenças, línguas, leis e lógica dominadora.

Assim, a modernidade nasceu a partir de profundas transformações econômicas e culturais, que provocaram reviravoltas não só no âmbito individual, mas também no projeto de uma cultura (a europeia) sobre as demais (América, África e Ásia).

1.4
O choque de culturas

Quando, na virada do século XV para o século XVI, espanhóis e portugueses chegaram ao continente latino-americano, encontraram povos com culturas completamente distintas das dos europeus. Porém, mais que isso, com fundamentos ontológicos também diferentes. Nosso objetivo nesta seção é apontar essas diferenças e, com base nelas, discutir o choque de culturas, bem como procurar compreender como europeus impuseram seu projeto de expansão e dominação sobre os povos ameríndios, desde o norte do México até a Terra do Fogo.

Uma primeira ideia que precisamos considerar é a tese do "descobrimento". Já sabemos que, do ponto de vista histórico, há vários anos ela não mais se sustenta. Contudo, o que nos interessa aqui não é o debate histórico, mas o filosófico. Quando se afirma a tese do descobrimento, já se encontra presente a ontologia europeia dominante: um Ser que existe, que tem consciência de sua existência e de seu papel na história, "descobre", dá existência a outrem, que ainda não é Ser ou, em outras palavras, é não-Ser e que, para adquirir a condição de Ser – isso, logicamente, do ponto de vista do europeu dominante –, precisa aculturar-se, incorporar a cultura do dominante, para passar da condição de não-Ser para a de Ser. Precisa negar o que é (para o europeu, um não-Ser) para passar a Ser (do ponto de vista de sua totalidade, um não-Ser, já que não será mais o que era: precisará negar sua língua, sua cultura, suas tradições, sua religião, seus deuses, seus costumes e incorporar os padrões impostos pelos europeus).

A tese que reafirmaremos ao longo desta obra é a de que a América já existia, já **era**; não com esse nome, que é mais uma imposição de uma totalidade totalizante, mas já tinha sua história. Ao imporem nomes cristãos tanto aos africanos quanto aos nativos do continente americano, (ao qual se impôs também o nome *América*) para assumirem outras identidades pelo ato do batismo de sua religião os europeus seguiram a mesma lógica: era preciso negar o que aqueles povos eram para passarem a ser o que o dominador queria que fossem. A América não passou a existir a partir da chegada dos europeus; já era e tinha consciência de sua existência. E em nome dessa existência e consciência, mesmo que em alguns momentos tenha havido colaboração com o dominador por parte de alguns, houve, por outro lado, muita resistência.

O Ser ameríndio já era, já existia; não foi nem descoberto nem inventado, muito menos criado pela e com base na totalidade europeia. Ainda que Colombo* e os primeiros europeus que aqui aportaram tenham se confundido, acreditando ter alcançado as Índias, e esse equívoco tenha sido desfeito nas décadas seguintes – o que também não deixa de ser uma forma de negação do Outro –, a relação que estabeleceram não foi de igualdade, mas de dominação, de superioridade, de exploração. Afinal, o motivo das viagens, tanto de espanhóis quanto de portugueses, era encontrar outro caminho que facilitasse a chegada ao Oriente, para que continuassem suas atividades econômicas (e religiosas) lucrativas nessa região.

Assim, a intenção comercial se manteve; apenas trocaram o sujeito com o qual estabeleceriam as relações econômicas e religiosas. Se num primeiro momento foram recebidos como deuses, ao menos pelos povos que habitavam o atual México e a Nicarágua – por conta de uma lenda da volta de Quetzalcóatl –, posteriormente esses mesmos povos compreenderam as intenções dos dominadores e iniciaram um processo de resistência. No entanto, dada a diferença de alguns fundamentos, bem como de desenvolvimento de armas de guerra, a superioridade militar europeia prevaleceu, além das doenças contra as quais os povos do continente americano ainda não tinha se desenvolvido imunidade. Como afirma Dussel (1986, p. 8): "De fato, o europeu considerou o encontrado como um ente, uma coisa. Ele não respeitava como 'o Outro', como outro mundo" (Dussel, 1986, p. 8, tradução nossa).

Nesse encontro de culturas, pelo menos por parte dos povos mexicas, a recepção, num primeiro momento, foi a de quem esperava o retorno de uma divindade (Quetzalcóatl), como rezava a lenda, ainda mais que,

---

* Cristóvão Colombo aportou à América em 12 de outubro de 1492, na Ilha de San Salvador (atual Bahamas), que fica no Caribe.

segundo a tradição, a aparência física de Hernán Cortés (1485-1547) coincidia com as características da forma com a qual Quetzalcóatl voltaria.

Desse modo, foi um encontro desigual: de um lado, alguém que vinha em busca de conquista, os europeus, com seu projeto de dominação; de outro, alguém que tinha em seu imaginário a ideia do retorno de um governante, que havia prometido voltar e por quem o povo esperava como uma forma de redenção. Ao mesmo tempo, os europeus encontraram aliados entre aqueles que haviam sido dominados pelos mexicas. Mais tarde, até mesmo os colaboracionistas perceberam que também eles haviam feito um péssimo negócio: confiar em que lhes seria um carrasco. Mas aí era tarde demais. O projeto de dominação e morte, tanto cultural quanto física, já estava em curso.

Síntese

Neste capítulo, vimos que a tese historicamente consagrada do nascimento da filosofia na Grécia Antiga aos poucos começou a ser questionada, inclusive com a apresentação não somente de argumentos, mas também de dados que põem em xeque tal afirmação e certeza.

Mostramos também que esse discurso de identidade eurocêntrica serviu e tem servido a projetos de dominação que atravessaram a história e marcaram de forma profunda e radical a trajetória do continente latino-americano. Em nome dessa ontologia, milhões de nativos foram mortos, assim como suas manifestações culturais, artísticas, religiosas e econômicas foram destruídas, seja pela força, seja pela educação, seja pela imposição da fé trazida da Europa.

Antes da chegada dos europeus, já se pensava filosoficamente. Os *tlamatinimes* – "aqueles que sabem alguma coisa" – já investigavam as questões da natureza, da existência e do ser humano, ou seja, já praticavam atividade filosófica no sentido extenso da palavra. Um dos princípios da ontologia dos povos nativos era a não separação entre corpo e mente. Isso pôde ser atestado, principalmente, no pensamento náuatle, com base no trabalho de resgate que dele se fez, seja na leitura dos escritos que sobreviveram, seja na dos relatos recolhidos por Miguel León-Portilla.

Por fim, analisamos o que foi o encontro de culturas, inicialmente chamado de *descoberta*. Historicamente, pela tragédia que representou, o mais correto é chamá-lo de *invasão*. O choque de culturas, na prática, foi a imposição de uma ontologia – Ser – sobre outra, determinando a esta a condição de não-Ser. Assim, não podemos chamar tal evento de *encontro*, uma vez que, como afirma Dussel (1986), não houve respeito ao Outro em sua "outridade"; ao contrário, o que ocorreu foi um processo de negação.

Atividades de autoavaliação

1. Tendo em vista os conteúdos tratados neste capítulo sobre a origem da filosofia, analise as afirmações a seguir:

    I O nascimento da filosofia pode ser explicado como um "verdadeiro milagre grego".

    II A filosofia grega nasceu, primeiramente, em Atenas e depois se espalhou pelas colônias.

    III A palavra filosofia tem origem no Egito antigo, a partir do termo seba (sábio), de onde derivou sophia.

    IV A filosofia grega nasceu, primeiramente, nas colônias gregas e depois chegou até Atenas.

    Está correto o que se afirma apenas em:

    a) I, II e III.
    b) II, III e IV.
    c) III e IV.
    d) IV.

2. Leia o texto a seguir:

    Há algo de paradoxal em identificar o comportamento de Las Casas com o de Cortez em relação aos índios, e tornou-se necessário cercar essa afirmação de várias restrições; é que a relação com o outro não se dá numa única dimensão. Para dar conta das diferenças entre eles no real, é preciso distinguir entre pelo menos três eixos, nos quais pode ser situada a problemática da alteridade. (Todorov, 2010, p. 204)

    Considerando o excerto e o conteúdo apresentado neste capítulo, sobre a relação ontológica da Europa com a América Latina no processo de colonização é correto afirmar:

a) Estabeleceu-se uma relação de igualdade, de dois Seres que reconhecem o Outro em sua outridade.
b) A Europa reconheceu o Ser ameríndio como detentor de um *cogito* próprio, capaz de realizar interlocução com o *cogito* europeu.
c) Pensadores europeus, como Kant e Hume, reconheceram em povos não europeus a capacidade de realizarem abstrações metafísicas.
d) A Europa, na relação com a América Latina, afirmou-se como Ser e situou o continente americano como não-Ser; para que ele viesse a se tornar Ser, necessitaria incorporar os valores e a cultura europeia.

3. Leia com atenção o texto que segue:

Ao se deparar diante do tema da filosofia latino-americana, a pergunta que se impõe, desde Augusto César Salazar Bondy, é a seguinte: existe uma Filosofia latino-americana? Tal interpelação se configura em nós e, principalmente, naqueles que já tomaram consciência da importância da elaboração da sua própria filosofia.
(Silva; Sousa, 2015, p. 123)

Agora, considerando o fragmento lido e a possibilidade da existência de filosofia fora do eixo indo-europeu e estadunidense, analise as afirmações a seguir e marque V para a(s) verdadeira(s) e F para a(s) falsa(s):

( ) Segundo a perspectiva universalista, existe uma filosofia que se sobrepõe às questões regionais.
( ) Para sabermos se existem filósofos latino-americanos, bastaria um levantamento histórico e biográfico.

( ) Conforme Dussel, filósofo inautêntico é aquele que meramente repete o pensamento alheio, de maneira acrítica.
( ) De acordo com Porchat Pereira, estamos formando excelentes historiadores da filosofia, o que já é suficiente para a constituição de uma filosofia autenticamente latino-americana.

Assinale a alternativa que apresenta a sequência correta:

a) V, F, V, F.
b) V, V, F, F.
c) F, F, V, V.
d) F, V, F, V.

4. Leia este texto:

Estas respostas passam a qualificar a "não existência" de pensadores mexicanos para o Brasil: não é que eles não tenham vivido e se ocupado com filosofia, mas que a sua filosofia "não existe" porque não é de qualidade, não é original, não é universal, não fez contribuições; e, em última instância, não é sequer filosofia, mas talvez apenas política cultural importante para o México, mas não para a humanidade. (Cabrera, 2018, p. 9)

Segundo o autor, a negação da existência de uma filosofia ou de filósofos latino-americanos se faz porque estes não preenchem certos critérios. A esse respeito, avalie as afirmativas a seguir:

I A produção de trabalhos filosóficos de qualidade, originais e universais são alguns dos critérios que nos permitem afirmar que existe uma filosofia latino-americana.

II A afirmação de que existe uma filosofia latino-americana depende, entre outros fatores, de que nesse território haja pensadores com noção do que é uma contribuição original à filosofia mundial.

III Um trabalho filosófico produzido em qualquer parte do mundo que apresente as características mencionadas nos itens I e II será reconhecido como um bom trabalho.

IV Um trabalho filosófico é aceito quando também existe uma comunidade de filósofos que desenvolve trabalhos filosóficos e zela por eles.

Estão corretas:

a) apenas as afirmativas I, III e IV.
b) apenas as afirmativas I, II e III.
c) apenas as afirmativas II e IV.
d) apenas as afirmativas II, III e IV.
e) todas as afirmativas.

5. Leia o texto a seguir:

É no período que se estende de 1968 a 1973 que essas questões emergem de forma acentuada em autores como Augusto Salazar Bondy e Leopoldo Zea. O primeiro publica em 1968 o livro Existe una filosofía de nuestra América?, *questionando a existência de uma filosofia autêntica e original na América Latina. Leopoldo Zea, por sua vez, discute essa problemática em seu livro* La filosofía americana como filosofía sin más, *publicado em 1969. Em 1973, dando prosseguimento às suas reflexões, os autores proferem em San Miguel, na Argentina, as conferências:* La filosofía latinoamericana como filosofía de la liberación, *de Leopoldo Zea, e* Filosofía de la dominación e filosofía de la liberación, *de Salazar Bondy.* (Trindade, 1998)

Tendo em vista o excerto e os conteúdos abordados neste capítulo, sobre a polêmica entre Salazar Bondy e Leopoldo Zea acerca da existência ou não de filosofia na América Latina é correto afirmar:

a) Segundo Salazar Bondy, não existe filosofia na América Latina porque esse nunca foi um problema importante para nós.
b) Para Salazar Bondy, existe, sim, filosofia na América Latina, pois nosso pensamento filosófico é original.
c) Segundo Zea, não produzimos pensamento original, somente fomos meros repetidores de pensamentos alienígenas.
d) Para Zea, o fato de fazermos a pergunta "Existe filosofia na América Latina?" já mostra que produzimos filosofia original ou simplesmente filosofia.

Atividades de aprendizagem

Questões para reflexão

1. Leia com atenção o texto a seguir:

   Existe uma crença comum entre os brancos de que a filosofia se origina com os gregos. A ideia é tão comum que quase todos os livros sobre filosofia começam com os gregos, como se eles precedessem todos os outros povos quando se trata da discussão dos conceitos de beleza, arte, números, escultura, medicina e organização social. Na verdade, esse dogma é hegemônico nas academias do mundo ocidental, incluindo as universidades e academias africanas. (Asante, 2014, p. 117)

   Após a leitura desse texto e o estudo deste capítulo, atente para alguns princípios que fundamentaram a filosofia da história da filosofia:
   - A filosofia é uma atividade racional que teve origem na Grécia Antiga.
   - A história da filosofia coincide com a história da Grécia e da Europa.

- Não é possível falar em filosofias regionais, mas em filosofia em sentido universal, pois do contrário teríamos de falar em matemática latino-americana, física latino-americana (!?) como ciências particulares.
- O Ser indo-europeu, por estar num estágio civilizatório superior ao dos demais, afirmou-se como existente e negou ou colocou os demais na condição de não-Ser.
- Segundo o filósofo Martin Heidegger, em sua tese de doutoramento, só é possível filosofar em grego e em alemão – por extensão, podemos acrescentar, em qualquer outra língua anglo-saxã.

Elabore um texto dissertativo, em que você se posicione filosoficamente sobre os problemas contidos nesses pressupostos.

2. Leia o excerto a seguir:

Etimologicamente a palavra cosmogonia vem do grego cosmos, *que significa* MUNDO, *e* gonia, *que quer dizer* GERAÇÃO, NASCIMENTO. *Trata ela do nascimento, o propósito e o fim de todos os seres sob a ação dos deuses. O Dicionário Houaiss dá três definições para o termo, a saber: 1. princípios (religiosos, míticos ou científicos) que se ocupam em explicar a origem, o princípio do universo; 2. conjunto de teorias que propõe uma explicação para o aparecimento e formação do sistema solar; 3. qualquer fundamento teórico que busque explicar a formação das galáxias a partir de um princípio primordial.* (Mendes, 2012, grifo do original)

Considerando o fragmento e tendo em vista a leitura e o estudo deste capítulo, elabore um texto em que se compare a cosmogonia náuatle com a cosmogonia grega.

Atividade aplicada: prática

1. O diário de bordo é uma ferramenta que pode ser utilizada em diferentes situações: desde uma viagem até uma pesquisa acadêmica. Com base no estudo deste capítulo, elabore um diário de bordo e, na sequência, procure das continuidade a esse trabalho considerando o estudo dos demais capítulos desta obra. Pesquise sobre como confeccionar um diário de bordo e bom trabalho!

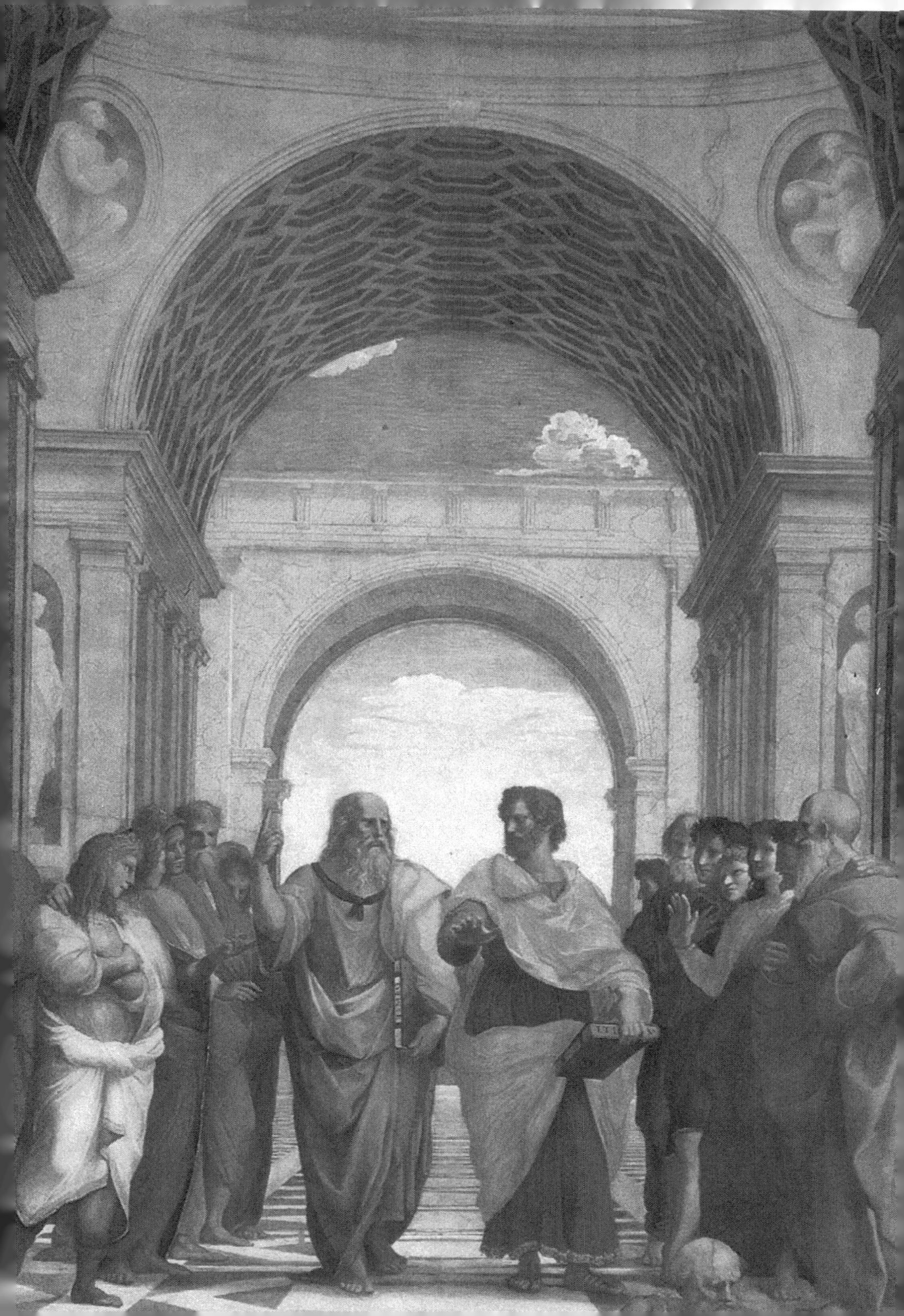

2

*A filosofia latino-
-americana e brasileira
no período de colonização*

Neste capítulo, nosso objetivo é analisar o pensamento filosófico que se desenvolveu durante o período colonial, que vai do início do século XVI até o final do século XVIII e início do século XIX. Nesse tempo, a América Latina foi colonizada principalmente por portugueses e espanhóis, os quais implantaram um sistema que ficou conhecido como de exploração. Isso porque a principal finalidade era extrair riquezas que eram levadas para a metrópole com vistas a sustentar os gastos com o funcionamento das Coroas portuguesa e espanhola.

Apresentaremos o contexto histórico, político e socioeconômico que marcou essa fase e também trataremos dos problemas e correntes da filosofia brasileira e latino-americana. Além disso, destacaremos alguns autores e suas obras, bem como dedicaremos atenção às especificidades da filosofia no Brasil colonial e a uma pensadora latino-americana.

2.1
Contexto histórico, político e socioeconômico

As colonizações portuguesa e espanhola estavam fundamentadas, politicamente, nos princípios do absolutismo e, economicamente, nos do mercantilismo. "O Estado absolutista caracterizava-se pela total concentração do poder político nas mãos do rei e pela legitimação divina desse poder" (Cáceres, 1992, p. 35). Para o Cardeal Jacques Bossuet (Chevallier, 1973), o poder do rei tinha origem divina; do mesmo modo, o poder absolutista personificava-se na figura dele, como se pode perceber na frase atribuída ao Rei Luís XIV: "O Estado sou eu".

A estrutura social estava dividida em três ordens: primeiro, segundo e terceiro Estado. O primeiro era constituído pelo clero (baixo e alto clero); o segundo era composto pela nobreza; e o terceiro, pela burguesia e pelas camadas populares. Nesse sentido, o absolutismo representou a continuidade da forma de poder político que caracterizou a Idade Média europeia. A diferença foi que, nessa nova fase, para centralizar o poder e controlar a nobreza, o rei se aliou à nova classe – a burguesia – concedendo-lhe monopólios comerciais, até mesmo para poder financiar a constituição de seus exércitos. Isso não significa que o rei tenha abandonado a nobreza, mas que passou a estabelecer com ela outra relação: mantinha-a com pensões, cargos públicos, festas e todo um modo parasitário de vida. Por outro lado, a burguesia aceitava financiar o Estado, pois, em contrapartida, recebia os monopólios por meio dos quais acumulava capitais.

Se o absolutismo deu o tom no aspecto político, o mercantilismo caracterizava as relações econômicas. Segundo Cáceres (1992, p. 36), "o mercantilismo foi um conjunto de doutrinas e normas práticas através das quais o Estado nacional intervinha na economia". O principal objetivo desse intervencionismo era fortalecer o Estado, política e economicamente. No entanto, esse enriquecimento não se fazia sem o enriquecimento de sua nova parceira: a burguesia. Uma das características do mercantilismo foi a procura por ouro, prata e pedras preciosas, não para acumulá-los por si mesmos, mas como forma de desenvolver o comércio, a agricultura e as atividades manufatureiras. O comércio era uma atividade econômica altamente valorizada, e objetivava-se sempre uma balança comercial favorável. Para isso, buscava-se a intermediação do Estado com suas políticas intervencionistas e protecionistas, como aumento de tarifas sobre produtos importados e redução sobre os exportados; desvalorização da moeda; manutenção de baixos salários; estabelecimento de monopólios sobre a produção e comércio de determinados produtos.

Assim, quando portugueses e espanhóis chegaram ao continente americano, implantaram um sistema de colonização fundamentado nesses princípios, em que a metrópole cumpria o papel de exploradora, tanto em termos políticos quanto em termos econômicos e culturais, ao passo que às colônias cabia o papel de exploradas. Para estas se integrarem ao processo civilizatório imposto pelos europeus, tinham de negar sua história, sua identidade, suas tradições, suas culturas, suas línguas e aceitar o que era imposto – por "boa vontade" ou pela força – pelo europeu colonizador; do contrário, o que lhes aguardava era a morte.

Feita essa breve contextualização histórica e política, passemos agora a tratar das ideias filosóficas que circularam tanto na América Latina, em geral, quanto no Brasil, em particular, durante o período colonial.

2.2
Problemas e correntes da filosofia latino-americana e brasileira no período colonial

Seguiremos aqui a estrutura proposta por Dussel (1994), que divide a história da filosofia na América Latina em três épocas, subdivididas em oito períodos distintos. Vejamos a primeira época (1492-1807) e seus três primeiros períodos, à qual o autor chama de *pensamento de justificação da dominação*. A filosofia chegou ao continente latino-americano juntamente com os colonizadores, pelas mãos dos padres jesuítas e franciscanos. Era marcadamente escolástica, pois justificava e legitimava o catolicismo como religião única e verdadeira. Ao mesmo tempo, "abençoava" as práticas de conquista e de implantação de um projeto de extração de riquezas, principalmente de metais preciosos. Nesse período apareceram as primeiras críticas ao processo predatório de colonização, e a mais contundente foi a de Bartolomé de las Casas, em sua obra *Brevísima relación de la destrucción de las Indias*.

No Brasil, quem se destacou na defesa dos povos indígenas foi Padre Antônio Vieira. Contudo, cabe ressaltar que defendia a escravidão dos africanos. Ele acreditava que a escravidão era algo positivo para os africanos, na medida em que, por meio dela, puderam entrar em contato com a civilização e ser salvos, ao serem convertidos e batizados no catolicismo. De acordo com Pinto (2008, p. 169), para Vieira, "os negros africanos, embora retirados à força de sua pátria e de seus familiares, deveriam agradecer a Deus pela oportunidade de conhecer a fé cristã e salvar suas almas pagãs". Esse foi o primeiro período.

O segundo período, que começou no ano de 1553, com a segunda escolástica, marcou também o início do ensino de filosofia no México e no Peru. De 1553 até o século XVIII, a segunda escolástica foi a filosofia dominante em todo o continente latino-americano. Correntes humanistas e o Barroco também estiveram presentes por aqui, porém não foram hegemônicos. As filosofias agostinianas e tomistas estavam alinhadas com as classes dominantes e, portanto, comprometidas com elas, o que lhes impedia de fazer qualquer tipo de crítica. Conforme Dussel (1994), no entanto, a filosofia desse período não foi mera repetição nem simplesmente de segundo grau. O que nos falta é investigação tanto da escolástica luso-hispânica desse período quanto de nossa própria escolástica.

O terceiro período começou no início do século XVIII e estendeu-se até o início do século XIX. Para Dussel (1994), o marco foi a expulsão dos jesuítas das colônias portuguesas pelo Marquês de Pombal, em 1759, e das colônias espanholas, em 1767. Ainda segundo esse mesmo autor, os jesuítas representavam "a estrutura fundamental da hegemonia ideológica do Antigo Regime" (Dussel, 1994, p. 33, tradução nossa) e que deveria ser destruída pelo novo regime. Se, na fase anterior, como afirma ainda, Portugal e Espanha haviam imposto sua escolástica pela relação político-econômica estabelecida entre a metrópole e suas colônias, a partir do século XVIII, a Europa solidificou seu processo de industrialização, saindo da fase metalista e mercantil para a consolidação de uma burguesia industrial e financeira. Para esta última, a escolástica não era mais a ideologia que correspondia aos seus ideais. Entraram em cena, então, tanto o **empirismo britânico** quanto o **iluminismo francês**.

Entretanto, o papel que Portugal e Espanha ocuparam no desenvolvimento dessas duas filosofias foi secundário. Também foi relegada ao segundo plano a condição das colônias no sentido político e econômico, pois passaram cada vez mais a ser dependentes de suas metrópoles, não mais como colônias, mas nas relações mercantis que estabeleceram com ambas. Esses dois países se tornaram periféricos na nova ordem capitalista. Suas colônias e antigas colônias* se constituíram em periferia da periferia. A antiga ideologia jesuítica foi substituída pela da ilustração francesa e pela do empirismo britânico burguês. Luís António Verney, Benito Díaz de Gamarra e Francisco C. Alegre foram importantes pensadores desse período e defenderam uma emancipação em relação às metrópoles ibéricas, mas não em relação aos países capitalistas. De outro lado, surgiram Carlos de Sigüenza y Góngora, Francisco Xavier Clavijero e Rafael Campoy, que marcaram o início da segunda época de uma filosofia emancipatória. Trata-se de um pensamento nacionalista e regionalista, ligado aos interesses *criollos*. Tais pensadores começaram por resgatar a própria história, a dos primeiros habitantes da América, seu folclore. Era já uma filosofia de libertação, em oposição à anterior, luso-hispânica, eurocêntrica e de dominação.

Na sequência, vejamos alguns autores latino-americanos e suas principais ideias e obras.

2.3
Alguns dos principais autores e obras

Podemos considerar que, na época em questão, houve três tipos de pensadores: 1) aqueles que foram meros replicadores do pensamento filosófico luso-hispânico nas colônias que serviu para justificar e legitimar o processo de colonização predatória aqui implantado; 2) aqueles que começaram a buscar um pensamento autônomo, fazendo uma crítica, ainda que num primeiro momento limitada, ao processo de colonização, e, integrando esse mesmo grupo, mas avançando na crítica, os que

---

* As antigas colônias são as que se situavam nas Américas. Ocorre que, mesmo com a independência das colônias latino-americanas, ambos os países continuaram o processo de colonização na África e na Ásia.

procuraram resgatar a história e a cultura regionais, gênese de uma filosofia de libertação; 3) e, por fim, a partir do trabalho do filósofo cubano radicado na Alemanha, Raúl Fornet-Betancourt (2008), as primeiras vozes femininas latino-americanas a produzirem um pensamento filosófico e a se levantarem contra o pensamento machista e patriarcal reinante em nosso continente. Alguns nomes se destacaram nesse período: o frade Afonso de la Vera Cruz e seu *Tratado de filosofia* (1554), Bartolomeu de Ledesma, Pedro Ortigosa, Antonio Rubio, Antonio Arias, Afonso Guerrero, Jerónimo de Escobar, Juán Martinez de Ripalda. Examinemos quatro autores que fazem parte do primeiro grupo.

2.3.1 José de Acosta

José de Acosta nasceu em 1539, na Península Ibérica e teve toda a sua formação nos colégios inacianos. Foi encaminhado ao Vice-Reino do Peru em 1571 para a missão jesuítica recém-instalada (1567), a fim de organizá-la. Foi um religioso distante das atividades evangelizadoras, mas próximo das questões administrativas, teológicas e editoriais. Sua principal obra é *Historia natural y moral de las Indias*, publicada em 1590, na qual fez questão de alertar que trataria de temas americanos, numa perspectiva histórica e filosófica. No entanto, o que Acosta procurou, segundo La Jousselandière (2011, p. 101), foi "sistematizar a descrição acerca do aspecto 'natural' do Novo Mundo a partir de sua inclusão no quadro 'aristotélico' de ordenação dos elementos". Ou seja, sua ideia foi contemplar o tema americano em sua obra não com o objetivo de pensar filosoficamente sob a perspectiva da realidade americana, mas com o propósito de enquadrá-la no pensamento aristotélico, e nessa visão a respeito dos povos não europeus como "bárbaros". Classificou esses povos em três níveis de barbárie com base na linguagem e na escrita: se o povo dominava apenas a comunicação oral, ainda estava em estado selvagem; se já tinha uma comunicação escrita, mas não silábica como a europeia, seria o último grau de barbárie antes de alcançar o nível civilizatório a que já tinham chegado os europeus. O padrão de referência era o processo civilizatório indo-europeu.

Segundo o autor, os povos americanos estariam no segundo nível. No livro sexto da obra citada, no primeiro capítulo, começa afirmando categoricamente que é falsa a ideia de que os povos americanos não tinham entendimento, conhecimento. Apesar de a maioria não dominar a escrita ou estar ainda na escrita hieroglífica, maias, astecas, quéchuas, náuatles e incas já se encontravam num processo civilizatório bastante avançado em relação a outros povos, pelos seus complexos esquemas organizativos político-administrativos, bem como pelos conhecimentos de astronomia e engenharia que manifestavam na construção das pirâmides.

2.3.2 Juan Ginés de Sepúlveda

Juan Ginés de Sepúlveda nasceu em 1490 e faleceu em 1573. Filósofo humanista e tradutor de Aristóteles, defendia o direito espanhol de conquista da América. Foi encarregado por Julio de Médicis de continuar a obra de tradução do *corpus* aristotélico. Combatia as ideias de Lutero, defendendo uma volta ao pensamento de Aristóteles. Não se trata de um pensador que tenha vivido na América. Sua importância está precisamente no fato de justificar e legitimar, por meio do pensamento, esse processo de dominação.

Sua tese central – exposta na obra *Democrates alter, sive de iustis belli causis suscepti contra Indos*, proibida na Espanha – era a natural inferioridade e barbárie dos indígenas em relação aos europeus, razão por que polemizou com Bartolomé de las Casas. Essa polêmica durou de agosto a setembro de 1550, foi acompanhada por uma junta de teólogos e chegou ao fim sem afirmar um vencedor.

2.3.3 Gonzalo Fernández de Oviedo

Gonzalo Fernández de Oviedo nasceu em 1478 e faleceu em 1557. Foi nomeado cronista da conquista da América pelos espanhóis e polemizou com Las Casas, que o chamou de caluniador, hipócrita, trapaceiro, mentiroso e outros termos nada elogiosos por participar das crueldades cometidas contra as populações nativas. Apesar de não ter formação acadêmica, é considerado um excelente cronista pelas suas descrições espontâneas e detalhadas.

Em 1547, fez no Colégio da Universidade Complutense uma primeira exposição de objetos trazidos da América. Na polêmica com Las Casas, Oviedo defendia que os indígenas não eram humanos, mas *homúnculos*, isto é, criaturas que ainda não poderiam ser consideradas como humanas nem tinham condições de conviver com os espanhóis, muito menos de ser convertidas conscientemente à fé cristã. Já Las Casas considerava não somente que os povos americanos eram seres humanos como também que tinham os mesmos direitos que os espanhóis. Ademais, entendia que as violências e crueldades praticadas contra eles – e das quais Oviedo era partícipe – eram desumanas.

2.3.4 Bartolomé de las Casas

Se os autores destacados até aqui foram pensadores que legitimaram e justificaram o processo de colonização predatória, vejamos agora um autor que, ainda que tenha feito a esse respeito uma crítica parcial, fez oposição a esse pensamento dominante. Trata-se de Bartolomé de las Casas. O frei dominicano nasceu em 1474 e faleceu em 1566. Formado em Direito, conseguiu uma fazenda na Ilha Hispaniola, onde mantinha alguns nativos americanos como escravos. Em 1510, após uma pregação da Ordem Dominicana contra o sistema de escravidão, considerando-o como tirânico e mau, realizou um profundo processo de reflexões e orações, depois do qual resolveu tornar-se padre, tendo celebrado a primeira missa na atual República Dominicana e Haiti.

Tendo acompanhado como capelão o massacre cometido contra os povos nativos na invasão da atual Cuba, foi à Espanha e pediu ao Conselho das Índias e ao Rei Fernão o fim das atrocidades. No entanto, apesar de ter recebido o título de "protetor dos índios", não viu resultado nas ações do rei. Voltou à Ilha de Hispaniola, libertou seus escravos e ingressou na Ordem Dominicana. Em 1544, foi nomeado Bispo de Chiapas, no México, fato que não foi bem recebido pelos proprietários de terra da região, por suas mensagens de liberdade. Isso fez com que renunciasse ao bispado e retornasse à Espanha, enclausurando-se no Convento de Nossa Senhora de Atocha, em Madri, até sua morte em 1566.

Las Casas dedicou o restante de sua vida a escritos nos quais defendia a liberdade dos nativos americanos. Sua principal obra é *O paraíso destruído: a sangrenta história da conquista da América Espanhola* ou *Brevísima relación de la destrucción de las Indias*. Com relação à escravidão dos africanos, afirma textualmente: "A causa dos negros escravos e dos índios é a mesma: uns e outros são escravizados de maneira injusta e tirânica" (Las Casas, citado por Josaphat, 2000, p. 303).

2.4
Filosofia no Brasil colonial

A *filosofia chegou* ao Brasil juntamente com os jesuítas, nas primeiras caravelas portuguesas. Assim como no restante da América, por aqui também tinha como objetivo central legitimar e justificar o processo de dominação predatório implantado pelos portugueses, reproduzindo o pensamento tomista. Dessa forma, não podemos falar, nesse período, de uma filosofia brasileira, uma vez que não pensava problemas universais a partir da realidade brasileira.

A filosofia colonial, segundo Pinto (2008), tem um processo de evolução lento no começo do período colonial e mais rápido ao final. Isso se deve, conforme ressalta o autor, a dois fatores principais: 1) econômico – no início da colonização predominavam o cultivo da cana-de-açúcar e o poderio dos senhores de engenho, muito mais conservadores; já no final, surgiram as sociedades mineradoras, na região de Minas Gerais, mais abertas e arejadas intelectualmente; e 2) político – o início do século XIX coincidiu com a vinda da família real portuguesa, juntamente com toda a sua corte, fugindo das guerras napoleônicas. Primeiramente a elevação à condição de Reino Unido a Portugal e, depois, a proclamação da sua independência foram acontecimentos que também provocaram profundas mudanças no pensamento filosófico brasileiro (Pinto, 2008).

De acordo com Pinto (2008, p. 180), a filosofia brasileira no período colonial pode ser dividida em três fases: "Pré-Colonização (1500-1560), do Catolicismo Barroco (1560-1808) e do Iluminismo Católico (1808-1822)". Na primeira, predominou a cosmovisão indígena, a qual começou a ser alterada com a chegada dos portugueses e todo o processo de evangelização e catequização jesuítica. A segunda fase foi a da predominância da segunda escolástica portuguesa. Conforme Pinto (2008, p. 180-181), prevaleceram no pensamento filosófico brasileiro "elementos provenientes do ceticismo, do estoicismo e do salvacionismo cristão". Já o Iluminismo Católico, a terceira fase, era mais um movimento de inspiração pombalina do que propriamente uma conciliação entre fé e razão, em favor da razão, principalmente no que tange à influência dos jesuítas e da *Ratio Studiorum* como projeto de evangelização e ensino. Outra influência importante foi a de Luís António Verney, por meio de sua obra *Verdadeiro método de estudar*, publicada pela primeira vez em 1746.

A filosofia jesuítica se alicerçava naquilo que determinava o Concílio de Trento: oposição à Reforma Protestante, fortalecendo os dogmas católicos e realizando a evangelização dos povos com os quais se tomava contato pela primeira vez. Seguiu-se a segunda escolástica, em particular a portuguesa, defendendo a ortodoxia católica e os dogmas. O ensino de filosofia promovido pelos jesuítas nesse período confundiu-se com o projeto de colonização e de evangelização posto em prática por eles, que obedecia ao método proposto pela *Ratio Studiorum*. Convém destacar que data do século XVII o primeiro registro de ensino de filosofia para o nível superior no Colégio do Rio de Janeiro (Pinho, 2014).

Alguns dos principais nomes desse período são Manoel da Nóbrega, Gomes Carneiro, Nuno Marques Pereira e Souza Nunes. Tais filósofos defendiam a chamada filosofia do "saber de salvação", a qual estava mais preocupada com as questões da dimensão divina do que com as materiais e corpóreas. De Nuno Marques Pereira temos a obra *Compêndio narrativo do peregrino da América*, em que relata a viagem de um suposto peregrino entre a Bahia e a região da mineração em Minas Gerais. Durante o trajeto, entrou em contato com os mais diferentes tipos de gente, ao mesmo tempo que observou a influência e o poder da Igreja Católica em, por meio de seus ritos, determinar o dia a dia das pessoas – desde a marcação das horas pelo badalar do sino até o ato de ministrar os sacramentos aos fiéis.

Na segunda metade do século XVIII, passou a circular por aqui o empirismo mitigado, como oposição ao tomismo jesuíta. Buscou reduzir o conhecimento filosófico à experiência científica, influenciado pelos pensadores iluministas que viam na razão a capacidade de conhecer as leis que regem a natureza e o Universo. O maior representante desse pensamento foi Sebastião José de Carvalho e Melo, mais conhecido como Marquês de Pombal. Após o terremoto de 1755, que destruiu Lisboa, foi nomeado primeiro-ministro e empreendeu uma série de reformas, o que desagradou a diversos políticos integrantes da nobreza, do clero e dos oficiais. Sua medida mais polêmica – adotada pelas influências iluministas em seu pensamento – talvez tenha sido a expulsão dos jesuítas, tanto de Portugal quanto das colônias portuguesas, fato que desmontou praticamente todo o sistema de ensino então vigente, principalmente nas colônias.

Contudo, o pensamento de Pombal tinha limitações e, na tentativa de ultrapassá-las, Silvestre Pinheiro Ferreira propôs a superação do empirismo mitigado por meio de um empirismo influenciado fortemente pelo inglês John Locke e pelo estagirita Aristóteles. Deste último, aliás, fez-se uma interpretação que não partia de sua metafísica, mas de sua teoria do conhecimento, segundo a qual este se origina na experiência. Silvestre Pinheiro buscou a superação não somente da escolástica, contra a qual se movia, mas também do liberalismo de Pombal.

Vejamos agora o pensamento de Padre Antônio Vieira, um importante pensador que, apesar de não ser brasileiro e de não ter vivido muito no Brasil, ainda assim deixou profundas marcas em nosso pensamento.

2.4.1 *Padre Antônio Vieira*

Padre Antônio Vieira nasceu em 1608 e faleceu em 1697. Passou a maior parte de sua vida adulta na Europa, no entanto seu pensamento marcou não somente a cultura lusitana, mas também a brasileira, por meio de seus sermões. Neles estão presentes temas tipicamente brasileiros: as questões dos índios, dos negros e da guerra dos portugueses contra os holandeses no nordeste brasileiro. Seus posicionamentos com relação aos dois primeiros temas são ambíguos e contraditórios. No caso da escravização dos negros, isso é evidente, na medida em que tentou conciliar o ensinamento cristão com os interesses dos colonizadores portugueses. Como cristão, considerava os africanos iguais aos brancos europeus e aos indígenas, e nesse sentido não era correto submetê-los a castigos e maus-tratos. Por outro lado, entendia que a mão de obra escrava era fundamental para o processo de colonização e considerava que os portugueses, ao capturarem os negros a fim de trazê-los para a América, possibilitavam que conhecessem a fé cristã e fossem salvos por meio do batismo. De acordo com Pinto (2008, p. 170), "Vieira aconselha os escravos a obedecerem ao senhor como quem obedece a Deus, pois assim encontrarão a liberdade no interior do próprio cativeiro".

Diferente, entretanto, era o posicionamento de Vieira com relação aos indígenas. Para ele, o mais adequado aos indígenas não era a escravidão, mas a conversão. Isso porque, para ele, como os africanos já praticavam o escravagismo, aceitariam mais facilmente tal condição – situação distinta da vivida pelos indígenas, que não conheciam tal prática.

Essa postura de Vieira com relação à escravização dos indígenas e dos africanos, ambígua e contraditória, assim como no que se refere a outras questões, expressou não somente seu posicionamento político e ideológico diante desses problemas, mas também – e principalmente – sua forma de pensar. "Segundo Hernâni Cidade, esta hesitação revela a predominância do espírito político sobre o religioso e da razão sobre a imaginação em Vieira" (Pinto, 2008, p. 171). Isso não significava que o espírito religioso estava completamente submetido ao político. Diferentemente de Las Casas, porém, que se apoiou na Bíblia para condenar qualquer forma de escravagismo, Vieira se fundamentou no mesmo livro e nos documentos do Vaticano para justificar e legitimar a escravização dos africanos.

Os temas centrais do pensamento vieiriano são o tempo e a morte, a vida e o eterno, problemas expressos nos famosos *Sermões**. Escreveu mais de 200 sermões, nos quais tratou dessas situações, que são universais, a partir de problemas locais, como a escravização dos indígenas e os maus-tratos aos escravizados africanos. Assim, seus sermões são religiosos, mas têm um fundo moralizante, pois buscam transformar o indivíduo em um ser moral. Segundo Vieira, isso somente é possível por meio de um processo de conversão, que é fazer com que o indivíduo se volte para si, para seu interior, a fim de que possa ver a si mesmo. Vieira ainda tratou de outros temas, como ética, filosofia política, antropologia e filosofia da história – este último, aliás, em sua obra inacabada *História do futuro*. Abordou também a estética da linguagem.

Por fim, conforme Pinto (2008), o pensamento do Padre Antônio Vieira foi fortemente influenciado pela ideologia do sebastianismo e pela ideia de que Portugal seria o Quinto Império, como deixou antever em *História do futuro*. Seu pensamento teve ainda forte influência do estoicismo, inspirado nas ideias do filósofo romano Sêneca, que se baseara no socratismo, principalmente na busca por uma sabedoria de vida.

2.5
Uma pensadora latino-americana no período colonial

Apresentaremos, nesta seção, as ideias de uma pensadora latino-americana. Segundo Fornet-Betancourt (2008), a filosofia ibero-americana sempre manteve uma relação difícil com as mulheres, já que em um primeiro momento eram homens refletindo sobre as questões femininas, sem lhes

---

* Os *Sermões* correspondem a um conjunto de 15 volumes, em que estão reunidos mais de 200 sermões proferidos pelo Padre Antônio Vieira ao longo de sua vida sacerdotal, a respeito dos mais diferentes assuntos.

abrir espaço para que falassem de si mesmas. Nesta nossa obra, vamos examinar o que pensam algumas mulheres que trataram de problemas filosóficos e, sobretudo, das questões femininas do ponto de vista da filosofia. A abordagem dessa temática ainda está se iniciando, mas já tem originado alguns excelentes trabalhos.

A sociedade colonial, do ponto de vista das discussões de gênero, é patriarcal e machista. Por essas mesmas razões, as atividades destinadas às mulheres são as que, tradicionalmente, se convencionou chamar de *femininas*: de esposa, de mãe, de dona de casa, de religiosa e outras. Dessa forma, há poucos registros de obras literárias produzidas por mulheres e menos ainda no campo das discussões filosóficas – não obstante estas possam ser tratadas em obras de poesia e em romances –, até porque a educação nas letras era privilégio de poucos. Por isso mesmo, destacaremos apenas o nome de Sóror Juana Inés de la Cruz.

2.5.1 Sóror Juana Inés de la Cruz

Juana Inés de Asbaje y Ramírez de Santillana nasceu em 1651 e passou a ser chamada de Sóror Juana Inés de la Cruz quando entrou para a Ordem de São Jerónimo, na qual permaneceu até sua morte. Havia tentado ingressar na Ordem das Carmelitas, mas não se adaptou, justamente pela rigidez delas. Seu espírito ansiava por liberdade, para que pudesse estudar, escrever, celebrar suas tertúlias sobre temas variados e compor suas poesias e peças teatrais, entre outras atividades literárias. Suas poesias abordavam tanto temas sacros quanto temas profanos. Em 1690, manteve uma polêmica teológica com Padre Antônio Vieira, em que este, em um sermão, tratou das finezas de Cristo. Sob o pseudônimo de Sor Filotea de la Cruz, publicou *Carta Atenagórica*, por meio da qual criticou o referido sermão. Segundo o escritor Octavio Paz (1993, p. 513), a referida carta está recheada de "ardentes declarações feministas".

Em 1691, escreveu um texto ainda mais contundente, *Respuesta a Sor Filotea de la Cruz* (Cruz, 2006), em que afirmou ter vasto conhecimento em diversas áreas, o suficiente para tratar de temas teológicos, os quais não deveriam ficar restritos unicamente aos homens.

Ainda que devamos tomar cuidado para não incorrer em anacronismo, contextualizando tanto a vida quanto as ideias de Sóror Juana, podemos afirmar, juntamente com outros autores, que ela foi a primeira feminista latino-americana. Em sua famosa *Respuesta*, argumentou que não era aceitável que, sendo filha de dois padres doutores – São Jerônimo e Santa Paula –, fosse uma pessoa idiota.

Nos versos da "Redondilha" afirma: "Homens estúpidos que acusais/ a mulher sem razão, sem ver que sois a ocasião / daquilo que culpais" (Inés de La Cruz, citada por Fornet-Betancourt, 2008, p. 69). Nos versos seguintes, segue a crítica ao tratamento masculino dispensado às mulheres: cobram o bem das mulheres, mas as incitam ao mal; àquelas que consideram ingratas, ofendem, e às que consideram "fáceis", julgam enfadonhas. Na *Respuesta a Sor Filotea de la Cruz*, mantém o tom de crítica à mentalidade machista, tanto colonial quanto de pensadores clássicos da filosofia. Contra Aristóteles, afirma: "Eu costumo dizer, vendo estas costelas: Se Aristóteles tivesse cozinhado, muito mais teria escrito..." (Cruz, 2006). Na mesma carta, que, aliás, hoje chamaríamos de *ensaio*, demonstra ampla erudição filosófica de história da filosofia, bem como de teologia.

No poema "Aviso da Lua que menstrua", a poetisa brasileira Elisa Lucinda traduz uma ideia que Inés de la Cruz apresenta nessa carta. Afirma a poetisa: "Não despreze a meditação doméstica. É da poeira do cotidiano que a mulher extrai filosofia cozinhando costurando" (Lucinda, 2006, p. 120). Declara Inés de la Cruz (2006, p. 13): "Pois, que lhe poderia contar, senhora, dos segredos naturais que descobri cozinhando?".

Em *Respuesta*, também reivindica o direito de as mulheres terem acesso à educação, assim como os homens.

Ao final de sua vida, promoveu uma mudança radical nas temáticas de suas obras: temas relacionados às questões sobrenaturais e à fé. Isso ocorreu principalmente após a renovação de seus votos religiosos em 1694. Segundo alguns biógrafos de Sóror Juana, houve uma conspiração misógina que a condenou a deixar de escrever sobre questões femininas, terrenas e temporais, dedicando-se a assuntos mais apropriados a uma monja. Faleceu em 17 de abril de 1795, aos 43 anos de idade, deixando uma obra escrita de 180 volumes. Além de grande escritora, também realizou experimentos científicos. Podemos afirmar, com certeza, que era uma mulher à frente de seu tempo. Segundo Fornet-Betancourt (2008, p. 68), "se tivesse sido escutada, teria podido mudar a topologia masculinizante da consciência intelectual da América".

Assim encerramos este capítulo sobre a filosofia no período colonial latino-americano, sem, no entanto, esgotar a o assunto. Existem muitos trabalhos que tratam dessa temática e outros ainda precisam ser conduzidos para compreendermos nosso passado filosófico, tanto o de pré-conquista quanto o do período colonial. Ao final desta obra, indicaremos uma bibliografia para o leitor que quiser aprofundar-se no assunto.

Síntese

Neste capítulo, analisamos o pensamento filosófico latino-americano e brasileiro durante o período colonial (do século XVI ao século XIX). Começamos por examinar os aspectos históricos, inserindo a colonização no processo de desenvolvimento da história das Grandes Navegações, do mercantilismo, da Reforma Protestante e da Contrarreforma.

Vimos também que a filosofia, nesse período, cumpriu um papel de justificadora e legitimadora do processo de colonização, com a catequese dos indígenas e dos filhos dos colonos. No entanto, a filosofia ensinada aos filhos das classes mais ricas tinha como objetivo, principalmente, a formação para a carreira do sacerdócio ou para algum posto pertencente à elite dirigente. A corrente filosófica que predominou foi a escolástica, principalmente a segunda escolástica portuguesa (Engelmann; Engelmann; Correa, 2015, p. 50-51; IHU On-Line, 2010). Ao final do período, houve a influência da expulsão dos jesuítas, medida tomada pelo Marquês de Pombal com vistas a substituir a influência dos religiosos pelo poder laico, numa versão portuguesa do Iluminismo.

Na sequência, mostrarmos que houve três tipos de pensadores: 1) aqueles meros replicadores do pensamento filosófico luso-hispânico nas colônias, cujas ideias serviram para justificar e legitimar o processo de colonização predatória aqui implantada; 2) aqueles que começaram a buscar um pensamento autônomo, fazendo uma crítica, ainda que num primeiro momento limitada ao processo de colonização, e, integrando esse mesmo grupo, mas avançando na crítica, os que procuraram resgatar a história e a cultura regional, gênese de uma filosofia de libertação; e 3) por fim, as primeiras vozes femininas latino-americanas que produziram um pensamento filosófico e se levantaram contra a conduta machista e patriarcal reinante em nosso continente.

Desse período destacamos as ideias de Bartolomé de las Casas e sua denúncia do processo de escravidão e morte das populações indígenas por parte dos espanhóis, bem como identificamos, no contexto brasileiro, as contradições de Padre Antônio Vieira, que, ora condenou os excessos da escravidão, ora a defendeu, alegando que, por meio dela, os escravizados puderam conhecer a salvação e a civilização europeia. Já entre as pensadoras femininas destacamos Inés de la Cruz, mulher de profunda erudição que já no período colonial defendia direitos iguais entre homens e mulheres, como o acesso à educação, tendo até mesmo polemizado com Padre Vieira.

Atividades de autoavaliação

1. Leia o excerto a seguir:

   No período colonial brasileiro, a filosofia é implantada pelos jesuítas, e apesar de não haver registros que se refiram a um ensino da filosofia ou documentos essencialmente filosóficos, foram os jesuítas que iniciaram o processo de construção de um pensamento filosófico e teológico aos moldes ocidentais em solo nacional a partir do século XVI. Esses pensadores são importantes, pois no momento em que os portugueses chegavam ao Brasil com o interesse imediato de se instalar e obter posse das riquezas naturais e escravizar os nativos, os jesuítas se propõem a ensinar o povo, certamente com interesses maiores que se relacionavam com a necessidade de expansão do cristianismo, uma vez que seguiam as propostas do Concílio de Trento, concílio que surge em oposição à reforma protestante e afirma o fortalecimento e expansão dos dogmas católicos. (Santos, 2016, p. 115-116)

   Tendo em vista os conteúdos deste capítulo e o excerto lido, sobre o papel da filosofia no período colonial é correto afirmar:
   a) A filosofia chegou junto com os padres jesuítas, mas estava reservada somente a estes, em diálogos sobre a existência ou não de Deus.

b) A filosofia trazida pelos jesuítas nas primeiras caravelas cumpriu o papel de justificar e legitimar o processo de colonização praticado por portugueses e espanhóis.
c) A filosofia era ensinada da mesma forma aos indígenas, aos filhos dos colonos e aos filhos dos senhores.
d) A filosofia ensinada pelos jesuítas tinha por objetivo ajudar a produzir um pensamento original sob o ponto de vista da América Latina.

2. Leia o texto a seguir:

O obstáculo interno se traduz em um sentimento de inferioridade, historicamente imposto pelo modelo euro-americano, dentro da perspectiva da modernidade, que nos fez incorporar os dilemas do Calibã e assumir a autoimagem de bárbaros, incapazes de produzir conhecimento de qualidade. (Pinto, 2012, p. 338)

Tendo em vista os conteúdos deste capítulo e o excerto lido, assinale a alternativa que caracteriza corretamente os filósofos latino-americanos durante o período colonial:

a) Todos os filósofos latino-americanos do período colonial desenvolveram seu pensamento legitimando o processo de colonização.
b) A filosofia no período colonial foi uma atividade exclusivamente masculina, sendo proibida às mulheres.
c) Bartolomé de las Casas e Sóror Juana Inés de la Cruz são exemplos de pensadores dissonantes em relação aos demais pensadores latino-americanos.
d) Padre Antônio Vieira foi um ardoroso defensor dos indígenas, assim como condenava toda e qualquer forma de escravidão no período colonial.

3. Leia o fragmento de texto a seguir:

O Brasil, por ser um país colonizado, tem a produção de sua cultura e pensamento que passa a vigorar importados de Portugal, uma vez que a cultura indígena originária é suprimida em prol do pensamento implantado pelo velho mundo. Nesse sentido, para entender o movimento da história da filosofia do Brasil e consequentemente do modelo de pensamento filosófico brasileiro, é preciso compreender o movimento histórico do próprio país, pois apesar do conteúdo filosófico poder tratar mesmo de assuntos atemporais, a produção filosófica é intrínseca ao tempo, e o modo de se fazer filosofia é possibilitado pelas condições históricas, pelo contexto histórico. (Santos, 2016, p. 114)

Tendo em vista os conteúdos tratados neste capítulo e o texto apresentado nesta questão, assinale a alternativa que caracteriza corretamente a filosofia brasileira no período colonial, segundo Margutti Pinto:

a) Não podemos falar da existência de um pensamento abstrato no que hoje conhecemos como Brasil antes da chegada dos portugueses, pois os indígenas eram incapazes disso.

b) A cosmovisão indígena deu as principais características do catolicismo barroco.

c) Na segunda escolástica, há uma hibridização da cosmovisão indígena, do barroco e do Iluminismo católicos.

d) O pensamento filosófico brasileiro nesse período se caracterizou pela presença de elementos provenientes do ceticismo, do estoicismo e do salvacionismo cristão.

4. Tendo em vista os conteúdos abordados neste capítulo, sobre a filosofia jesuíta do período colonial é correto afirmar:

a) Seguindo os princípios determinados pelo Concílio de Trento, fazia forte oposição à Reforma Protestante, defendendo os dogmas católicos.

b) Era contra a segunda escolástica, em particular a portuguesa, que defendia a ortodoxia católica e os dogmas.

c) O ensino de filosofia feito pelos jesuítas nesse período era o oposto do método proposto pela *Ratio Studiorum*.

d) O empirismo mitigado é uma evolução da segunda escolástica e uma crítica ao pensamento iluminista português.

5. Leia o texto a seguir:

Este ilustre jesuíta, que nasceu em 1608 e faleceu em 1697, é uma das maiores figuras do pensamento português do s. XVII. Sua obra revela um autor ao mesmo tempo moralista, político e filósofo da história, que expressa suas ideias através de uma elegante retórica. Embora Vieira seja mais português do que brasileiro, ele constitui uma das mais vívidas expressões da nova cultura que se formava a partir do contato do português colonizador com a realidade dos trópicos. (Pinto, 2008, p. 168)

Tendo em vista os conteúdos deste capítulo e o texto apresentado nesta questão, assinale a alternativa que caracteriza corretamente o pensamento de Padre Antônio Vieira:

a) Segundo Vieira, submeter os escravos a castigos físicos era uma forma de ajudá-los a alcançar mais rapidamente a salvação.

b) Vieira era contraditório com relação à escravidão dos africanos: embora não concordasse com os castigos físicos, via nessa prática a possibilidade de os africanos conhecerem a salvação.

c) Vieira não fazia distinção entre a escravidão indígena e a negra. Segundo ele, ninguém deveria ser submetido a tal prática, pois ia contra os desígnios divinos.

d) Vieira aconselhava os negros a resistir à escravidão e a somente servir a Deus e não aos senhores de escravos.

Atividades de aprendizagem

Questões para reflexão

1. Durante os anos da colonização, a filosofia serviu ao projeto de dominação, legitimando-o e justificando-o, bem como educando os moradores das colônias, de acordo com sua posição social e objetivo dentro da ordem. Dois religiosos se destacaram na denúncia contra a escravidão de indígenas e africanos: Bartolomé de las Casas e Padre Antônio Vieira. O primeiro condenou as duas formas de escravidão, por considerá-las injustas e tirânicas; Vieira, por sua vez, embora condenasse os excessos cometidos pelos senhores de escravo, acreditava que a escravidão era algo positivo para os africanos, na medida em que, por meio desse regime, eles puderam entrar em contato com a civilização e ser salvos, ao serem convertidos e batizados no catolicismo. Era, porém, completamente contrário à escravidão indígena.

    Com base nesse contexto e na leitura do capítulo, reflita sobre a seguinte citação de Pinto (2008, p. 170): "Vieira aconselha os escravos a obedecerem ao senhor como quem obedece a Deus, pois assim encontrarão a liberdade no interior do próprio cativeiro". Em seguida, elabore um texto dissertativo em que trate do problema da justificativa da escravidão indígena e africana.

2. Leia este texto:

    Sóror Juana Inés de la Cruz começou a escrever obras de tipo escolástica, entre as quais podemos mencionar uma introdução à lógica, que infelizmente foi perdida, mas continuou em seus escritos, especialmente em seus poemas e cartas, nos caminhos humanistas. (Beorlegui, 2010, p. 135, tradução nossa)

Considerando os conteúdos abordados neste capítulo, elabore um texto dissertativo tendo como base a seguinte citação: "Homens estúpidos que acusais / a mulher sem razão, sem ver que sois a ocasião / daquilo que culpais" (Inés de la Cruz, citada por Fornet-Betancourt, 2008, p. 69).

Atividade aplicada: prática

1. Elabore um plano de aula sobre a presença da filosofia no período colonial, procurando destacar o papel que ela teve no processo de formação das elites coloniais.

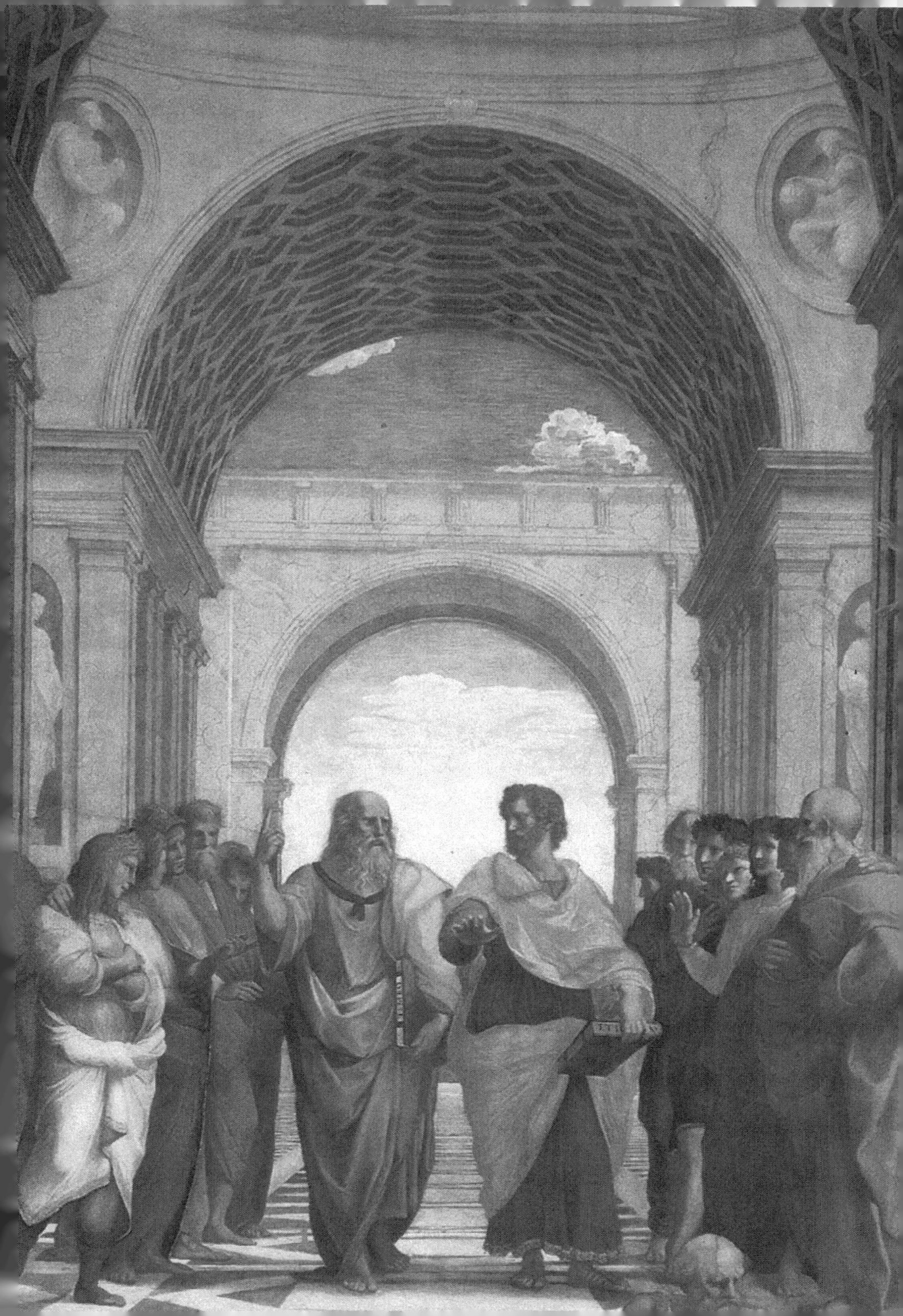

3
A filosofia latino-americana e brasileira em tempos de emancipação política

Neste capítulo, continuaremos a avançar em nossa análise sobre o pensamento filosófico latino-americano e brasileiro. Seguiremos a mesma sistemática: iniciaremos pelo contexto histórico, político e socioeconômico para, em seguida, adentrar as questões propriamente filosófica, examinando, primeiramente, o pensamento filosófico em geral e, depois, os principais nomes desse período. Finalizaremos apontando alguns nomes femininos da filosofia latino-americana.

Lembramos, uma vez mais, o pensamento de Hegel e o de Marx: se a filosofia é filha de seu tempo, não são as ideias que produzem o mundo, mas é este que as produz. Assim, partir de tal contexto é fundamental para compreender as ideias que por aqui circulavam e o modo como foram produzidas nesse período.

3.1
Contexto histórico, político e socioeconômico

O período que denominamos de *emancipação política* compreende todo o século XIX. Iniciou-se com os anos finais do século anterior, com a conclusão dos primeiros processos de independência das colônias espanholas, e foi até a Proclamação da República do Brasil, em 1889. Esse processo foi completamente distinto em cada uma das colônias, especialmente se considerarmos que as espanholas, à exceção da mexicana, optaram por repúblicas, ao passo que a portuguesa escolheu continuar como império, tendo como governante o filho do rei da antiga metrópole. Vejamos esse contexto com mais pormenores.

Desde o final da Idade Média, passando pelo Renascimento e pelo humanismo, bem como pelo nascimento da modernidade e o projeto do Iluminismo e pelo surgimento da ciência moderna, a Europa passou por profundas transformações econômicas, políticas e sociais. Nos séculos XVIII e XIX, consolidou-se um novo sistema produtivo, o capitalismo, a partir da Revolução Industrial – uma nova forma de produzir mercadorias, com a utilização cada vez maior de máquinas e com o estabelecimento de outras relações de produção até então desconhecidas da humanidade.

Ao mesmo tempo, uma classe social que vinha se formando desde a Idade Média, tendo como fio condutor as atividades comerciais proporcionadas pelo renascimento do comércio e das cidades, solidificou-se econômica e politicamente. À época dos Estados absolutistas, havia se aliado aos reis para financiar a centralização do poder destes em troca de privilégios comerciais. Porém, nessa nova fase, não mais lhe interessava patrocinar o poder de terceiros –, ambicionava, ela mesma, exercer o poder. Foi assim que, por exemplo, na França, aliou-se ao povo, aos trabalhadores e à parte da nobreza e do clero descontente com o Antigo Regime para derrotar o Primeiro e o Segundo Estado e promover a Revolução Francesa de 1789. Contudo, abandonou os companheiros de primeira hora e, para conter os rumos da revolução, apoiou um governo forte e centralizador, o de Napoleão Bonaparte, que se tornou imperador e foi o autor da penúltima tentativa de se formar um império na Europa.

A partir dessa nova realidade econômica e política, a Europa, principalmente a Inglaterra, passou a apoiar movimentos emancipatórios no continente latino-americano, bem como o fim de algumas práticas como o tráfico de escravos e a própria escravização de africanos. Mais do que o aspecto humanitário, o que movia os ingleses eram os interesses econômicos: a busca por mercados fornecedores de matéria-prima e consumidores de produtos industrializados. Da mesma forma, defendiam que os recursos financeiros investidos no comércio de escravos fossem revertidos na compra de produtos industrializados.

Nesse cenário, Portugal e Espanha cumpriam papéis periféricos. Toda a riqueza da extração de ouro, das pedras e demais metais preciosos das colônias não redundou em desenvolvimento social e econômico desses países, mas tão somente em compra de produtos manufaturados produzidos principalmente pelos ingleses. Por conta de sua aliança com a França, que vivia em guerras europeias, a Espanha precisou aumentar a exploração sobre suas colônias, aumentando os impostos e as taxações, bem como reprimindo qualquer forma de contrabando e, até mesmo, estabelecendo manufaturas e/ou produção de produtos agrícolas que concorressem com a metrópole. Na prática, tais medidas fizeram com que os *criollos** reagissem a essas reformas no pacto colonial e começassem movimentos de independência das colônias espanholas.

Nas colônias espanholas existiam três classes sociais bem distintas: 1) os *chapetones*, que eram pessoas nascidas na Espanha, nomeados para ocupar os altos cargos governamentais e eclesiásticos, além das funções mais importantes na sociedade colonial; 2) os *criollos* que eram filhos de espanhóis nascidos nas colônias e que se tornavam grandes proprietários de terra, comerciantes, donos de manufaturas e aqueles que, de fato, sustentavam a burocracia estatal e eclesiástica com o pagamento de impostos; constituíam também a elite pensante nas colônias e, por terem contato com as ideias iluministas e revolucionárias que circulavam pela Europa, tinham forte potencial revolucionário e de independência; e 3) os mestiços, índios e negros, que representavam a maior parte da população das colônias e constituíam a base da pirâmide social de toda a estrutura social e econômica colonial; estavam a serviço tanto dos *criollos* quanto dos *chapetones*.

Antes da chegada dos europeus, entre os povos indígenas havia duas formas de trabalho, chamadas *capull* e *ayllu*, em que predominava o trabalho coletivo. Não havia a posse individual das propriedades, mas coletiva, e as tarefas eram divididas e realizadas por todos os integrantes da pequena comunidade. Durante a colonização espanhola, predominaram quatro tipos de relações de trabalho, não necessariamente sucessórias e/ou excludentes. Uma delas era denominado *mita*, na qual os espanhóis sorteavam os indígenas que iriam trabalhar, compulsoriamente, durante certo tempo na extração de minérios. Após esse período, costumavam receber determinada quantidade em minério como forma de pagamento.

---

*   *Criollos* é a forma pela qual eram chamados os filhos dos espanhóis nascidos nas colônias. Os que eram nascidos na Espanha eram chamados de *chapetones*.

Contudo, as péssimas condições de trabalho foram fazendo com que diminuísse drasticamente a população indígena. Aos poucos, esse modelo foi sendo substituído pelo trabalho livre; em algumas regiões, entretanto, optou-se pelo escravagismo africano.

Outro tipo de relação de trabalho era a *encomienda*. Nessa forma de produção, uma comunidade indígena era deixada sob a responsabilidade de um *encomendero*, o qual passava a ter direito de explorar a mão de obra tanto na agricultura quanto na extração de minérios, porém ficava encarregado de educá-la na fé cristã. Era expressamente proibido submeter os indígenas a castigos físicos e agressões; apesar disso, tais proibições eram ignoradas, além do fato de que até mesmo as terras deles eram tomadas pelos *encomenderos*.

Essa situação social se tornou terreno fértil para revoltas populares. No entanto, os *criollos* não participaram desses movimentos, alguns dos quais iniciados por eles. Isso porque eram em menor número do que o de mestiços, negros, indígenas e mulatos. Em certo sentido, temiam mais o povo do que a Espanha. As duas principais revoltas foram a de Túpac Amaru e a do Movimento Comunero.

Descendente do último imperador inca, José Gabriel Condorcanqui Noguera foi aclamado cacique de três regiões peruanas e adotou o nome de Túpac Amaru II em 1764. Até então, identificava-se mais com os *criollos* do que com seus antepassados. Por frequentar a elite *criolla* e fazer discursos contra a política bourbônica, tinha a simpatia de boa parte desse grupo. Ao se tornar cacique, assumiu a luta para acabar com os trabalhos forçados, os impostos excessivos, bem como as tarifas alfandegárias, que dificultavam o comércio peruano. Em 1780, iniciou um levante militar, no qual esperava o apoio dos *criollos*. A reação desse grupo, porém, contrariamente ao que se esperava, foi violenta, e o cacique acabou sendo preso, bem como seus companheiros e familiares, ao que ele teve de assistir na Plaza de Las Armas de Cuzco. Quanto a ele, o castigo foi ainda pior: ao estilo das punições medievais, teve seus membros amarrados a quatro cavalos, que deveriam puxar cada um numa direção. Entretanto, como seus membros não se romperam, cortaram sua cabeça e seus membros, que foram expostos em várias regiões do Peru e da Bolívia para que servissem de exemplo àqueles que pensassem em se rebelar.

O Movimento Comunero começou como uma manifestação da elite *criolla* boliviana, composta por grandes latifundiários, pequenos proprietários e comerciantes, contra o aumento dos impostos feito pela metrópole. A ele aderiram diversas comunidades indígenas, inspiradas na rebelião de Túpac Amaru. Porém, tal adesão assustou os que iniciaram a revolta, que passaram a negociar a rendição, por medo de perderem o controle do movimento e a mão de obra que lhes garantia o poder, o *status* e, principalmente, o acúmulo de riquezas, pela exploração do trabalho indígena, dos mestiços, dos escravos africanos e mulatos.

Esses dois movimentos são um exemplo de que as ideias políticas que chegavam ao continente latino-americano tinham um alcance limitado entre a elite *criolla*. Sua adesão a tais ideias ia até o limite da manutenção de seus privilégios. A independência pela qual lutava não representava uma transformação radical nas estruturas da sociedade, mas apenas uma mudança no comando político. Em vez de serem os *chapetones* a comandar a colônia de acordo com os interesses da Coroa espanhola, proclamava-se a independência, mas na prática a estrutura social, econômica e política era totalmente mantida.

A única independência que destoou desse projeto das elites *criollas* foi a do Haiti, que promoveu um processo totalmente comandado pelos negros, sem nenhuma participação dos brancos – estes, aliás, quando começou a revolução, fugiram o mais rápido da Ilha de Saint-Domingue.

Iniciado por Toussaint Louverture, que foi preso e enviado à França em 1803, o processo foi concluído por Jean-Jacques Dessalines, adotando-se o regime republicano em 1806. Nascia a primeira república negra do mundo, a partir de uma revolução feita pela classe social mais dominada política, social e economicamente: os escravos negros. O Haiti foi o primeiro país caribenho e latino-americano a proclamar sua independência, fato que certamente assombrou as elites brancas latino-americanas.

Julgamos necessária essa exposição do contexto histórico, político e econômico da América Latina no período da emancipação política porque se trata de um momento de profundas transformações. Mesmo que essas mudanças não tenham sido aquelas almejadas pelas classes mais exploradas, nascia, ainda que no âmbito das elites, um sentimento de pertencimento latino-americano. Alguns líderes desse processo de independência chegaram a propor uma aliança de todos os novos países livres. Contudo, tal ideia não chegou a prosperar, exatamente por conta da intervenção britânica, num primeiro momento, e, depois, da estadunidense, ao longo de todo o século XX, como mostraremos nos próximos capítulos. Vejamos, agora, os principais problemas filosóficos desse período e o modo como estes influenciaram e/ou foram influenciados pelos acontecimentos históricos.

3.2
Problemas e correntes da filosofia latino-americana e brasileira no contexto das lutas por emancipação política

O *que pensaram* a filosofia e os filósofos inseridos no contexto latino-americano que expusemos? Como se posicionaram diante desses problemas? Que correntes filosóficas predominaram por aqui nesse período? Segundo Dussel (1994), as correntes filosóficas hegemônicas foram o empirismo britânico e o Iluminismo. Foi a segunda época identificada na divisão histórica proposta por Dussel, fase que ainda se caracterizou como uma filosofia alienada, uma vez que, incapaz, se reproduzia na condição de dependência intelectual. Dussel divide essa segunda época em cinco períodos. Vejamos sucintamente as principais características dos três primeiros.

3.2.1 Primeiro período

O primeiro período foi marcado pelas ideias revolucionárias que, segundo Dussel, brotavam da práxis; surgiam para justificar a ação revolucionária na realização da independência política das colônias em relação à metrópole. Muitas dessas lideranças haviam sido professores em universidades ou mesmo em seminários; alguns eram sacerdotes e conheciam bastante de filosofia, principalmente das novas ideias que agitavam a Europa nos séculos XVIII e XIX. Era uma filosofia política emancipadora que, na Europa, se lançava contra o absolutismo e o Antigo Regime. Se já na primeira época havia filósofos que defendiam o direito dos indígenas e dos negros de fazerem a rebelião, nessa nova fase foram produzidas ideias que defendiam o direito de se levantarem contra o despotismo espanhol e português. Cabe ressaltar que, nesses movimentos de independência, todas as principais lideranças eram brancas, ou seja, os indígenas, os negros, os mulatos e os mestiços participaram como sujeitos secundários.

Conceitos como *independência*, *liberdade* e *direitos humanos*, que moveram os líderes e os participantes das lutas pela independência, não passaram de elementos abstratos, na medida em que foram apenas mobilizadores. Isso porque, conquistada a independência, as estruturas sociais do período colonial não somente foram mantidas, como até mesmo os privilégios das elites *criollas*, no caso das colônias espanholas, foram ampliados, fazendo com que as desigualdades sociais aumentassem ainda mais. Vale destacar ainda que qualquer tentativa popular de revolta contra essa situação era duramente reprimida. As ideias políticas dos líderes eram as mais díspares: iam desde liberais até intelectuais orgânicos, de progressistas a conservadores, de federalistas a centralistas e de iluministas a despóticos.

Há duas hipóteses sobre as relações entre as ideias filosóficas que circulavam nas colônias latino-americanas durante o período de emancipação política e o próprio processo de emancipação: se as ideias filosóficas influenciaram os movimentos políticos ou se estes foram quem as gerou, isto é, produziu o surgimento daquelas. A maioria dos teóricos sustenta a hipótese de que as ideias provocaram os movimentos políticos, principalmente o populismo espanhol, ao defender a soberania popular, bem como o liberalismo político, a Revolução Francesa e a Independência Americana.

Particularmente, defendemos a hipótese de que foram as condições históricas, materiais e sociais dos séculos XVIII e XIX na Europa, nos Estados Unidos e na América Latina que determinaram a reorganização política das colônias. Não interessava mais aos países que se industrializavam e assumiam o papel hegemônico na política internacional manter a relação de dependência que havia caracterizado o pacto colonial; trocariam tal pacto por outra forma de dependência política e econômica. Ao mesmo tempo, os filhos das elites que tinham ido estudar na Europa puderam entrar em contato com as ideias que por lá circulavam, como o Iluminismo e o positivismo francês, o empirismo e o liberalismo britânico, as Revoluções Burguesas, (na Inglaterra e na França) a Independência Americana e outras. Esses fatores passaram a influenciar econômica, política, social e culturalmente os países latino-americanos.

Assim, percebe-se que esse processo de emancipação política foi feito "por cima", liderado pelas elites oligárquicas. O povo figurou como mero coadjuvante. Isso porque as mesmas elites tinham medo de que ocorresse em seus países o que havia acontecido no Haiti.

3.2.2 Segundo período

A esse período de pós-emancipação Dussel (1994) prefere chamar de "o fracasso da nova ordem". Isso porque, segundo ele, a "América Latina havia chegado tarde demais à festa industrial do capitalismo" (Dussel, 1994, p. 38). Juan Bautista Alberdi até propôs um caminho certeiro para a filosofia latino-americana nesse período, ao afirmar: "Nossa filosofia tem de sair de nossas necessidades" (Alberdi, citado por Dussel, 1994, p. 38, tradução nossa). Além disso, defendeu que ela deveria ser essencialmente política e social. Propunha ainda que se fizesse um processo de industrialização interno, que se construísse uma unidade nacional. A elite *criolla*, que havia liderado todo o processo de emancipação política, conservou, no pós-independência, os vícios estruturais da época da dependência colonial, ainda que alguns de seus líderes, como Simón Bolívar, tenham proposto a união de todos os países independentes numa federação como forma de promover um progresso unificado. Porém, os interesses oligárquicos locais falaram mais alto.

3.2.3 Terceiro período

O terceiro período ocorreu na segunda metade do século XIX e coincidiu com a fase do capitalismo financeiro e o neocolonialismo, quando os países mais industrializados da Europa reuniram-se na Conferência de Berlim (1895) para discutir os termos da nova colonização da África, bem como do continente asiático (principalmente Índia, China e Japão) e da Oceania. Com relação à América Latina, predominava a influência inglesa, com exceção da região do Caribe, que já percebia o poder da política norte-americana do *Big Stick*, inspirada na Doutrina Monroe no início do século XX.

Na segunda metade do século XIX, começou a circular no pensamento latino-americano, convivendo com outras ideias, o positivismo, que foi hegemônico até 1910, servindo aos interesses imperialistas em suas críticas às oligarquias conservadoras. Auguste Comte explica a evolução da humanidade com sua teoria dos três estados ou estágios: o primeiro, **teológico**, em que os seres humanos explicam as coisas baseando-se em suas crenças, num primeiro momento fetichistas, depois politeístas e, por fim, monoteístas; o segundo, **metafísico** ou **filosófico**, substitui as explicações baseadas nas crenças por outras, racionais, do tipo metafísicas; por fim, o terceiro, **positivo** ou **científico**, em que o ser humano compreende as coisas por meio da ciência ou do conhecimento científico, o qual pode ser verificado e comprovado.

Partindo dessas ideias, Comte deriva uma concepção de sociedade, bem como a maneira pela qual deveria ser organizada. Ele a imagina como um organismo vivo, em que cada uma das partes deve estar em harmonia com as outras. Para tanto, a educação cumpriria um papel determinante na formação dos indivíduos, a fim de que estes "descobrissem" seu lugar na sociedade e se "conformassem" por pertencer a ele. O lema do positivismo, que é de domínio público, principalmente em sua versão resumida, inscrita na bandeira brasileira e, volta e meia, retomada por alguns governantes, expressa bem essa ideologia: "O Amor por princípio; a Ordem por base; o Progresso por fim".

A influência do positivismo na América Latina ainda precisa ser mais bem compreendida, principalmente na formação social das mentes dos sujeitos. Ele está muito mais presente no imaginário coletivo do que em geral se pensa, para além das instituições jurídicas, educacionais, militares e governamentais, entre outras. Porém, se foi hegemônico, não foi o único pensamento que encontrou eco no continente latino-americano nesse período. Filosofias tradicionais e conservadoras como o neotomismo, como assim o krausismo, o espiritualismo, o comunismo e o anarquismo, circularam por aqui. O neotomismo surgiu na Itália na segunda metade do século XIX e tem como objetivo reavivar as ideias de Tomás de Aquino a fim de enfrentar as teorias sociais como o comunismo, o socialismo e o anarquismo, bem como o próprio positivismo e as ideais liberais derivadas do protestantismo e do luteranismo. Um de seus principais representantes é Jacques Maritain, que teve quase toda a sua obra traduzida para o português e o espanhol e exerceu forte influência no meio religioso latino-americano. No Brasil, por exemplo, teve como principais propagadores Tristão de Ataíde e o Padre Leonel Franca.

O krausismo corresponde às ideais do filósofo alemão Karl Christian Friedrich Krause, que teve mais influência no continente latino-americano do que em seu próprio país. Assim como os demais filósofos alemães de sua época, também buscava um princípio único, universal, que sustentasse todo o conhecimento humano (Carvalho, 2007).

As vertentes do krausismo que chegaram à América Latina foram as espanholas e belgas e alcançaram principalmente os meios intelectuais cubanos. O contato com suas ideias se deu ou pela obra *Curso de direito natural* ou pela ida de alguns intelectuais latino-americanos para estudar na Europa (Carvalho, 2007). De qualquer forma, o espaço no qual mais suas ideias se difundiram foi nos cursos de Direito.

Já a filosofia espiritualista que teve influência por aqui foi a herdada de Maine de Biran e do espiritualismo eclético criado por Victor Cousin no século XIX. Segundo esse autor,

Nossa verdadeira doutrina, nossa verdadeira bandeira é o espiritualismo, essa filosofia tão sólida quanto generosa, que começa em Sócrates e Platão, que o Evangelho difundiu pelo mundo, que Descartes colocou nas formas severas do pensamento moderno, que

no séc. XVII foi uma das glórias e das forças da pátria, que pereceu com a grandeza nacional no séc. XVIII e que no início deste século Royer-Collard reabilitou no ensino público, enquanto Chateaubriand e Madame de Staël a transportavam para a literatura e para a arte... (Cousin, citado por Abbagnano, 2007, p. 356)

Ainda de acordo com Cousin (citado por Abbagnano, 2007, p. 356), "essa filosofia ensina a espiritualidade da alma, a liberdade e a responsabilidade das ações humanas, as obrigações morais, a virtude desinteressada, a dignidade da justiça, a beleza da caridade; e além dos limites deste mundo mostra um Deus, autor e modelo da humanidade".

Ao defender tais valores, a filosofia espiritualista se opõe ao materialismo e ao cientificismo do século XIX decorrentes do nascimento e desenvolvimento das ciências modernas, bem como das revoluções dos séculos XVIII e XIX.

Podemos afirmar que essas correntes filosóficas "fizeram a cabeça" dos intelectuais universitários e dos representantes das elites econômicas brasileiras e latino-americanas. Porém, não foram as únicas ideias filosóficas a circular pela América Latina. Como contraponto a elas, com a leva de imigrantes que, no caso brasileiro, atendeu a um propósito de uma política de "branqueamento" da população brasileira, vieram também as primeiras ideias de esquerda que agitaram os movimentos sociais e políticos no final do século XIX e durante todo o século XX. Estamos nos referindo ao anarquismo e ao marxismo/comunismo.

O pensamento socialista chegou à América Latina no final do século XIX trazido pelos imigrantes italianos e espanhóis, que, a essa época, eram os trabalhadores mais politizados do continente. Em um primeiro momento, foram influenciados fortemente pelas ideias anarquistas. Os primeiros partidos políticos socialistas fundados por aqui foram os da Argentina (1896), do Uruguai (1910) e do Chile (1912). Esse primeiro socialismo, que veio com os imigrantes, foi fortemente marcado por ideias do sindicalismo católico. A encíclica do Papa Leão XIII, *Rerum Novarum* (Das coisas novas), tentava amenizar a influência dos pensamentos socialistas sobre os sindicalistas católicos. Nas três primeiras décadas do século XX, essas ideias migraram radicalmente em direção àquelas marxistas/comunistas, principalmente após a Revolução Soviética de 1917, que veremos no próximo capítulo.

Primeiramente, chegou o anarquismo, responsável pelo início da organização dos trabalhadores em seus primeiros sindicatos, federações e centrais. As condições de trabalho eram péssimas – às vezes até piores do que nos primeiros anos da Revolução Industrial na Europa –, e o anarquismo foi fundamental no processo de organização sindical para a conquista de direitos e garantias sociais dos operários, bem como de trabalhadores rurais e mineradores.

Curiosamente, entre os imigrantes preferidos, por serem católicos e brancos, estavam aqueles que trouxeram tais ideias, principalmente os espanhóis e os italianos. Os primeiros movimentos anarquistas começaram no México, em Cuba e na Argentina. Praticamente todos os sindicatos do México, do Brasil, do Peru, do Chile e da Argentina, até o início da década de 1920, tinham orientação anarco-sindicalista. Na América Latina, o pensamento anarquista esteve mais ligado ao movimento operário sindical, numa clara posição antipolítica, nunca apolítico.

No México, surgiram as primeiras organizações operárias, camponesas e estudantis com influência das ideias de Proudhon e de Bakunin, em 1860. Na década seguinte, chegaram ao Uruguai e à Argentina. Nesses dois países, tais ideias conseguiram adeptos nos sindicatos dos operários e nas sociedades de resistência. Desde então, o movimento anarquista tem participado ativamente da história política, sindical, pedagógica, teatral, cooperativista e artística da América Latina. Por vezes, a participação é pacífica; por vezes, violenta. Há situações em que é individual e, em outras, coletiva. No entanto, alguns historiadores têm negligenciado a história do anarquismo na América Latina, minimizando-o, por ignorância ou por má-fé. Há quem o considere como uma ideologia marginal, absolutamente minoritária e, portanto, desdenhável.

Ainda que, assim como outras ideias, o anarquismo seja um produto importado da Europa, adapta-se, como um organismo vivo, ao meio em que se insere e acaba mudando mais ou menos, conforme o contexto e a necessidade. Segundo Rama e Cappelletti (1990, p. XI, tradução nossa), antes mesmo da chegada dos espanhóis "a doutrina anarquista do coletivismo autogestionário, aplicada à questão agrária, coincide de fato com o antigo modo de organização e de vida dos indígenas do México e do Peru". Assim, quando os anarquistas começaram a organizar os povos andinos e da América Central, não tiveram de lhes incutir uma ideologia nova, mas tão somente resgatar-lhes os princípios expressos no *calpull* – sistema de organização asteca em que as terras eram de propriedade comunal e na geral seus integrantes costumavam lutar juntos em guerras e trabalhar coletivamente em obras públicas – e no *ayllu*, forma de trabalho coletiva em que a propriedade também era comum.

Do mesmo modo, alguns dos *criollos*, colonos descendentes de espanhóis nascidos na América Latina, tinham uma tendência à liberdade, assim como também eram contra algumas formas de estrutura estatais. Conforme Rama e Cappelletti (1990), o anarquismo havia sido adotado com muito mais força pelos operários do que o próprio marxismo. Embora não tenha sido uma adesão ao anarquismo na sua forma original, contribuiu, até mesmo, para o movimento anarquista internacional. Foi o caso da Federação Operária Regional Argentina (Fora), que adotava um modo de organização em que abria mão de toda e qualquer estrutura burocrática sindical, e do Partido Liberal Mexicano, declaradamente anarquista.

Entretanto, a área em que o anarquismo mais esteve presente na América Latina – tanto na cidade quanto no campo – foi a do sindicalismo, por meio do anarco-sindicalismo. Defendia-se um sindicalismo revolucionário e antipolítico, isto é, em oposição à atuação político-partidária e não à política, como os apolíticos. Já no Brasil, o anarquismo sempre esteve à margem de toda e qualquer instância. No início do século XX, era ligado às organizações sindicais, porém sofreu a perseguição da república militar e oligárquica, com prisões, deportações e mortes.

Deixemos, por ora, o pensamento anarquista em linhas gerais para retomá-lo no próximo capítulo. Passemos às ideias socialistas, que se constituíram num abrir de caminhos para as ideias marxistas/comunistas, as quais também tiveram/têm um importantíssimo papel na história política, econômica, social e intelectual latino-americana e que chegaram à América Latina no início do século XX.

Da mesma forma, a história do socialismo no continente latino-americano não tem como ser pensada sem que seja vinculada aos acontecimentos políticos, econômicos e sociais do século XX. Porém, diferentemente do anarquismo, o socialismo exerceu forte influência nos meios intelectuais acadêmicos latino-americanos e ainda hoje é motivo de debates acalorados, tendo contribuído para a produção de intelectuais de primeira linha, em especial (mas não somente) nas ciências humanas, principalmente com a chegada das ideias marxistas/comunistas no início do século XX.

3.3
Alguns dos principais autores e obras

Vejamos agora alguns dos principais autores e obras do pensamento filosófico que caracterizaram o período pós-emancipação política. Não há espaço para todos, por isso tivemos de fazer uma seleção. Ao final do capítulo, indicaremos também autoras e obras que merecem ser lidas.

Entre os pensadores que contribuíram para o processo de consolidação de emancipação política, econômica e cultural latino-americana, podemos citar: Domingo Faustino Sarmiento (1811-1888), Juan Bautista Alberdi (1810-1884), Andrés Bello (1781-1865), José Martí (1853-1895), José Ingenieros (1877-1925), Gabino Barreda (1818-1881), Simón Rodríguez (1771-1854) e Vicente Rocafuerte (1783-1847). Outros intelectuais também se destacaram nesse período, porém aqui chamamos a atenção para aqueles que se dedicaram às reflexões filosóficas.

Ao longo do século XIX, diversos pensadores latino-americanos alcançaram expressão no pensamento filosófico continental. Alguns ainda permaneciam reverberando o que se produzia na Europa; outros, no entanto, começavam a reivindicar a necessidade de se produzir um pensamento próprio. Foi o caso, por exemplo, de Andrés Bello, Domingo Sarmiento e Juan Bautista Alberdi. Tais pensadores defendem que se reflita com a consciência da própria condição latino-americana e que se vá produzindo uma filosofia, também, latino-americana.

3.3.1 Andrés Bello

Andrés de Jesús María y José Bello López, filósofo, poeta, filólogo, político e diplomata, nasceu em 1781 e faleceu em 1865. Foi professor de Simón Bolívar e participou do processo da independência da Venezuela. Viveu em Londres, representando o governo venezuelano de 1810 a 1829. Seu pensamento político e institucional foi fortemente marcado pelo liberalismo inglês, principalmente o dos utilitaristas, que tinham Jeremy Bentham como o principal representante teórico e que exerceu forte influência nas ideias políticas e institucionais de Bello.

Sua formação filosófica, no entanto, foi diversa. Inicialmente escotista, com tendências sensistas, ao estilo de Condillac, com o desenvolvimento de suas reflexões caminhou em direção ao idealismo de Berkeley, marcadamente pelo espiritualismo de Cousin. Percebe-se, assim, que o ecletismo foi a principal característica de seu pensamento, assim como de outros desse período. Da influência original de João Duns Escoto guardou apenas a separação entre fé e razão. Sua obra mais importante é *Filosofia do entendimento*, publicada pela primeira vez após sua morte, em 1881. Além de questões acerca do entendimento, também publicou trabalhos relacionados à educação, à moral, ao direito e outros temas.

3.3.2 Domingo Faustino Sarmiento

Domingo Faustino Sarmiento Albarracín nasceu em 1811, na Argentina, e faleceu em 1888, no Paraguai. Sua principal obra é *Facundo ou Civilização e barbárie*, publicada em 1845. Por meio da biografia do político argentino Facundo Quiroga, Sarmiento tratou de dois problemas de sua época: o caudilhismo e o regime político de Juan Manuel de Rosas. O caudilhismo foi um fenômeno político latino-americano que se caracterizou pelo mando político em determinada região por parte de um grande proprietário rural, representante de certa oligarquia. Rosas, na Argentina, vinha de uma família rica e tornou-se político e militar. Contudo, ao longo de sua carreira, aumentou ainda mais sua riqueza, chegando a constituir uma milícia particular que utilizava para seus interesses políticos e econômicos. Em 1829, implantou uma ditadura na província de Buenos Aires, depois de ter sido eleito governador, e pôs em prática um verdadeiro terrorismo de Estado. Governou de maneira autoritária e incentivando o culto à sua personalidade. Perseguiu os indígenas que viviam nas fronteiras argentinas; na década de 1830, perseguiu e matou centenas de civis que eram opositores ao seu regime.

Assim, Sarmiento, ao publicar sua obra, não somente buscava relatar uma biografia, mas denunciar o fenômeno do caudilhismo em geral e, em particular, a barbárie posta em prática por Juan Manuel de Rosas.

Sarmiento foi o principal representante do romantismo argentino, porém, ao final da vida, aproximou-se do positivismo. Foi presidente da Argentina de 1868 a 1874, período em que incentivou a educação pública por meio da construção de escolas e bibliotecas. Entretanto, seu governo não foi isento de polêmicas: o início coincidiu com o final da Guerra do Paraguai, um dos fatos históricos controversos da América Latina, que marcou a influência do poder econômico inglês no Cone Sul. Outro problema, mais explícito, foi sua política de imigração, que tinha ideologicamente raízes na política de branqueamento da população latino-americana.

3.3.3 *Juan Bautista Alberdi*

Juan Bautista Alberdi nasceu em 1810, na Argentina e faleceu em 1884, na França. Viveu todo o terrível governo de Rosas. Durante seus estudos secundários, pediu a seus irmãos mais velhos que o retirassem da escola, pois não suportava os castigos corporais e o isolamento em quartos a que era submetido. Não abandonou as leituras – principalmente Rousseau – nem a música. Em 1832, publicou sua primeira obra, *O espírito da música*. Em seguida, foi a Córdoba e graduou-se em Direito. Regressou à sua província e escreveu *Memória descritiva de Tucumán*. Em 1837, no auge do caudilhismo de Rosas, publicou *Fragmento preliminar ao estudo do direito*, em que faz uma análise da situação argentina daquele momento, ao mesmo tempo que aponta possíveis soluções. Alguns oposicionistas de Rosas criticaram a obra de Alberdi por não fazer menção direta ao ditador caudilho.

Nesse período, seu pensamento foi fortemente influenciado pelo romantismo alemão. Integrante da Geração de 37, como ficaram conhecidos os intelectuais de sua época, Alberdi também começou a ser perseguido pela Mazorca, polícia secreta de Rosas. Em 1838, exilou-se no Uruguai, juntando-se aos antirrosistas, e, em 1843, foi a Gênova e depois a Paris. No final desse mesmo ano, regressou da Europa e estabeleceu-se no Chile. Com a derrota de Rosas em 1852, escreveu *Bases y puntos de partida para la organización política de la República Argentina,* obra que, enviada a Urquiza, foi uma das fontes na qual se inspirou a Constituição argentina de 1853. Condenou a Guerra do Paraguai, financiada com o capital inglês, chamando-a de "Guerra de la Triple Infamia". Com a vergonhosa derrota que Argentina, Brasil e Uruguai impuseram ao Paraguai, escreveu *El crimen de la guerra*, em que condenou que o forte fosse visto como justo.

Vejamos, agora, algumas das principais ideias de Alberdi. Segundo sua filosofia da história, esta caminhava para um desfecho final e necessário, e a independência latino-americana era parte de uma das etapas desse desenvolvimento, considerado perfeito e parte da história universal do mundo. O pensador via no desenvolvimento intelectual francês um "norte" a ser seguido para quem quisesse "estar à altura da marcha da humanidade" (Beorlegui, 2010, p. 212, tradução nossa). A emancipação filosófica latino-americana defendida por Alberdi deveria partir do historicismo romântico europeu, que, naquele momento, era conduzido pelo espírito francês. Assim, para ele, a construção de uma filosofia nacional não passava por um rompimento com a tradição filosófica europeia, mas em conjunto com ela.

No entanto, os acontecimentos históricos fizeram com que ele mudasse seus pensamentos. Rosas, que no início o via como um líder potencial, passou a ser um desapontamento. A França, que ameaçava atacar os países do Prata, foi derrotada pelo exército de Rosas, a quem Alberdi passou a chamar de "bandido". Quanto ao pensamento filosófico, não acreditava mais que fosse possível conciliar o universal com o particular. "Alberdi considerava necessário negar a existência de uma filosofia universal para que pudessem existir filosofias particulares" (Beorlegui, 2010, p. 214, tradução nossa). Portanto, para ele, não havia uma filosofia que tivesse elaborado conceitos universais válidos para todo tempo e espaço. "Assim, pois, [...] Alberdi acentuaria mais a relação que toda a filosofia tem que ter com seu próprio tempo e cultura, vendo que toda filosofia leva a marca de sua época" (Beorlegui, 2010, p. 214, tradução nossa).

Com relação a um projeto para a América Latina, Alberdi acreditava que era necessário combater a herança colonial, orientando-se pelo movimento da França e de toda a Europa progressista (Beorlegui, 2010). A herança a que Alberdi se referia – e que ainda hoje é um problema em toda a América Latina – dizia respeito aos princípios básicos de uma sociedade civilizada: liberdade, direitos e garantias sociais, ordenamento jurídico, político e social, serviços públicos voltados aos interesses de seus cidadãos. Segundo Beorlegui (2010, p. 217, tradução nossa), para Alberdi, a filosofia "tem que ter como função contribuir para o progresso e a civilização dos povos da América". Cabe uma ressalva, contudo, ao conceito de *povo* no pensamento de Alberdi: para ele, todo aquele que não era europeu era bárbaro. Assim, competia às raças civilizadas ditar a marcha do progresso. Da mesma forma, não via nenhum problema na invasão de um povo mais civilizado sobre outro, menos civilizado. Para ele, nesse processo, o povo menos civilizado seria "fecundado" pela cultura superior seria beneficiado com isso.

3.4
Filosofia no Brasil e a independência de Portugal

Podemos dividir o período histórico da filosofia no Brasil Império em dois momentos distintos: o primeiro foi até meados do século XIX, e o segundo, dali até o final do século XIX, com alguns resquícios no início do século XX, ainda que tenha deixado marcas que, podemos dizer, perduram até hoje, em pleno século XXI.

Os problemas centrais para os pensadores da primeira etapa eram a liberdade e a consciência. Para situá-los no contexto da independência política e econômica do Brasil em relação a Portugal, há que se lembrar que ela foi um projeto conduzido "de cima", por parte das elites; os escravos e as classes mais pobres, isto é, o povo em geral, não participaram dele. Aliás, o "exército" montado por Pedro I para garantir a independência foi formado por grandes proprietários rurais, que receberam títulos de coronéis, mais uma subvenção da Coroa, para montar exércitos particulares e lutar contra aqueles que, porventura, quisessem resistir.

Assim, o problema da consciência e da liberdade era um problema filosófico das elites, e não dos explorados; para estes, liberdade e consciência tinham outros significados. As elites que estavam ao lado de Pedro de Alcântara entendiam que a liberdade estava associada à relação com Portugal; já para os escravos, significava o fim das relações escravagistas de trabalho que os tornavam uma mercadoria nas mãos dos senhores de engenho e de outros proprietários, rurais e/ou urbanos. Para eles, a liberdade não era um problema subjetivo, conceitual, mas concreto.

Nesse período, a corrente filosófica predominante foi o ecletismo, tendo em Victor Cousin o principal filósofo a influenciar os pensadores brasileiros. Os principais nomes dessa primeira fase são Eduardo

Ferreira França e Domingos Gonçalves de Magalhães. Eles também se aproximaram do espiritualismo alemão e do empirismo inglês.

Já a segunda metade do século XIX viu a chegada do positivismo e encontrou um terreno fértil ao cientificismo deixado pelo Marquês de Pombal, o que facilitou a

> aceitação por ideias positivistas que propagam esse pensamento em diferentes manifestações, seja ortodoxa, política ou militar, tendo como principais representantes Miguel Lemos, Teixeira Mendes, Luís Pereira Barreto, Alberto Sales, Pedro Lessa, Paulo Egydio, Ivan Lins, Júlio de Castilhos e Benjamin Constant Botelho de Magalhães. (Santos, 2016, p. 118)

Não vamos aprofundar aqui a análise sobre a influência do positivismo no Brasil muito mais do que já fizemos, pois o que já foi dito em relação à América Latina também é válido para o contexto brasileiro. Devemos apenas acrescentar que ele ainda é fortemente presente, tanto no imaginário nacional – com a ideia de que alguém precisa pôr ordem em nosso país para que possamos vir a nos desenvolver – quanto no ordenamento do nosso sistema jurídico e educacional.

Para enfrentar o pensamento positivista, surgiu em Pernambuco a Escola de Recife, "que trouxe para o pensamento filosófico brasileiro questões sociológicas, culturais, folclóricas, jurídicas etc." (Santos, 2016, p. 118). Tendo como principais representantes Tobias Barreto e Silvio Romero, tinha forte influência do neokantismo. Nesse sentido, via a cultura como um produto humano e como uma transcendência humana das condições naturais e de sua animalidade.

Vejamos agora as ideias de alguns dos mais importantes pensadores desse período. Destacamos dois de cada uma dessas épocas: ecletismo, positivismo e Escola de Recife.

3.4.1 Eduardo Ferreira França

Eduardo Ferreira França nasceu em 1809 e faleceu em 1857. De família baiana tradicional e ativa na política, com a qual se envolveu após os 33 anos de idade, fez sua formação superior em Medicina, na França, onde também concluiu seu doutorado na mesma área, com uma tese na qual defendia a ideia de que havia uma influência da bebida e dos alimentos no comportamento moral das pessoas. Era adepto da corrente filosófica do espiritualismo eclético, que marcou a filosofia no Brasil da metade do século XIX. Segundo Paim (2007, p. 45), para França "a hipótese é a de que o homem em sua inteireza é determinado pelas condições naturais em que vive". Para confirmar essa ideia, Paim cita um trecho de sua obra em que afirma o seguinte sobre o comportamento moral das pessoas que vivem em regiões pantanosas:

> o homem é nesses lugares de um caráter triste, melancólico, apático, por isso gosta da solidão, da indolência e cuida pouco em seu destino; é ignorante e supersticioso, e por tanto timorato, miserável, pouco industrioso e rotineiro; de uma insensibilidade moral talvez maior que a insensibilidade física e, por isso, trata a família com indiferença e mesmo com brutalidade. Pouco capaz de paixões violentas, comete crimes com premeditação, perfídia, e todos aqueles que pertencem às almas fracas e covardes. Nestes lugares se nota muita devassidão e libertinagem, muitos abortos e infanticídios e muito pouca fé conjugal. (França, citado por Paim, 2007, p. 45)

Ou seja, para França, o ser humano é completamente dependente do meio em que vive; não é capaz de construir sua história. Ele não é um sujeito histórico, mas determinado pelas condições naturais em que vive, a ponto de se submeter àquilo que a natureza lhe prescreve. Curiosamente, no campo da política, seu discurso era completamente o oposto: reconhecia o direito à liberdade dos cidadãos, que deveria ser garantida pela Constituição, e defendia a divisão do poder, pois via ameaça à liberdade, quando o poder era concentrado. Segundo Paim (2007), a participação na vida política o autor fez rever suas ideias filosóficas.

3.4.2 Domingos Gonçalves de Magalhães

Domingos José Gonçalves de Magalhães nasceu em 1811 e faleceu em 1887. Médico, professor, político e poeta, lecionou Filosofia no Colégio Pedro II, ainda que por pouco tempo. Cursou Medicina e Filosofia. Recebeu o título de Barão e Visconde de Araguaia, por ter dedicado o poema "Confederação dos Tamoios" ao Imperador Pedro II. Foi nomeado secretário do Duque de Caxias após a Balaiada no Maranhão e a Revolução Farroupilha no Rio Grande do Sul. Publicou obras nas áreas de filosofia e poesia. Seus temas eram determinados pela religião, pelos sentimentos, pelo patriotismo, pela liberdade, entre outros. É considerado o introdutor do romantismo no Brasil. Francisco de Monte Alverne teve forte influência em seu pensamento, com quem manteve trocas de correspondência regulares. Tinha uma visão espiritualizada da natureza, bem como concebia a existência em sua temporalidade, manifesta em elementos como túmulos e ruínas.

Na filosofia, orientou-se pelas correntes sensualistas* e espiritualistas**, valorizando mais a última. Para ele, a condição prévia de todo conhecimento empírico começa pela consciência de si, porém sem reduzir-se às sensações, muito menos à consciência individual, pois o espírito não

---

* O sensualismo é uma corrente filosófica que defende que todos os conhecimentos surgem a partir das sensações. É uma forma de empirismo, tendo como principais filósofos Hume, Locke e Berckeley, entre outros.

** Segundo Abbagnano (2007, p. 356), o espiritualismo de Cousin defende "o recurso à consciência, à reflexão interior ou introspecção para o inventário dos dados indispensáveis à especulação, [...] o apoio às 'boas causas', isto é, aos valores morais, políticos, sociais e religiosos da tradição".

é uma substância finita. No entanto, mesmo sendo infinito, o espírito somente se revela na consciência individual, que é finita.

Fechamos aqui a apresentação de dois dos pensadores da primeira metade do século XIX. Passemos agora às ideias de dois representantes da segunda metade.

3.4.3 Luís Pereira Barreto

Luís Pereira Barreto nasceu em 1840 e faleceu em 1923. Cursou Medicina na Universidade de Bruxelas. Era cientista, filósofo e biologista. Filho de grandes proprietários rurais dedicados ao cultivo do café no interior de São Paulo, Pereira Barreto conheceu o positivismo e aderiu a ele ainda na Europa. Quando chegou ao Brasil, passou a divulgar as ideias positivistas e a religião da humanidade. Nesse momento, o país, juntamente com Uruguai e Argentina, havia imposto ao Paraguai uma derrota vergonhosa, mas os militares voltaram senhores de si e querendo participar do processo de construção do projeto de nação brasileira. Também nessa época os positivistas passaram a ser cada vez em maior número nas fileiras do exército, defendendo abertamente ideias republicanas e o fim da escravização dos negros. Segundo Alonso (1995, p. 1),

> *estava também em curso um processo de formação de uma classe militar separada dos civis, com visão de mundo própria e fortemente contrária ao predomínio dos "legistas". Esta antipatia com a condução da política pelos bacharéis irá unir a nova elite intelectual emergente, formada por positivistas, "científicos" e militares.*

Como adepto do positivismo, Pereira Barreto, em suas obras *Filosofia teológica* e *Filosofia metafísica*, publicadas respectivamente em 1874 e 1876, aplicou a lei dos três estados, de Auguste Comte, para explicar o Brasil. Ao projeto civilizatório brasileiro de então, conduzido pelas elites e pelos políticos bacharéis, contrapôs outro, que não só fundia o Brasil, mas também o direcionava rumo a um novo projeto civilizatório. Este se baseava nos fundamentos positivistas, a partir das ideias de seus principais ideólogos (Comte e Spencer), principalmente as de filosofia da história e do cientificismo, vendo-se na educação uma forma de organizar a sociedade civil de maneira harmônica e ordeira em direção ao progresso, que não passava pela política. Era uma educação moral, baseada num caráter científico, pois, dessa maneira, a pessoa compreenderia e aceitaria sua posição na hierarquia social. "É preciso, pois, repor a moral no seu sistema das ciências e, através dela, fazer com que os homens entendam e aceitem sua posição na hierarquia social" (Alonso, 1995, p. 5).

Diferentemente de outros positivistas, Barreto fez uma leitura contextualizada do positivismo. Para ele, o pensamento de Comte não era uma "camisa de força", mas "uma filosofia orientadora" e, portanto, era necessário fazer "adaptações para aplicar-se ao Brasil" (Alonso, 1995, p. 7). Por isso, enfrentou a resistência e a oposição dos líderes da Igreja Positivista do Brasil, que viam o positivismo como "uma doutrina pronta".

No entanto, Barreto se mostrou contraditório com relação a alguns problemas nacionais daquele momento. Era a favor do projeto de imigração e de naturalização de estrangeiros, que estava dentro de um programa de branqueamento da população brasileira, com o fim de povoar o Brasil; por outro lado, era contra a libertação imediata e sem indenização dos escravos, pois, segundo ele, isso criaria uma convulsão social, principalmente por parte dos grandes proprietários rurais. O processo deveria ser lento e gradual, para que fossem se acostumando com a ideia. Da mesma forma, os líderes da Igreja Positivista eram contrários à vinda de protestantes para o Brasil, ao passo que Barreto era a favor, pois via neles "elementos de avanço face ao catolicismo" (Alonso, 1995, p. 7).

Essas são algumas das principais ideias de Pereira Barreto. Passemos agora ao pensamento de outro positivista, líder da Igreja Positivista do Brasil, de quem Barreto era mestre, mas com quem rivalizou no campo das ideias.

3.4.4 Miguel Lemos

Miguel Lemos nasceu em 1854 e faleceu em 1916. Aderiu ao positivismo quando estudou na Escola Politécnica do Rio de Janeiro. Recebeu influências tanto de Émile Littré – mais filosófico – quanto de Pierre Laffitte – mais religioso –, porém seguiu mais a este último, que o ordenou "Aspirante a sacerdote da Humanidade". Quando retornou ao Brasil, buscou transformar a antiga Sociedade Positivista do Brasil, que tinha caráter acadêmico, na Igreja Positivista do Brasil, de caráter religioso e de apostolado.

Nessa nova fase, o positivismo adotado por Miguel Lemos passou a assumir um envolvimento maior com as questões sociais que afligiam o Brasil na segunda metade do século XIX, como o fim da escravidão e do Império, defesa de direitos trabalhistas e sociais, laicismo do Estado, entre outras. Assim, diferentemente dos demais, que faziam um positivismo academicista, Miguel Lemos, juntamente com Raimundo Teixeira Mendes, optaram por uma militância político-social sem admitir a possibilidade de assumir cargos políticos. A influência das ideias positivistas na transição do Império para a República foi facilmente percebida em detalhes como nas saudações oficiais em documentos: por influência de Teixeira Mendes, deveria aparecer a expressão "Saúde e fraternidade", uma saudação utilizada pelo Apostolado Positivista do Brasil.

Ainda que a Proclamação da República tenha se dado por um golpe militar, Miguel Lemos e os positivistas tentaram influir nos rumos dos acontecimentos, seja participando do Conselho de Ministros, do qual faziam parte Benjamin Constant e Demétrio Ribeiro, dois positivistas ortodoxos, seja por meio de ideias como as registradas no documento "Ao povo e ao governo da República", em 21 de novembro de 1889. A ideia central, assim como a dos positivistas ortodoxos, era conciliar o progresso, que poderia tirar benefícios dos avanços científicos, por exemplo, mas mantendo a ordem, por meio da disciplina, que se adquiriria mediante a educação, principalmente da educação moral, por meio da qual cada indivíduo saberia qual era sua função na sociedade. Lemos, no entanto, divergia de Constant, quanto à forma de governo: este defendia o parlamentarismo, ao passo que aquele propugnava uma ditadura republicana, que deveria conduzir o povo.

Outra ideia defendida por Lemos nessa nova fase era a liberdade espiritual, que representava a liberdade de culto, a qual culminou na separação, pelo menos oficial, entre a Igreja e o Estado brasileiro.

Em 1877, foi lançada a obra *Pequenos ensaios positivistas*, uma coletânea de artigos que haviam sido publicados em jornais e gazetas, em que Miguel Lemos tratou de diferentes assuntos. Num deles, "O nosso estado atual e a educação da mulher", questionou a condição de inferioridade a que as mulheres estavam submetidas, tendo suas vidas restritas ao trabalho doméstico e aos cuidados com as crianças. Para os positivistas, a primeira educação era de responsabilidade da família, e educação era fundamental para o aperfeiçoamento moral de uma sociedade. Assim, como a figura central desse aprimoramento poderia cumprir tal função se era inferiorizada social e intelectualmente, se estava alheia aos assuntos nacionais, tendo podada sua liberdade, condenada a uma vida fútil?

Vejamos agora o pensamento de dois opositores ao pensamento positivista, representantes da Escola de Recife.

3.4.5 Tobias Barreto

Tobias Barreto de Meneses nasceu em 1839 e faleceu em 1889. Jurista, poeta, jornalista e ensaísta, fundou a Escola de Recife e foi um de seus principais representantes. Aluno de Frei Itaparica, havia ido a Salvador em 1860 com o objetivo de seguir carreira eclesiástica. Nesse momento, recebeu as primeiras lições do espiritualismo de Victor Cousin, porém foi expulso do seminário por seus atos de indisciplina e sua vida boêmia. Em 1864, matriculou-se na Faculdade de Direito do Recife. Em vida, manteve diversas polêmicas, e talvez as mais famosas tenham sido com Castro Alves*. Depois de diplomar-se, fundou a própria escola, filiou-se ao Partido Liberal e iniciou a carreira de advogado no Recife. Na cidade de Escada, em Pernambuco, montou uma tipografia e passou a divulgar a cultura alemã por meio de um periódico intitulado *Deutscher Kämpfer* (O Lutador Alemão). Em 1882, assumiu a cátedra de Prática no Processo, na Faculdade de Direito de Recife. Ali também lecionou as disciplinas de Filosofia do Direito, Direito Público, Direito Criminal e Economia Política, até sua morte.

O pensamento de Tobias Barreto passou por três períodos distintos. Num primeiro momento, foi adepto do espiritualismo de Victor Cousin, tendo sido conduzido às ideias deste pelo Frei Itaparica, mas rompendo, ao final, com essa corrente e aderindo parcialmente ao positivismo (1868-1874). O segundo momento foi de rompimento com o positivismo (1875-1882), e o terceiro, nos últimos anos de sua vida, foi marcado por sua adesão ao neokantismo. Tal ruptura deveu-se ao fato de este afirmar a morte da metafísica. Para o positivismo, somente o conhecimento

---

* A polêmica mais famosa estava relacionada ao costume que se tinha à época de os estudantes escolherem uma atriz para prestigiarem: Castro Alves prestigiava Eugênia Câmara (com quem se uniria em 1866) e Barreto, Adelaide Amaral.

científico é garantia de conhecimento verdadeiro, ideia com a qual Barreto não concordava.

Padre Leonel Franca, um dos historiadores da filosofia no Brasil, chegou a afirmar a respeito de Barreto: "originalidade, profundidade, sagacidade no discernimento das tendências contemporâneas, intuição do futuro, tudo isso, que se encontra nos gênios e ainda nos talentos superiores, faltou a Tobias" (Franca, 1943, p. 297). Porém, muito provavelmente Franca chegou a essa conclusão ao tomar como padrão de referência os pensadores indo-europeus. Contudo, mesmo que façamos esse tipo de comparação – e isso não é critério para quantificar um pensamento como filosófico ou não –, o pensamento de Barreto é de caráter filosófico. A título de exemplo, vejamos a reflexão que fez acerca do conhecimento científico e da indução.

Para se conhecer o que é verdadeiro, é necessário seguir um método científico, que está submetido à lógica e ao raciocínio metódico. Se a lógica é um conjunto de regras, o raciocínio é uma atividade humana que possibilita buscar um sentido à sua existência. Segundo Barreto (1990, p. 138), "O método aplicável a qualquer ciência incumbida de estudar e explicar uma ordem de fenômenos, se resume em duas operações: observar e induzir". Ele ainda destaca que a observação pode ser externa – quando olha o mundo – e interna – quando é reflexão. Por meio da indução, parte-se do particular, mas busca-se a compreensão do universal. Conforme Barreto, existem objetos que são alcançados pelas ciências, os objetos materiais. Por outro lado, há aqueles que não são alcançados pelas ciências, como amor, divindade, infinito, sentimentos e outros, mas que continuam sendo objetos de interesse humano.

Para Barreto, existem dois tipos de ser humano: o primitivo e o histórico. O primeiro manifesta tão somente sua existência animal; já o segundo é aquele que transcende sua animalidade, formando e criando organizações, sociedades, Estados, civilizações, nações etc. Isso porque, segundo ele, é capaz de desenvolver ciência. À passagem do primitivo para o histórico Barreto chama de *consciência humana*.

Fiquemos por aqui com o pensamento de Barreto. Nosso espaço é limitado, porém cremos já ter pontuado algumas de suas ideias que o colocam como um dos principais representantes do pensamento filosófico brasileiro. Vejamos, agora, outro representante da Escola de Recife, Silvio Romero.

3.4.6 *Silvio Romero*

Silvio Vasconcelos da Silveira Ramos Romero nasceu em 1851 e faleceu e 1914. Foi advogado, jornalista, historiador, filósofo, sociólogo, professor e político. Em 1878, com a obra *A filosofia no Brasil*, exaltou o pensamento de seu conterrâneo Tobias Barreto, ao mesmo tempo que criticou o espiritualismo e o positivismo. Da mesma forma, fez uma crítica ao meio acadêmico e intelectual brasileiro de então. Foi professor do Colégio Pedro II entre 1881 e 1910 e um dos propagadores da Escola do Recife pelo Brasil.

Uma das marcas de seu pensamento foi o nacionalismo – porém ligado à independência literária, científica e política. Suas ideias também se caracterizaram pelo liberalismo spenceriano e pelo romantismo nacionalista. Dentro desse pensamento nacionalista, no entanto, havia espaço para algumas contradições. Com relação à convivência de diferentes povos, por exemplo, defendia, por um lado, a miscigenação, contrariando aqueles pensadores europeus que o influenciaram, e, por outro, acreditava, assim como esses mesmos pensadores, que os brancos estavam no topo e, por isso, deveriam conduzir o processo civilizatório (essa ideia, aliás, era compartilhada praticamente por todos os intelectuais ocidentais). Emblemática de seu pensamento na defesa da mestiçagem e no ataque ao purismo e à superioridade étnico-racial indo-europeia é a citação a seguir:

> *Nós aqui aceitamos as condições e não fugimos às responsabilidades que a história nos criou. Podemos, no estudo imparcial, objetivo, que fazemos de nossas origens e procedências, em respeito à verdade científica, mostrar, confessar, aqui ou ali, alguma fraqueza, alguma falta de profundeza e originalidade; nem renegamos nossos pais, índios, africanos ou europeus, nem caímos mais na tolice, no preconceito, de pretender ocultar o enorme mestiçamento aqui operado em quatro séculos. Só um fanático arianizante é que pode ainda ter a leviandade ou a cegueira de reduzir, no século XX, os mestiços apenas a camadas sem ação direta na cultura e na sociedade do Brasil!*
> (Romero, 1904, p. 54)

Enquanto, para aqueles a quem se chamava de "arianizantes", a mestiçagem significou uma degeneração dos povos, para Romero, esse processo possibilitou uma elevação às tais "raças inferiores". Do ponto de vista sociológico e antropológico, a formação histórica brasileira estava na miscigenação das três culturas bases – indígenas, africanas e europeias –, bem como na nossa cultura popular, que também é fruto dessa miscigenação. Aliás, ele registrou o estudo dessa cultura nas seguintes obras: *Cantos populares no Brasil* (1882), *Contos populares no Brasil* (1885) e *Estudos sobre a poesia popular do Brasil* (1888).

Em meio a teorias pseudocientíficas, eugênicas e racistas, bem como a uma política de branqueamento da população brasileira, Romero afirmou algo sobre os negros que chocou os meios intelectuais, culturais, políticos e sociais: "considerou-os mais importantes do que os índios na formação histórica do país, postura incomum, dado ao constrangimento que a presença negra causava nos círculos intelectuais da época" (Schneider, 2011, p. 172).

Assim fechamos esse ciclo de autores brasileiros do século XIX que marcaram um importante período da história nacional, sendo que ainda se luta para a construção de um projeto de nacionalidade; porém, tal projeto, pelo menos no âmbito político e cultural, ainda se faz "por cima". Da mesma forma, a cultura brasileira é um objeto de investigação da intelectualidade de nosso país. Importante relembrar, também, que nessa época chegaram ao Brasil os primeiros pensamentos filosóficos de contestação da ordem vigente e que mobilizaram de fato as classes sociais, buscando transformá-las em sujeitos históricos.

Como veremos no próximo capítulo, alguns dos acontecimentos do século XX se deram até mesmo ao arrepio de tais pensamentos. Foram movimentos genuinamente populares, num misto de revoltas populares, misticismo, messianismo etc. Mas antes vejamos algumas intelectuais latino-americanas do século XIX e suas contribuições ao pensamento filosófico da América Latina.

3.5
Algumas pensadoras latino-americanas nos tempos da emancipação

A partir do século XIX, mais mulheres começaram a se destacar no pensamento latino-americano. Tendo como base a obra de Fornet-Betancourt (2008), já citada, vejamos três delas: Flora Tristán, Gertrudis Gómez de Avellaneda e Clorinda Matto de Turner.

3.5.1 *Flora Tristán*

Flora Tristán nasceu em 1803 e faleceu em 1844. Filha de um aristocrata peruano e de uma francesa, por não ter a paternidade reconhecida, ela e sua mãe foram obrigadas a voltar a Paris quando o pai morreu e lá passaram a viver num bairro de periferia em péssimas condições. Casou por conveniência com o dono de uma litografia onde fora trabalhar aos 16 anos; teve três filhos – um dos quais morreu ainda pequeno – e separou-se cinco anos depois por conta dos maus-tratos do marido. A partir daí, passou a autodenominar-se uma "pária". Em 1833, decidiu ir ao Peru para reivindicar sua parte na herança, porém, como não tinha como comprovar sua filiação, o máximo que conseguiu foi uma pensão mensal de seu tio.

Ela permaneceu nesse país por um ano. Dessa viagem fez anotações num diário e, com base nelas, lançou o livro *Peregrinações de uma pária*. Voltou para a França e passou a lutar pela emancipação das mulheres e pelos direitos dos trabalhadores, bem como a defender o socialismo. Segundo Fornet-Betancourt (2008, p. 71), tem "o mérito de ser pioneira da vinculação das reivindicações feministas com o movimento operário geral". É a verdadeira autora do enunciado "Proletários do mundo, uni-vos!".

Na obra *União operária*, Tristán (2015) afirma que o clero, os legisladores e os filósofos tratavam as mulheres como párias. Isso porque "Até o momento a mulher não contou para nada nas sociedades humanas. [Como consequência], a mulher (é a metade da humanidade) foi colocada fora da Igreja, fora da lei, fora da sociedade" (Tristán, 2015, p. 110). Para o clero, a mulher é sinônimo de pecado, tentação, perdição; para o legislador, um nada, que só tem sentido, como anexo, ao lado de seu senhor; pelo filósofo, é inferior ao homem: "não tens inteligência, não tens compreensão suficiente para as questões elevadas, não dás continuidade às ideias, nenhuma capacidade para as ciências exatas, sem aptidão para os trabalhos sérios" (Tristán, 2015, p. 110).

3.5.2 Gertrudis Gómez de Avellaneda

Gertrudis Gómez de Avellaneda nasceu em 1814 e faleceu em 1873. Poeta cubana, em seus versos e prosa o tema do feminismo, assim como da luta contra o escravagismo, é uma constante. É reconhecidamente uma das precursoras do feminismo moderno. Em 1853, foi-lhe recusada uma cadeira na Real Academia Espanhola da Língua por ser mulher. Esse fato tornou seu feminismo militante. Em 1860, em Cuba, fundou uma revista "Dedicada ao belo sexo", conforme destaca o subtítulo dela, como forma de dar continuidade ao seu trabalho de solidariedade e compromisso com os problemas de outras mulheres. Nessa revista, publicou diversos artigos em que afirmava o direito de as mulheres assumirem postos de comando, tanto públicos quanto privados, bem como nas ciências, nas artes e na literatura, ressaltando que esses espaços não eram exclusividades masculinas. "A mulher, argumenta Gertrudis Gómez de Avellaneda, é genial como o varão, pois o gênio é um dom humano que não é exclusivo do sexo masculino" (Fornet-Betancourt, 2008, p. 78).

Entre os temas tratados pela poetisa cubana, destacam-se o casamento, a educação e a situação de marginalizada em que a mulher era colocada na sociedade. Com relação ao casamento, criticava o fato de às mulheres ser destinada a condição de alguém que devia viver à espera de um ser, nobre e belo, com o qual deveria unir-se. A outra alternativa de vida era a religiosa. Também abordou o problema da escravidão, condição que, segundo ela, se igualava à da mulher. "Oh! Mulheres! Vítimas pobres e cegas! Assim como os escravos, elas também arrastam pacientemente suas correntes sob o jugo das leis humanas. Sem outro guia a não ser seu coração ignorante, escolhem um dono para toda a vida". (Gómez de Avellaneda, 2003, p. 185, tradução nossa).

3.5.3 Clorinda Matto de Turner

Clorinda Matto de Turner nasceu em 1852 e faleceu em 1909. Foi escritora e pioneira do indigenismo na América Latina. Por meio de sua obra *Aves sem ninho* (1889), denunciou "a corrupção do clero católico e os abusos de poder das autoridades civis" (Fornet-Betancourt, 2008, p. 79). Por conta do livro, foi excomungada da Igreja Católica, porém foi reconhecida como precursora do indigenismo moderno. Havia uma literatura indigenista, como a de José de Alencar, no Brasil, por exemplo, que exaltava os indígenas, assim como Rousseau exaltava o *bon sauvage*: puro, inocente, entre outras virtudes, e que nos romances não vivia os castigos, os sofrimentos, as mortes, as torturas, enfim, as violências praticadas pelos colonizadores. Contudo, Turner inaugurou em suas novelas um novo estilo de romance indigenista: aquele em que o índio real é retratado, o que sofre as violências da sociedade em que vive, como se fosse uma diversão para os colonizadores, já denunciadas por Bartolomé de las Casas ainda no século XVI.

Assim como as duas intelectuais mencionadas anteriormente, em seu pensamento predominaram a defesa dos direitos femininos e o "compromisso com a causa da participação igualitária da mulher na esfera pública das sociedades americanas" (Fornet-Betancourt, 2008, p. 80). Diante do papel que os homens atribuíram às mulheres, colocando-as a serviço de seus interesses e desejos, Clorinda Matto de Turner defendeu que as únicas formas de reverter esse quadro eram a educação e a instrução da mulher. Esse é "o único caminho **humano** para regenerar e enobrecer o ser da mulher" (Fornet-Betancourt, 2008, p. 83, grifo do original). Da mesma forma, condenou o não acesso das mulheres às ciências.

Ficamos por aqui com algumas das principais ideias dessas pensadoras latino-americanas. O que há em comum entre suas obras é a defesa das questões que abrangem todas as mulheres na sociedade, bem como dos trabalhadores em geral, vinculando os dois temas, além, no caso de Turner, da questão indígena. Isto é, na história latino-americana, assim como na da humanidade, existe uma parte que sempre foi alijada e que precisa ter acesso aos espaços de poder, de cultura, das ciências, dos direitos, das decisões etc. Comparando os pensadores latino-americanos desse período com as pensadoras, é possível perceber que elas buscam questões mais concretas, mais da nossa realidade, sem esquecer a ligação com o universal. Já os homens, mesmo quando buscam o universal, ainda assim o tomam como referência, como ponto de partida e chegada. Talvez esse seja um dos aprendizados que a filosofia latino-americana ainda tenha de realizar a partir do jeito feminino de filosofar.

Síntese

Neste capítulo, analisamos as ideias filosóficas que circularam no continente latino-americano durante o processo de independência. As revoltas que buscavam essa independência em relação às respectivas metrópoles vinham desde meados do século XVIII, e foi no final desse século e início do seguinte que as antigas colônias portuguesas e espanholas conquistaram tal objetivo. No entanto, tal independência não teve o mesmo significado para toda a população colonial, na medida em que as estruturas econômicas, políticas e sociais permaneceram iguais às anteriores. Ainda que os discursos filosóficos defendessem como legítimo o direito de insurgência contra a metrópole, na prática, os indígenas, os negros, os mulatos e os mestiços participaram como sujeitos secundários nesse processo.

As ideias filosóficas que permearam o pensamento na América Latina nesse período foram o Iluminismo e o positivismo francês, o empirismo e o liberalismo britânico, as Revoluções Burguesas, (na Inglaterra e na França) a Independência Americana, entre outras, trazidas para cá pelos filhos das elites que tinham ido estudar na Europa e que puderam entrar em contato com o que por lá circulava. Vimos que outros pensamentos também passaram por aqui, como o neotomismo, o krausismo, o espiritualismo, o comunismo e o anarquismo. Estes dois últimos chegaram com os imigrantes italianos e espanhóis, principalmente.

Entre os pensadores latino-americanos, destacamos as ideias de Andrés Bello, Domingo Faustino Sarmiento e Juan Bautista Alberdi. No Brasil, vimos a influência do ecletismo de Victor Cousin e, entre os pensadores, Eduardo Ferreira França, Domingos Gonçalves de Magalhães, Luís Pereira Barreto, Miguel Lemos, Tobias Barreto e Silvio Romero. Como representantes do pensamento feminino, mencionamos Flora Tristán, Gertrudis Gómez de Avellaneda e Clorinda Matto de Turner.

Da primeira, verdadeira autora do lema dos operários, "Proletários do mundo, uni-vos!", vimos sua reivindicação de que as lutas feministas estivessem vinculadas ao movimento operário em geral. A segunda argumentava em favor da igualdade entre homens e mulheres, e a terceira, precursora do indigenismo, denunciava em suas novelas os castigos, os sofrimentos, as mortes, as torturas, enfim, as violências praticadas pelos colonizadores contra as populações nativas. Defendia a educação e a instrução femininas como únicas formas de libertar as mulheres do jugo masculino.

Atividades de autoavaliação

1. Leia este trecho:

   Não existem muitos detalhes em biografias, mas a importância desse homem é indiscutível. Túpac Amaru II, ou José Gabriel Condorcánqui Nogueira, nasceu no dia 19 de março de 1738 e morreu em 18 de maio de 1781. Ele foi um cacique peruano descendente dos imperadores incas. É frequentemente confundido com Tupac Katari (um líder boliviano), porém suas conquistas foram bem mais relevantes que a do líder boliviano. Foi o líder da revolta que recebeu seu nome, guiando os índios descendentes dos incas contra os espanhóis. (Albuquerque, 2018)

   Considerando esse trecho e o conteúdo deste capítulo, analise as afirmações a seguir e assinale a que caracteriza corretamente a figura histórica de Túpac Amaru:
   a) Por descender de espanhóis e pertencer à elite *criolla*, sempre esteve ao lado destes.
   b) Liderou a elite *criolla* num levante militar contra a dominação espanhola.

c) Ao assumir sua identidade indígena, começou a lutar contra os trabalhos forçados e realizou um levante militar, porém foi duramente reprimido, preso e esquartejado.

d) Lutou contra a elite *criolla* que queria a independência do Peru em relação à Espanha.

2. Leia o texto a seguir:

Processo de emancipação das colônias espanholas no continente americano durante as primeiras décadas do século XIX resulta das transformações nas relações entre metrópole e colônia e da difusão das ideias liberais trazidas pela Revolução Francesa e pela independência dos EUA. Recebe influência também das mudanças na relação de poder na Europa em consequência das guerras napoleônicas. (Independência..., 2018)

Tendo em vista esse texto e os conteúdos abordados neste capítulo, analise as afirmativas a seguir sobre a relação entre as ideias filosóficas que circularam no continente latino-americano antes e durante as lutas pela independência e assinale a alternativa correta:

a) Nas lutas pela independência, participaram todos os grupos sociais – os brancos, os indígenas, os negros, os mulatos e os mestiços –, pois entendiam que todos tinham o direito de se rebelar contra a metrópole.

b) Conceitos como *independência*, *liberdade* e *direitos humanos* não eram simplesmente ideias abstratas, mas princípios que fundaram as novas nações libertas.

c) Com a independência, os privilégios das elites *criollas* chegaram ao fim, graças aos conceitos filosóficos de liberdade, igualdade e fraternidade.

d) Entre as ideias que influenciaram os principais líderes estão as liberais, as progressistas, as conservadoras, as federalistas, as centralistas, as iluministas e as despóticas.

3. Tendo em vista os conteúdos estudados neste capítulo, analise as afirmações a seguir sobre o pensamento de Juan Bautista Alberdi e marque V para a(s) verdadeira(s) e F para a(s) falsa(s):

( ) Segundo Alberdi, nossa filosofia tem de sair de nossas necessidades.
( ) Ainda que não tenha feito críticas diretas a Rosas, a Mazorca, polícia secreta do ditador argentino, passou a persegui-lo.
( ) Integrante da Geração de 37, Alberdi era simpatizante de Rosas.
( ) A Constituição argentina promulgada por Urquiza fundamenta-se em ideias filosóficas que Alberdi defendia.
( ) Alberdi condenou a Guerra do Paraguai, a qual qualificou de "Guerra de la Triple Infamia".

Assinale a alternativa que apresenta a sequência correta:

a) V, F, V, F, V.
b) F, V, F, V, F.
c) V, V, F, F, V.
d) V, V, F, V, V.

4. Leia o texto a seguir:

Quando no Brasil ainda bem pouco se falava de positivismo e a quase totalidade dos que iam à Europa alocavam-se nos cursos de direito de Paris ou de Coimbra, já que a carreira mais vistosa e também mais promissora no Segundo Reinado era certamente a de bacharel, Luís Pereira Barreto formou-se médico pela universidade de Bruxelas.
(Alonso, 1995, p.1)

Tendo em vista a leitura desse trecho e os conteúdos deste capítulo, analise as afirmações a seguir sobre o pensamento de Luís Pereira Barreto e Miguel Lemos e assinale a alternativa correta:

a) Segundo Pereira Barreto, era impossível aplicar a lei dos três estados à história do Brasil.
   b) Pereira Barreto fez uma leitura e aplicação do positivismo no Brasil ao pé da letra.
   c) O positivismo adotado por Pereira Barreto e Miguel Lemos era contextualizado e tinha envolvimento com as questões sociais que afligiam o Brasil na segunda metade do século XIX.
   d) O positivismo de Pereira Barreto e Miguel Lemos era contra o fim da escravidão e do Império, a defesa de direitos trabalhistas e sociais e o laicismo do Estado.

5. Leia este texto:

A *história oficial pouco ou nada se ocupa de rebeldias indomáveis, de pensamentos audazes e de mulheres livres, muito menos de alguém que reúna essas três condições. Esse o caso dessa extraordinária mulher, cujas ideias lúcidas, propostas de ação e exemplo de vida seguem tendo pleno valor para aqueles/as que aspiram à liberdade e à igualdade.* (Comuniello, 1994)

Tendo em vista os conteúdos do capítulo e o excerto anterior, analise as afirmações sobre as pensadoras latino-americanas desse período e marque V para a(s) verdadeira(s) e F para a(s) falsa(s):

( ) Flora Tristán adotou o termo *pária* depois de decidir separar-se do marido, vir ao Peru reivindicar a herança a que tinha direito e ser renegada por seu tio.

( ) Flora Tristán defendia a vinculação das lutas feministas com o movimento operário em geral.

( ) A frase "Proletários do mundo, uni-vos!" é de autoria de Flora Tristán.

( ) Segundo Gertrudis Gómez de Avellaneda, a genialidade é uma característica humana e não uma exclusividade masculina.

( ) Clorinda Matto de Turner é precursora de um indigenismo na literatura latino-americana, em que o índio real é retratado.

Assinale a alternativa que apresenta a sequência correta:

a) V, F, V, F, V.
b) F, V, F, V, F.
c) V, V, F, F, V.
d) V, V, V, V, V.

Atividades de aprendizagem

Questões para reflexão

1. Leia o seguinte fragmento:

   Ao invés de condenarmos o pensamento latino-americano como sendo inautêntico, relegando a produção do continente à mera repetição do que nos é exógeno, pretendemos traçar um panorama do pensamento latino-americano, como grupo excluído dos grandes centros de produção do pensamento mundial. (Pinto, 2012, p. 338)

   Agora, considerando o fragmento de texto e tendo em vista a leitura e o estudo do capítulo, elabore um texto dissertativo com base na seguinte afirmação: "Nossa filosofia tem de sair de nossas necessidades" (Alberdi, citado por Dussel, 1994, p. 38, tradução nossa). Busque também outros excertos de Alberdi neste capítulo que corroboram essa ideia.

2. Leia o seguinte fragmento:

> Clorinda Matto de Turner é reconhecida como precursora do indigenismo moderno. Em seus romances, é retratado o índio real, com os maus-tratos e as violências que sofreu da sociedade em que vivia, como se fosse uma diversão para os colonizadores. Defendia que a educação e a instrução da mulher eram "o único caminho humano para regenerar e enobrecer o ser da mulher". (Fornet-Betancourt, 2008, p. 83)

Considerando esse texto e o estudo deste capítulo, faça uma análise comparativa crítica entre a visão indigenista de Clorinda Matto de Turner e a do brasileiro José de Alencar em seus romances *Iracema* e *O guarani*, bem como a ideia do *bon sauvage* de Rousseau.

Atividade aplicada: prática

1. Faça o fichamento do livro *Facundo ou Civilização e barbárie*, de Domingo Faustino Sarmiento, buscando identificar de que maneira este interpreta os polos presentes no título da obra: civilização e barbárie.

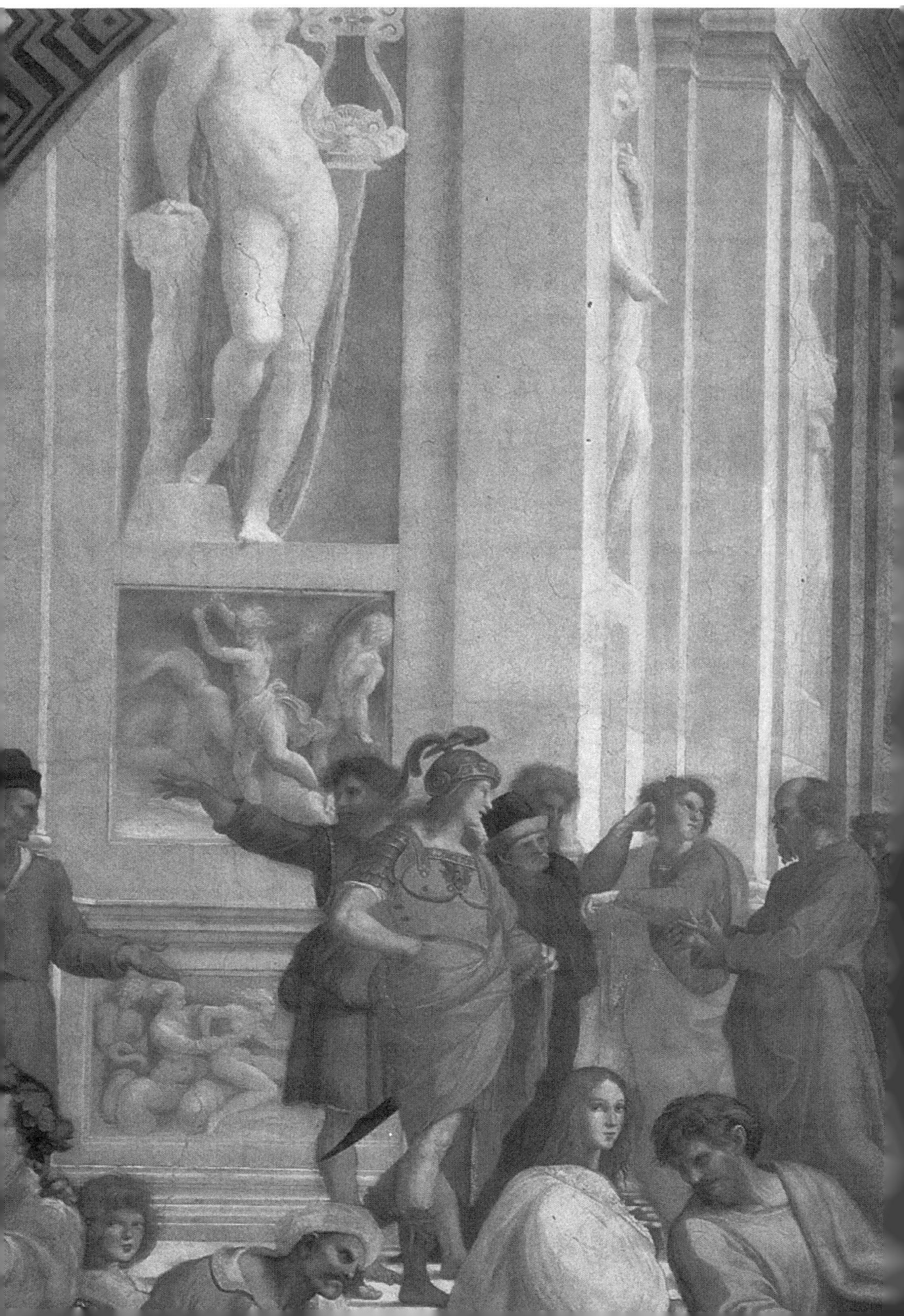

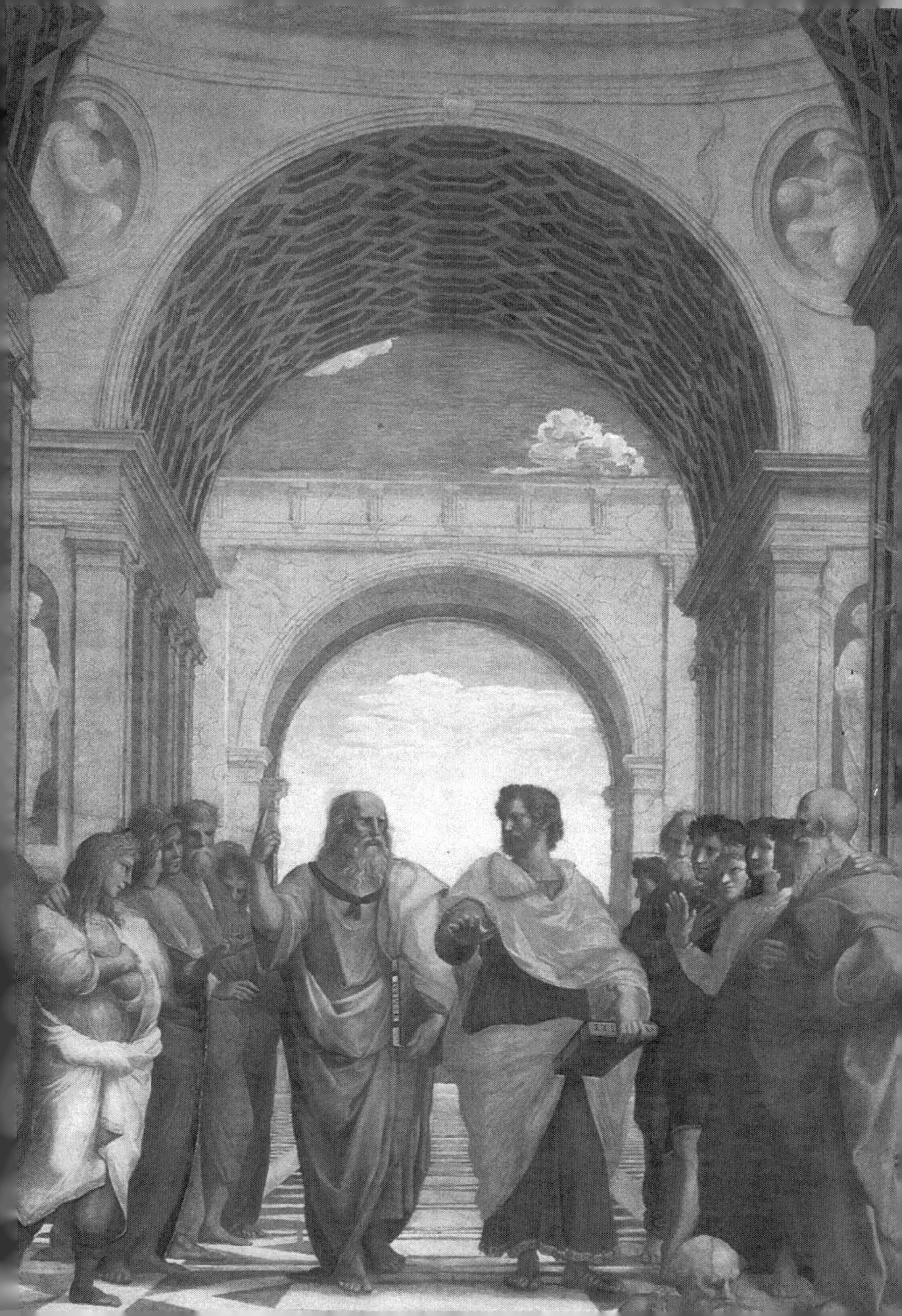

4

A filosofia latino-americana e brasileira e o populismo do início do século XX

Neste quarto capítulo, nosso objetivo é investigar o pensamento filosófico que se desenvolveu no continente latino-americano em boa parte do século XX, até por volta das décadas de 1960 e 1970, quando ditaduras militares se iniciaram em vários países. Não que na etapa posterior elas também não estivessem presentes; basta vermos os casos de Cuba e Brasil, bem como de governos que misturavam regimes autoritários e populistas.

Que pensadores e que pensamentos alcançaram prestígio nesse momento? Como se relacionaram com os problemas que o continente vivia? Qual foi a influência do pensamento indo-europeu em nossos principais representantes? Essas são algumas das questões de que trataremos neste capítulo. Iniciaremos contextualizando histórica, política, social e economicamente o continente latino-americano, situando-o no âmbito da ordem capitalista e geopolítica mundial, para depois nos ocuparmos dos pensadores do período e suas ideias.

4.1
Contexto histórico, político e socioeconômico

A *América Latina* assistiu, ao longo do século XX, à substituição da hegemonia política e econômica britânica pela estadunidense. A Doutrina Monroe – "A América para os americanos" – foi sendo implementada por meio do *Big Stick*, ou "política do grande porrete", isto é, todo e qualquer país latino-americano que não aceitasse a influência norte-americana sofreria a interferência e a intervenção de Tio Sam. Sob o governo do Presidente Theodore Roosevelt, os Estados Unidos se autointitularam a polícia do continente e passaram a intervir sempre que achavam necessário para manter a "ordem". Foi assim com a tomada do Panamá (1903) e a intervenção na República Dominicana (1903), no Haiti (1914) e na Nicarágua (1909).

O imperialismo era feito pela força de sua política externa, mas também por meio de empresas norte-americanas que se estabeleciam nos países latino-americanos com o objetivo de produzir, pela existência de matéria-prima em abundância e mão de obra barata, aquilo que lhes faltava e/ou que era caro de se produzir em seus territórios. Também era uma forma de intervir na economia desses países, uma vez que algumas dessas empresas, em nível internacional, tinham um patrimônio maior que o produto interno do próprio país onde se instalavam.

Do ponto de vista da política interna, quem comandava os países latino-americanos eram as mesmas oligarquias da época das colônias: os grandes proprietários de terra, que cultivam monoculturas para o mercado externo, descendentes dos colonizadores. Como mão de obra, ainda havia os ex-escravos e seus descendentes, bem como a leva de imigrantes que vieram para o continente em fins do século XIX e início do XX. As relações de trabalho eram semelhantes às da primeira fase da Revolução Industrial. Nas décadas de 1910 e 1920, com o início de um processo de industrialização, começou a surgir uma pequena burguesia, que passou a ter interesse em participar da vida política dos respectivos países para influenciar nos rumos da política econômica.

Da mesma forma, nas décadas de 1920 e 1930, a América Latina viu a tomada do poder por líderes populistas que, por vezes, chegaram a flertar com os regimes nazifascistas em ascensão na Europa, como foi o caso de Getúlio Vargas, no Brasil, Domingos Perón, na Argentina, e Lázaro Cárdenas, no México. Este último, aliás, conseguiu realizar a única reforma agrária de nosso continente. Essas lideranças populistas tiveram a capacidade de conduzir os países latino-americanos para outro processo de desenvolvimento econômico, ainda que não completamente industrializado e autônomo. Segundo Dussel (1994), trata-se do aparecimento de uma burguesia nacional, que realizou uma aparente aliança com a classe operária nascente. A economia ainda era dependente das grandes potências, principalmente a norte-americana, e de complemento às economias centrais e de consumo de produtos industrializados com maior valor agregado. Com as duas grandes guerras, os países latino-americanos aproveitaram para iniciar um pequeno desenvolvimento industrial.

Na década de 1930, a Fundação Rockfeller criou um escritório com o objetivo de fazer propaganda da cultura norte-americana, ministrar cursos aos interessados em conhecer a cultura daquele país, bem como envolvê-los em processos de imersão cultural, com todas as despesas pagas, para que fossem divulgadores do *american way of life* nos países latinos.

Desse modo, em termos de política externa, os países latino-americanos continuaram a cumprir o papel subalterno e de submissão. Como colônia, éramos dependentes de Portugal e Espanha; após a independência, a submissão passou a ser em relação à Inglaterra e, no século XX, quem passou a interferir foram os norte-americanos, seja por meio de seus órgãos governamentais, secretos ou não, seja por meio de suas empresas, sua língua, sua música, seus usos e costumes, enfim, sua cultura.

4.2
Problemas e correntes da filosofia latino-americana e brasileira no início do século XX

O *pensamento filosófico* latino-americano do século XX pode ser dividido em dois períodos: o da primeira metade, que se prolongou em alguns aspectos até as décadas de 1960 e 1970, e o da segunda, que começou a partir das décadas de 1960 e 1970 e se estende até os dias atuais.

Na primeira metade do século XX, a que Dussel (1994) denomina *segunda normalización*, por conta das condições históricas, a filosofia se caracterizou pelo retorno às origens, bem como por sua profissionalização. Esse retorno foi uma volta à condição anterior à chegada dos europeus. Isso porque a burguesia nascente era anti-imperialista. Era uma tomada de consciência da América Latina. "É necessário confrontar a Europa, os franceses, não imitar; retornar à origem. Portanto, a questão do indígena é a novidade" (Dussel, 1994, p. 43, tradução nossa). Pensadores como

Alejandro Korn (1860-1936), José Vasconcelos (1882-1959), Farias Brito (1862-1917), José Enrique Rodó (1871-1917), Alejandro Deústua Escarza (1849-1945), Manuel González Prada (1848-1918), José Carlos Mariátegui (1894-1930) e Víctor Raúl Haya de la Torre (1895-1979) estão entre os principais nomes desse período e com esse propósito. Foi uma geração antipositivista e, por vezes, também espiritualista, influenciada pela filosofia racionalista do espanhol José Ortega y Gasset. Segundo Dussel (1994), trata-se de uma geração de filósofos que trabalhou com conceitos ambíguos, como ambígua, também, foi a prática política dos governantes populistas desse período, que ambicionavam um governo de união nacional, conciliando interesses de trabalhadores rurais, urbanos e da burguesia (industrial e financeira).

Para essas pessoas, em particular para a Geração de 1915*, um filósofo espanhol foi determinante, seja por meio de seus escritos e traduções, seja por sua presença física: José Ortega y Gasset. Essa geração estava convencida de que o positivismo era apenas um resíduo do passado, ainda que o tenha combatido também. No entanto, o objetivo principal era a busca por uma identidade latino-americana:

> e também, embora seu compromisso central seja a busca da identidade latino-americana, eles conseguem superar o problema de querer imitar a cultura anglo-saxônica, mas sem ter claro sobre o que é específico para a cultura hispano-americana ou latino-americana, tanto na literatura, filosofia, como no resto dos capítulos onde se expressa a identidade cultural. (Beorlegui, 2010, p. 402, tradução nossa)

---

* *Geração de 1915* é a denominação pela qual ficou conhecido um grupo de intelectuais latino-americanos, também chamados *patriarcas*, assim como a geração anterior, que tinham em comum algumas temáticas, como a busca por uma identidade latino-americana, o combate ao positivismo, a influência do filósofo espanhol Ortega y Gasset e o indigenismo como tema de investigações filosóficas, sociológicas e antropológicas.

Diferenciando-se da geração anterior, a de 1915 buscou no indigenismo elementos fundamentais para a constituição da identidade latino-americana. Tinha clara, também, a importância da mestiçagem na identidade cultural latino-americana. Conforme Tzvi Medin, referenciado por Beorlegui (2010) como um dos estudiosos mais sérios dessa influência, Ortega y Gasset foi determinante na formação desses intelectuais, a tal ponto que, segundo Medin (citado por Beorlegui, 2010, p. 405, tradução nossa), "é impossível escrever sobre a cultura hispano-americana sem necessariamente relacioná-la à influência do mestre espanhol nela". Dois conceitos orteguianos são marcantes nessa geração: circunstância e perspectiva. O primeiro se refere, resumidamente, ao "sentido das coisas que circunscrevem o sujeito, ou seja, aquilo que está como condição para o sujeito", ao passo que perspectiva é entendida como possibilidade (Almeida; Santiago, 2016, p. 323).

Em meados do século XX, surgiu uma segunda geração de filósofos que se pretendiam "neutros", por desenvolverem um pensamento universalista, científico. Ela se originou no contexto posterior à Segunda Grande Guerra, em que muitos estudantes latino-americanos puderam ir para a Europa (França, Alemanha e Inglaterra) e, depois, para a América do Norte (Estados Unidos e Canadá).

Diante da crise dos governos populistas, da presença de golpes militares e civis, das revoluções como a cubana e da ingerência estadunidense por meio de suas agências de segurança, espionagem e propaganda, surgiram institutos e governos propondo o desenvolvimento dos países latino-americanos em bases tecnológicas e científicas, com fundo ideológico de neutralidade, uma vez que essa política desenvolvimentista seria guiada pela ciência e pela aplicação da tecnologia. Para tanto, era necessária uma filosofia que contribuísse para esse desenvolvimento.

Foi assim que os pensadores latino-americanos passaram a ser influenciados por filósofos e correntes, tais como Wittgenstein ou Frege, o estruturalismo, a fenomenologia, o existencialismo, Sartre, Heidegger e a Escola de Frankfurt, entre outros. Segundo Dussel (1994, p. 45, tradução nossa), "correntes mais cientificistas ou abstratas como a filosofia da ciência ou da linguagem – consideraram o esforço no período populista para descobrir o pensamento latino-americano como falta de rigor científico, de precisão e pertinência, como folclórico, acientífico, um historicismo anedótico".

Dessa forma, tais correntes negavam qualquer possibilidade de princípio filosófico àqueles que se propunham a pensar uma filosofia na perspectiva da América Latina, que não aceitavam ser meros repetidores do pensamento indo-europeu colonizador. Pensar filosoficamente, para esses intelectuais, era pensar o pensamento dominante, com as categorias criadas pelos dominantes, a partir dos problemas do centro epistemológico e ontológico irradiador: a Europa. Mesmo aqueles que não seguiram essa linha de raciocínio ainda assim pensaram de maneira enviesada, partindo de um princípio equivocado: "invenção", "criação" ou "descoberta" da América Latina. Na realidade, nenhuma das três, mas, simplesmente, invasão, pois esse foi o fato histórico concreto. Defender a ideia de que a América Latina foi "inventada" após a chegada dos europeus implica adotar descrições dessa "invenção" que "simplesmente negam ou aniquilam as culturas pré-europeias existentes na América" (Dussel, 1994, p. 45, tradução nossa).

Até aqui, neste capítulo, fizemos referência às ideias filosóficas que circularam em nosso continente pelos círculos universitários e/ou intelectuais. Porém, como já advertimos no capítulo anterior, outros pensamentos filosóficos também se fizeram presentes e tiveram forte influência por aqui, principalmente nos movimentos sociais, políticos e sindicais. Vejamos como isso se passou.

Entre 1918 e 1923, muitos líderes anarquistas, em defesa da Revolução Soviética iniciada em 1917, declararam-se anarco-bolchevistas, apoiando principalmente o líder Lênin – e incondicionalmente a revolução –, sem deixar de se considerar anarquistas. Porém, quando Stalin, após a morte de Lênin, centralizou o poder em suas mãos, muitos destes não mais se chamaram *anarquistas* ou abandonaram a adesão inicial (Rama; Cappelletti, 1990). A partir de então, observou-se a decadência do anarquismo latino-americano. Isso se deveu a três fatores: 1) golpes de Estado de caráter fascista que ocorreram na década de 1930; 2) fundação de partidos comunistas nas décadas de 1920 e 1930; e 3) surgimento de correntes nacionalistas e populistas vinculadas às forças armadas e de caráter, por vezes, fascista. Ao mesmo tempo, o discurso ideológico da burguesia nacional, juntamente com setores do exército e da Igreja Católica, de que a causa da exploração que os trabalhadores, urbanos e rurais, sofriam era de origem imperialista e não do capital nacional nem do próprio Estado também contribuiu para que isso ocorresse.

Alinhados à Segunda Internacional, a partir da década de 1920, apareceram os partidos comunistas. Talvez o fator que marcou mais fortemente o surgimento dos partidos comunistas latino-americanos tenha sido a Revolução Soviética de 1917. Tanto a revolução quanto a Segunda Internacional definiram a identidade deles, inclusive quanto à sua orientação marxista-leninista e forte inspiração stalinista.

O período fundacional compreendeu a chegada das ideias de Marx e Engels até o fim da década de 1920. Além dos imigrantes italianos e espanhóis que trouxeram as ideias marxistas, é preciso destacar a tradução das primeiras obras de Marx e Engels em território latino-americano, como *Manifesto do Partido Comunista*, *Miséria da filosofia*, *Do socialismo utópico ao socialismo científico*, entre outras. Circularam livros em espanhol e francês.

Os nomes que veremos a seguir apresentam essas duas perspectivas. Tanto uma quanto a outra têm sua importância, na medida em que contribuíram para a construção do pensamento latino-americano.

4.3.1 Alejandro Korn

Filósofo e médico argentino, Alejandro Korn nasceu em 1860 e faleceu em 1936. Dirigiu o Hospital Psiquiátrico Melchor Romero e foi professor de Filosofia da Universidade de Buenos Aires de 1906 a 1930. Filiado ao Partido Socialista, no pensamento filosófico foi influenciado por Kant e Dilthey. Pertenceu às lojas maçônicas Germania n. 19 e La Plata n. 80. É considerado um dos fundadores do pensamento filosófico genuinamente argentino, assim como latino-americano, juntamente com outros filósofos contemporâneos. O contexto latino-americano era o de combate às políticas e políticos representantes das oligarquias, buscando-se sistemas e governos democráticos, ainda que alguns deles tenham se tornado populistas com o decorrer dos acontecimentos. Não se tratava ainda de um pensamento de esquerda, mas foi bem recebido por militantes políticos e sociais de centro-esquerda.

A temática central das obras de Korn foi a liberdade. Ele afirmava que a distinção entre o mundo das necessidades e o mundo da liberdade era o problema central da filosofia. Defendendo que a liberdade humana sempre era uma conquista – nunca um presente –, esta somente poderia ser alcançada por meio da liberdade ética e da liberdade econômica. Combateu as ideias filosóficas positivistas, bem como o realismo ingênuo. Acreditava que a filosofia deveria estar relacionada com os problemas culturais de sua época, bem como com as necessidades de indivíduos e de comunidades concretas. Entre suas obras, podemos destacar *Socialismo ético* (1918), *Liberdade criadora* (1920) e *Axiologia* (1930).

Em *Liberdade criadora*, Korn faz uma profunda reflexão filosófica sobre o problema da liberdade e a transformação voluntária do mundo, a qual somente é possível se desenvolvermos ao máximo o homem e a mulher comum como sujeitos livres, "recuperando a dignidade da nossa personalidade consciente, livre e dona de seu destino" (Korn, 1949, p. 211, tradução nossa).

Como continuidade de *Liberdade criadora*, Korn escreveu *Axiologia*. A obra se ocupou principalmente do problema da vontade humana e as mais variadas formas pelas quais ela se manifesta, todavia num constante conflito entre aquilo que é útil e necessário – que constitui o mundo da objetividade – e o que é bom – que constitui o mundo da subjetividade. A solução para tal conflito se encontra na ética. Diante da impossibilidade de certezas absolutas, só nos resta a busca pela superação da dualidade sujeito-objeto. Assim, para Korn, tudo se resume a uma ação consciente, que é princípio e fim da liberdade criadora. Segundo Beorlegui (2010, p. 390, tradução nossa), "toda a filosofia é configurada, de acordo com Korn, pela Ciência, pela Axiologia e pela Metafísica. A primeira está orientada e faz referência aos fatos; a segunda, ao mundo dos valores; e a terceira, ao que transcende à experiência".

4.3.2 José Vasconcelos

Advogado, político e filósofo mexicano, José Vasconcelos nasceu em 1882 e faleceu em 1959. Formou-se em Direito por não haver ainda a graduação em Filosofia na universidade mexicana. Inimigo combatente do positivismo, era defensor do individualismo. Diante da tese defendida pelo filósofo alemão Oswald Spengler da "queda do Ocidente", afirmava que os europeus é que eram os povos bárbaros, considerando-se tudo o que haviam feito às populações nativas da América, e estas é que eram civilizadas. Daí derivou sua ideia de uma "raça cósmica", como resultado da mestiçagem de raças e culturas. Com a publicação da trilogia *Prometeu vencedor, O monismo estético* e *Estudos hindus*, continuou a desenvolver tal ideia, ao defender "sua tese de que a verdadeira civilização deve ser a filha das grandes épocas culturais, tais como Grécia de Pitágoras ou a Índia dos Upanishads, em seu estado puro" (Beorlegui, 2010, p. 419, tradução nossa).

Vejamos agora um pouco mais sobre aquela que talvez seja sua obra mais importante: *A raça cósmica*, publicada em 1925. Diante de um cenário mundial em que os pensamentos nazifascistas cresciam na Europa – principalmente com Hitler (Alemanha), Mussolini (Itália), Franco (Espanha) e Salazar (Portugal) – e se observava a busca de uma exclusividade racial pela Ku Klux Klan nos Estados Unidos, Vasconcelos se perguntava sobre o lugar que a América Latina ocupava na conjuntura mundial e a contribuição que o processo de mestiçagem latino-americano havia trazido à cultura mundial. Segundo ele, a cultura do espírito purificaria a humanidade e a impediria de suas tendências racistas e/ou individualistas. Da mesma forma, uma mestiçagem de todas as raças, universal, unificaria toda a humanidade numa única raça: a "raça cósmica". Essa raça cósmica seria baseada na igualdade, sem esquecer, porém, as diferenças.

A obra *A raça cósmica* tem sua continuidade em *Indologia*, em que Vasconcelos apresenta os cinco estágios do progresso humano: "pretoriano (barbárie), democrático (Grécia e Europa do século XIX), econômico (imperialismo), técnico (sociedade organizada e dirigida por humanistas), e, no final, o estado filosófico ou estético, do qual sairia a raça cósmica" (Beorlegui, 2010, p. 421, tradução nossa).

Pode-se afirmar, dada a vasta obra de José Vasconcelos, que foi o primeiro filósofo latino-americano a propor um sistema filosófico completo. Em termos globais, Hegel havia sido o último a intentar tal coisa. Além dos livros já comentados, destacamos ainda: *Tratado de metafísica* (1929), *Ética* (1932), *Estética* (1935), *Lógica escolhida* (1945), *Filosofia estética, segundo o Método da Coordenação* (1952) e *Todologia: filosofia da coordenação* (1952).

4.3.3 José Carlos Mariátegui

Escritor, jornalista, sociólogo e ativista político peruano, José Carlos Mariátegui nasceu em 1894 e faleceu em 1930, aos 35 anos. Um dos primeiros pensadores a se preocuparem com a realidade latino-americana de um ponto de vista original, fez da investigação da realidade peruana e da tentativa de transformação dessa realidade sua razão de viver. Sua vida curta, mas com profunda produção intelectual, foi suficiente para influenciar tanto sua geração quanto as posteriores à sua.

Filho de Francisco Mariátegui, funcionário do Supremo Tribunal de Contas, e de Amalia La Chira, mestiça de quem recebeu os traços da mestiçagem costenha peruana, tinha três irmãos: Julio César, Guilhermina e Amanda. Esta última morreu ainda pequena. Na infância, o pai foi transferido para o norte do Peru, e a família nunca mais voltou a vê-lo. Sua mãe teve de assumir sozinha a responsabilidade pela criação dos filhos.

Juntamente com um grupo de jovens escritores, tentou publicar uma nova revista, *Nuestra Epoca*, cujo objetivo era intervir na vida política do país e difundir novas doutrinas. O primeiro número saiu em 1918 e nela escreveram Mariátegui, César Falcón, César Ugarte, Félix del Valle, Valdelomar, Percy Gibson, César A. Rodriguez e César Vallejo. No artigo "Más tendências: o dever do Exército e o dever do Estado", Mariátegui criticou os excessivos gastos do Estado com armamentos e a falta de investimentos em áreas como geração de empregos e educação. Por causa da matéria, foi agredido pelos militares várias vezes. Chegaram a desafiá-lo para um duelo, e ele, apesar de nem sequer saber como se pegava numa arma, aceitou.

A indignação contra as violências sofridas por ele aumentava cada vez mais e chegou ao ponto de o ministro da guerra renunciar. O resistente Mariátegui venceu essa batalha. Em 1919, apareceu *La Razón*, periódico de orientação esquerdista, e no mesmo ano os trabalhadores peruanos fizeram uma greve geral reivindicando a redução dos preços das mercadorias e melhores salários. O periódico, recém-fundado, emprestou sua voz ao movimento obreiro e, como reação, o Presidente Pardo decretou a lei marcial e mandou para a cadeia vários líderes do movimento. *La Razón* manteve-se firme na defesa dos líderes e, quando estes foram postos em liberdade, a passeata, que comemorou a libertação de seus líderes, dirigiu-se à sede do periódico. Os trabalhadores agradeceram publicamente o apoio recebido de Mariátegui à causa deles.

Ainda em 1919, foi enviado à Europa pelo Presidente Leguía a pretexto de que fizesse a divulgação da cultura peruana por aquele continente. Era uma forma disfarçada de deportar os oponentes. Mariátegui, no entanto, tomou a viagem como uma grande oportunidade de aprendizagem: "Fiz na Europa meu melhor aprendizado. Eu acredito que não haja salvação para a Indo-América sem a ciência e o pensamento europeus ou ocidentais" (Mariátegui, 1975, p. XXII).

Ao voltar para o Peru, Mariátegui se propôs a investigar a realidade nacional peruana e transformá-la; era um compromisso ideológico com a transformação revolucionária de seu país. Para isso, segundo ele, seria necessário um método – e esse era o marxismo. Fez inúmeras palestras, conferências e entrevistas explicando a situação europeia. Foi convidado por Haya de La Torre para colaborar com a Universidad Popular González Prada. As universidades populares eram centros de discussão da realidade peruana e mundial. Mariátegui era um antiuniversitário, não lhe agradava o espírito acadêmico; entretanto, acreditava que, se as pessoas quisessem transformar a realidade, era preciso, antes de mais nada, conhecê-la; e esse não deveria ser um trabalho isolado ou individual. Para ele, interpretar a realidade deveria ser uma tarefa coletiva. As primeiras palavras do curso que passaria a ministrar davam bem a ideia de sua forma de ser e pensar: "Não tenho a pretensão de vir a esta tribuna livre de uma universidade livre para lhes ensinar a história desta crise mundial, mas estudá-la eu mesmo convosco" (Mariátegui, 1982, p. 25).

Em 1926, realizou o sonho de criar uma revista que expressasse o pensamento socialista no Peru: nasceu *Amauta*. Ante a crise que atravessava o Peru como nação, a publicação passaria a refletir sobre vários temas: educação, arte, índio, democracia, caudilhismo, capitalismo, anti-imperialismo, socialismo etc. Além de ser testemunha da crise dos anos de 1920, *Amauta* era um projeto cultural de Mariátegui – e foi algo pensado, estruturado. Deu esse nome à revista porque queria que ela fosse a guia dos novos movimentos que agitavam o Peru.

Pelo seu envolvimento com os movimentos políticos, sociais e sindicais, Mariátegui sofreu inúmeras perseguições e prisões. Porém, em nenhum momento desanimou de sua missão. A passagem pela Europa fez com que visse tanto o Peru quanto a América de um ponto de vista diferente de quando ainda não havia saído de sua terra natal. Ele levou essa inquietação consigo quando retornou ao país de origem e começou então um processo de investigação da realidade peruana. Estudioso e disciplinado, pesquisou dados, estatísticas, comentários e livros, e desse esforço resultou *Siete ensayos de interpretación de la realidad peruana* (1928), sua obra máxima. Vamos explorá-la um pouco mais, uma vez que ela é fundamental para a compreensão do processo de desenvolvimento não somente da realidade latino-americana, mas também da própria formação do pensamento na América Latina.

Quando os europeus chegaram ao continente latino-americano, em 1492, encontraram diversas civilizações. A que habitava o que é hoje o território peruano havia constituído uma forma de organização política e social bastante característica. No Império Inca, a organização coletivista havia enfraquecido qualquer impulso de individualismo, e o que predominava era o trabalho coletivo, "o hábito de uma humilde e religiosa obediência ao seu dever social [...]. O trabalho coletivo, o esforço comum, empregavam-se frutuosamente para fins sociais" (Mariátegui, 1975, p. 3). Povos como o quíchua e o asteca haviam alcançado alto grau de civilização.

Com a chegada dos conquistadores espanhóis, toda essa organização foi destruída. As terras foram expropriadas aos indígenas, a economia completamente desarticulada e o coletivismo indígena, que Mariátegui classificou como comunismo primitivo, trocado por um sistema expropriador. Aos espanhóis só interessavam as riquezas minerais encontradas; preocupavam-se, quase que exclusivamente, com a exploração do ouro e da prata.

Esse movimento de desagregação e destruição da população indígena persistiu mesmo após a independência. O processo de emancipação política não significou a completa independência peruana. As populações, que no período colonial constituíam a parte explorada e marginalizada, na república continuaram exercendo o mesmo papel econômico-social.

> *Os homens ilustrados de nossa época não podem deixar de aqui enxergar o fator histórico predominante da revolução de independência sul-americana, inspirada e movida, de maneira assaz evidente, pelos interesses da população crioula e, ainda, da espanhola, muito mais do que pelos interesses da população indígena.* (Mariátegui, 1975, p. 6)

Para Mariátegui (1975, p. 15), "no plano econômico, percebe-se sempre com mais clareza do que no plano político, o sentido e o contorno da política, de seus homens e de seus fatos". E confirmou sua tese da desagregação da economia peruana ao declarar:

> *Assinalarei uma constatação final: a de que no Peru atual coexistem elementos de três economias diferentes. Sob o regime da economia feudal, nascido da Conquista, subsistem na serra alguns resíduos ainda vivos da economia comunista indígena. No litoral, sobre um solo feudal, cresce uma burguesia que, pelo menos em seu desenvolvimento mental, dá a impressão de uma economia retardatária.* (Mariátegui, 1975, p. 14)

O Peru era ainda um país fragmentado. A independência não havia ainda cumprido as reivindicações liberais; pelo contrário, havia produzido diferenças regionais, econômicas e raciais. O projeto de nação e cultura, até a década de 1920, era nulo. Para Mariátegui, o país ainda estava na fase de constituição de sua nacionalidade. "[O Peru] Está sendo construído sobre os inertes estratos indígenas e os aluviões da civilização ocidental. A conquista espanhola aniquilou a cultura incaica [...] Frustrou a única peruanidade que existiu" (Mariátegui, 1982, p. 101). Desse modo, qualquer projeto de nacionalidade passaria pela emancipação das populações indígenas, assim como dos negros que para o Peru haviam sido trazidos como escravos. Ou seja, "Nestes países o fator raça complica-se com fator classe, de forma que uma política revolucionária não pode deixar de tê-los em conta" (Mariátegui, 1982, p. 50).

A partir daqui, cabem um esclarecimento e um posicionamento. No Peru, à época de Mariátegui, a população indígena constituía quatro quintos da população total e, no momento atual, essa relação não se modificou. Assim, vamos sempre nos referir a *populações indígenas*. Isso não significa que desconsideremos as minorias raciais marginalizadas do Peru; no entanto, por ser a maioria da população do Peru, tanto à época de Mariátegui quanto em nossos dias, vamos privilegiar sua situação histórico-econômico-social.

O problema do índio no Peru está ligado à questão da terra, ou seja, é econômico-social. Qualquer outra forma de tratar tal questão, como explica Mariátegui, não passa de "estéreis exercícios teoréticos" (Mariátegui, 1975, p. 21). Assim ele entende essa situação: "A questão indígena emerge de nossa economia. Suas raízes estão no regime de propriedade da terra" (Mariátegui, 1975, p. 21). Após a chegada dos espanhóis, os indígenas foram expulsos de suas terras. Com a instituição da propriedade privada da terra, extinguiu-se a posse coletiva, característica das populações indígenas. Talvez o termo *posse coletiva* não seja o mais adequado. A relação que os indígenas têm com a terra é completamente diferente da que os brancos europeus trouxeram e implantaram no território peruano. "A terra sempre representou toda a felicidade do índio. O índio mesclou-se à terra. Sente que 'a vida provém da terra' e volta à terra. Finalmente, o índio pode ser indiferente a tudo, menos à posse da terra que suas mãos e seu esforço lavram e fecundam religiosamente" (Mariátegui, 1975, p. 30).

Encarar o problema indígena como sendo apenas étnico é, para Mariátegui, alimentar o preconceito das "raças inferiores". Segundo ele, "aguardar a emancipação indígena de um ativo cruzamento da raça aborígene com imigrantes brancos, é uma ingenuidade antissociológica, concebível só na mente de um importador de carneiros merinos" (Mariátegui, 1975, p. 25). Acreditar nessa ideia ou defendê-la é comungar com a tese da inferioridade do índio. "A raça índia não foi vencida, na guerra da conquista, por uma raça superior étnica ou qualitativamente, mas sim foi vencida por uma técnica que estava muito acima da técnica dos aborígenes" (Mariátegui, 1982, p. 55). O atraso e a ignorância em que se encontram hoje devem-se à servidão que pesa sobre as populações indígenas desde a época da conquista espanhola.

Da mesma forma, encarar tal problema apenas como moral "encarna uma concepção liberal, humanitária, oitocentista, iluminista" (Mariátegui, 1982, p. 55). E complementa: "A pregação humanitária não deteve nem embaraçou na Europa o imperialismo, nem melhorou seus métodos" (Mariátegui, 1982, p. 55).

Mesmo sob o aspecto educacional, o enfoque do problema indígena parece não ser aceito por um critério estrita e autonomamente pedagógico. Para ele, hoje, a pedagogia considera os fatores sociais e econômicos. Isso não significa que a educação não tenha nada a dizer aos índios; ao contrário, no momento em que os elementos das etnias índias vão entrando em contato com o movimento sindical, podem assimilar seus princípios. Para isso, faz-se necessário que dominem o idioma para que possam ler com regularidade os órgãos de divulgação do movimento sindical e revolucionário. De posse desses princípios, esses operários poderão instruir seus irmãos de raça e de classe, assumindo o papel de emancipadores.

"As possibilidades de que o índio se eleve material e intelectualmente dependem da mudança das condições econômico-sociais" (Mariátegui, 1982, p. 55). Para o pensador, não havia possibilidades concretas de a população indígena se elevar tanto material quanto intelectualmente dentro da sociedade peruana na forma como estava constituída. Somente um processo radical de transformação da realidade poderia colocar os indígenas na condição em que estavam antes da chegada dos espanhóis. No entanto, Mariátegui diferencia o indigenismo defendido por ele dos demais. Segundo ele, o que havia sido o antigo Império Inca é, sem sombra de dúvida, um ponto de referência na construção da nacionalidade peruana; porém, não passa disso.

Para o pensador, aqueles que, como ele, queriam uma transformação radical do Peru, "manifestam uma ativa e concreta solidariedade com o índio". Não se trata de ficar vangloriando um passado remoto, num típico amor platônico à cultura incaica. Mariátegui acreditava que a situação do índio deveria ser o centro das atenções. Desse modo, a única possibilidade de reabilitação histórica das raças indígenas era o socialismo. "A Crítica marxista tem a obrigação inadiável de caracterizá-lo em seus termos reais, liberando-o de toda tergiversação casuística ou artificial" (Mariátegui, 1982, p. 49).

Por que havia optado pelo socialismo? As razões que motivaram essa escolha estão nos fatos históricos analisados por ele. Para Mariátegui, as antigas comunidades indígenas já viviam uma espécie de socialismo primitivo. A forma como se organizavam e produziam seus bens materiais os aproxima muito da organização do socialismo. Outra razão é o fato de que o socialismo busca as causas do problema indígena na economia do país e não no mecanismo administrativo, jurídico ou eclesiástico, nem na dualidade ou pluralidade de raças.

Essa tese de Mariátegui recebeu muitas críticas de seus contemporâneos. Um deles foi Haya de la Torre, que o acusava de excesso de europeísmo. No entanto, para Mariátegui, passar do preconceito de inferioridade da raça indígena para o extremo oposto seria cair no mais ingênuo e absurdo misticismo. "Ao racismo dos que desprezam o índio, porque acreditam na superioridade absoluta e permanente da raça branca, seria insensato e perigoso opor o racismo dos que superestimam o índio, com fé messiânica em sua missão como raça no renascimento americano" (Mariátegui, 1982, p. 55).

Tal ideia não contradiz sua opinião expressa em *Siete ensayos...* "A solução do índio tem de ser uma solução social. Os índios é que devem realizá-la" (Mariátegui, 1975, p. 31). O que ele defende aqui é a autonomia do movimento indígena na gestão de seu processo histórico. Entretanto, como afirma nessa mesma obra mais adiante, "Esses quatro milhões, enquanto nada mais são do que uma massa inorgânica, uma multidão dispersa, serão incapazes de decidir seu rumo histórico" (Mariátegui, 1975, p. 31). Para ele,

> *a constituição da raça indígena num estado autônomo não conduziria no momento atual à ditadura do proletariado indígena nem muito menos à formação de um Estado indígena sem classes, como alguém pretendeu afirmar, mas à constituição de um Estado indígena burguês, com todas as contradições internas e externas dos Estados burgueses.* (Mariátegui, 1982, p. 71)

Aí está, para o autor, o papel do socialismo no Peru: compreender a realidade peruana e dar sentido a esse potencial revolucionário. É o que ele percebe quando, a partir de 1921, aconteceram os congressos indígenas. Mariátegui propôs que se formassem quadros indígenas para que estes atuassem junto às populações indígenas, organizando-as e preparando-as para a revolução, pois esta, para ele, não poderia ser um processo que viesse de cima para baixo, mas, conforme já apontamos, deveria ser obra da raça índia. Contudo, várias outras pessoas poderiam e deveriam contribuir com o processo revolucionário. Mariátegui destaca, por exemplo, os artistas, os quais, por meio de sua arte, poderiam resgatar e difundir os valores indígenas. As artes, em geral, deveriam ter um papel ativo na vida da população; elas têm uma função ideológica a cumprir no curso da revolução socialista: possibilitar o aparecimento de uma nova cultura, comprometida com esse processo de mudança. Isto é, uma revolução não se faz apenas com armas.

Essas são algumas das principais ideias de Mariátegui. Detivemo-nos um pouco mais a analisar a obra do importante intelectual peruano e latino-americano dada sua importância para a compreensão sociológica, antropológica, econômica e política de nosso continente.

Na sequência, vejamos um pouco sobre outro importante intelectual peruano, Haya de la Torre, contemporâneo de Mariátegui. Os dois polemizaram sobre o que talvez seja uma síntese do dilema latino-americano: uma saída populista e reformista, como defendia Haya de la Torre, ou socialista e revolucionária, como preconizava Mariátegui? Esse verdadeiro "enigma da esfinge" tem perseguido os movimentos sociais, políticos e sindicais até hoje. E podemos arriscar: nenhum deles ainda encontrou a resposta adequada porque tanto uma resposta quanto a outra ainda não lograram pleno êxito em nosso continente. Mesmo aqueles que buscaram mesclar as duas numa tentativa de solução também fracassaram em seus intentos.

4.3.4 Víctor Raúl Haya de la Torre

Pensador e político peruano, Víctor Raúl Haya de la Torre nasceu em 1895 e faleceu em 1979. Seu envolvimento com a atividade política começou desde os estudos universitários, em 1917, quando entrou em contato com o movimento de trabalhadores que reivindicavam a redução da jornada de trabalho para oito horas diárias. Em 1918, assumiu a presidência da Federação dos Estudantes, convocando, em 1920, o I Congresso Nacional de Estudantes, no qual foram criadas as universidades populares. O objetivo delas era levar cultura e formação geral às camadas da sociedade que praticamente nunca teriam acesso ao saber técnico e científico, possibilitando-lhes o desenvolvimento educacional e crítico, por meio de aulas e seminários proferidos por professores e intelectuais em geral.

Segundo Beorlegui (2010), Mariátegui foi um intelectual político, enquanto Haya de la Torre foi um político intelectual. Estudou autores europeus, mas também intelectuais latino-americanos, como Sarmiento, Ingenieros, Rodó e González Prada. Partilhava do ideal de integração latino-americana defendido por J. Rodó, J. Vasconcelos, M. Ugarte e outros. Em 1924, quando viajou à União Soviética, a partir de onde o marxismo passou a ter forte influência em seu pensamento, entrou em contato com o Partido Trabalhista inglês e passou a se interessar pela ideia de um socialismo não revolucionário. Mariátegui defendeu a ideia de que não havia saída para a América Latina sem a ciência e o pensamento ocidental, ao passo que, para Haya de la Torre, a ciência e o pensamento europeu precisavam ser digeridos. "Vale dizer assimilados, metabolizados [...] por um procedimento dialético, que chega, mas, continua. E por uma relação de espaço e tempo, que determina e transforma" (Beorlegui, 2010, p. 469, tradução nossa).

4.3.5 Aníbal Ponce

Ensaísta, professor, psicólogo e político argentino, Aníbal Ponce nasceu em 1898 e faleceu em 1938. Quando cursava Medicina, no terceiro ano, teve um desentendimento com um professor que o reprovou, o que o levou a interromper os estudos formais e a se dedicar aos estudos de psicologia, sendo nisso o pioneiro na América Latina. Em meados da década de 1930, por sua filiação ao Partido Comunista da Argentina e sua adesão ao marxismo, foi exonerado de vários cargos e decidiu exilar-se no México, onde passou a ministrar cursos de psicologia, ética, sociologia e dialética. Sua obra mais importante é *Educação e luta de classes* (1934), na qual apresentou as concepções filosófico-educacionais de cada sociedade por ele analisada, não com base nelas mesmas, mas em suas estruturas econômicas. É uma verdadeira história da humanidade com enfoque na educação e em suas concepções filosófico-educacionais.

Encerramos aqui, ainda que não conclusivamente, a apresentação do pensamento de alguns dos intelectuais latino-americanos do primeiro período do século XX. Passemos agora a tratar da filosofia no Brasil, buscando elencar as ideias que por aqui circulavam, bem como seus principais representantes.

4.4
Filosofia no Brasil no início do século XX

A *filosofia no* Brasil da primeira metade do século XX, para ser mais bem compreendida, precisa ser estudada levando-se em conta algumas divisões: as correntes filosóficas que foram importantes nesse período, os principais nomes e a criação da Universidade de São Paulo (USP), com a chegada da Missão Francesa – um dos marcos da formação da intelectualidade paulista e, quiçá, brasileira.

Como oposição ao positivismo, pensamento filosófico predominante na segunda metade do século XIX, surgiu o culturalismo, cujos principais representantes foram Farias Brito, Washington Vita e Miguel Reale. Entre esses três representantes, assim como entre outros que se projetaram no campo da filosofia no período colonial e imperial, um elemento comum era a profunda ligação com o direito. Essa proximidade se arrefeceu após a criação da Universidade do Paraná, atual Universidade Federal do Paraná (UFPR), fundada em 19 de dezembro de 1912; da Universidade do Rio de Janeiro, fundada em 7 de setembro de 1920, atual Universidade Federal do Rio de Janeiro; e da Universidade de São Paulo (USP)*, fundada em 1934, oriunda da Escola Livre de Sociologia e Política (ELSP), atual Fundação Escola de Sociologia e Política de São Paulo (FESPSP).

---

* A criação da USP ocorreu após a derrota do Movimento Constitucionalista de 1932, liderado pelas oligarquias paulistas contra o governo golpista de Getúlio Vargas. Não se conformando com a derrota, o objetivo era formar uma elite intelectual capaz não só de administrar os órgãos administrativos do Estado, mas também de influir política e intelectualmente na sociedade brasileira.

Outra importante corrente filosófica no pensamento brasileiro foi o neotomismo, que por aqui teve como principais representantes Alceu de Amoroso Lima e Leonel Franca, ambos fortemente influenciados pelo pensamento de Jacques Maritain. Esse movimento, no entanto, perdeu força tanto em nível mundial quanto em nível local após a Segunda Grande Guerra. Da mesma forma, outra corrente, principalmente por sua contribuição no campo educacional, foi o pragmatismo de John Dewey. Esse pensamento chegou ao Brasil na década de 1920, por meio de Anísio Teixeira, que fora estudar no Teachers College da Columbia University, onde conheceu as ideias do pensador estadunidense. Um dos líderes do Manifesto dos Pioneiros da Escola Nova, Teixeira buscava colocar em prática as ideias de Dewey tanto nas questões educacionais quanto nas administrativas. Por essa razão, angariou algumas críticas das alas mais conservadoras da sociedade brasileira daquela época, principalmente as ligadas à Igreja Católica.

Não retomaremos as ideias anarquistas e comunistas, abordadas no começo do capítulo, quando tratamos do pensamento filosófico na América Latina no início do século, mas apenas relembramos aqui a importância delas na primeira metade do século XX e o fato de que elas foram responsáveis pelo desenvolvimento do movimento operário e sindical brasileiro, pelas primeiras conquistas trabalhistas instituídas pela Consolidação das Leis do Trabalho (CLT), promulgada por Getúlio Vargas na década de 1930, pelo surgimento do Partido Comunista Brasileiro, pela Intentona Comunista de 1935, pelas experiências de escolas anarquistas e pela Coluna Prestes, apenas para citar alguns dos acontecimentos influenciados por tais ideias.

Cabe observar também que, como reação à derrota sofrida pelos paulistas no Movimento Constitucionalista de 1932 diante do governo de Getúlio Vargas, a elite paulista se viu diante de um problema: não conseguira argumentar para convencer os demais brasileiros da necessidade de se restabelecer a ordem constitucional no Brasil após o Golpe de 1930. Assim, sentiu necessidade de duas ações imediatas de curto e médio prazo: formar melhor suas lideranças e passar a influenciar intelectualmente o restante do país.

João Cruz Costa, na metade do século passado, observou como um "curioso traço" na "história da nossa inteligência [...] a mais completa e desequilibrada admiração por tudo que é estrangeiro – talvez uma espécie de 'complexo de inferioridade' que deriva da situação colonial em que por longo tempo vivemos" (Costa, 1956, p. 18).

No campo da filosofia em particular, foi criado quase um "departamento francês de ultramar", para formar nossos filósofos. Professores franceses foram importados, juntamente com um método também francês de se fazer e estudar filosofia. Toda uma geração de pensadores brasileiros saiu dessa "forma". A expressão "departamento francês de ultramar", que, aliás, dá nome a uma importante obra de um filósofo brasileiro (Paulo Eduardo Arantes), foi proferida por Michel Foucault em uma de suas viagens ao Brasil em 1965. Tal método de se fazer e estudar filosofia tem como princípio básico a exegese do texto filosófico. Ou seja, décadas depois da afirmação de João Cruz Costa sobre a cultura imitativa do modo de filosofar no Brasil, Arantes (1986, p. 15) chamou atenção para a continuidade dessa prática: "não sabíamos nada disso, nem sequer desconfiávamos do estado de paródia involuntária em que vivíamos".

Antônio Joaquim Severino, em pesquisa realizada na década de 1990, constatou que isso não mudou ao destacar que uma das "atitudes fundamentais que delineiam o filosofar brasileiro" é que "a grande maioria de nossos pensadores desenvolve seu esforço teórico deixando-se guiar por algum modelo filosófico já constituído" (Severino, 2008, p. 24).

Por outro lado, havia a proposta de Jean Maugüé, que ia além do texto pelo texto e propunha um ensino de filosofia e, portanto, um fazer filosófico que ultrapassava os limites do texto, buscando o sentido kantiano de que não se ensina a filosofia, ensina-se a filosofar. Como afirma Antonio Candido, citado por Arantes (1994, p. 65), trata-se de "ensinar a refletir sobre os fatos: as paixões, os namoros, os problemas e família, o noticiário dos jornais, os problemas sociais, a política".

A seguir apresentamos alguns filósofos brasileiros de destaque.

4.4.1 Farias Brito

Raimundo de Farias Brito nasceu em 1862 e faleceu em 1917. Advogado, escritor e filósofo brasileiro, era adepto da corrente neoespiritualista e opôs-se tanto ao pensamento positivista quanto ao materialista do final do século XIX e início do XX. Foi professor de Lógica no famoso Colégio Pedro II, tendo assumido a cadeira de Euclides da Cunha, que morreu poucos dias depois de ser nomeado.

No campo das ideias, combateu o positivismo, quando este negava ao espírito humano a possibilidade de abrir-se à busca do infinito, e também os realistas, por reduzirem tudo aos fenômenos, às aparências destes. Por outro lado, a filosofia que defendia e na qual acreditava possibilitava ao indivíduo abrir-se ao Absoluto, à transcendência.

Entre os pensadores que exerceram maior influência sobre suas ideias, num primeiro momento, estão Berkeley, de quem incorporou a compreensão de que tudo é fruto de nossa consciência, passando de um espiritualismo imaterial para um realismo epistemológico, e Bergson, de quem herdou a ideia de liberdade criadora, opondo-se assim ao positivismo. Recebeu também a influência do panteísmo de Spinoza, que se expressa no seguinte pensamento: "E compreende-se assim como se possa interpretar o mundo como atividade intelectual. É que o mundo é a atividade mesma do pensamento divino; é que o mundo é Deus pensando" (Brito, 2006, p. 408).

4.4.2 Jackson de Figueiredo

Advogado, jornalista, professor e filósofo brasileiro, representante do pensamento conservador e tradicionalista católico brasileiro, Jackson de Figueiredo nasceu em 1891 e faleceu em 1928. Criou um movimento de leigos católicos cujo principal objetivo era combater as ideias do comunismo, do liberalismo, do anarquismo e de qualquer forma de revolução. Recebeu influência das ideias de Farias Brito e era defensor do nacionalismo. Teve importante participação na vida política brasileira da década de 1920, apoiando a candidatura vitoriosa dos presidentes Artur Bernardes e Washington Luís. Adepto do neotomismo, combateu o panteísmo de Plotino e Eckhardt. Ao defender a restauração dos valores espirituais, era contrário a qualquer forma de naturalismo ou pensamento que sobrevalorizasse a ideia da força ou da vontade.

4.4.3 Tristão de Ataíde

Alceu Amoroso Lima, mais conhecido como Tristão de Ataíde, pseudônimo que utilizava como crítico literário, nasceu em 1893 e faleceu em 1983. Filho de um industrial do ramo de tecidos, formou-se em Direito e em Ciências Sociais. Foi professor, crítico literário, pensador e importante líder católico após sua conversão e a morte de Jackson de Figueiredo, em 1928.

A trajetória de seu pensamento e de seus posicionamentos foi plena de contradições. Em 1922, aderiu ao modernismo, tendo realizado importantes estudos sobre as obras de representantes do movimento. No mesmo ano, publicou um ensaio sobre Afonso Arinos. Depois disso, travou um debate intenso com Jackson de Figueiredo, que culminou com sua conversão ao catolicismo e a sucessão na direção do Centro Dom Vital e da revista *A Ordem* – importantes centros difusores e defensores da fé católica –, ao mesmo tempo que combatia as ideias do comunismo, do liberalismo, do anarquismo ou quaisquer outras ideias liberais.

Tristão de Ataíde ajudou a fundar o Movimento Democrático Cristão Brasileiro e combateu a Aliança Nacional Libertadora (movimento que juntou comunistas, socialistas e tenentes que se opunham tanto ao fascismo quanto ao imperialismo, bem como ao próprio governo de Vargas e suas alianças políticas com o Eixo, na esfera internacional, e à reaproximação com as oligarquias afastadas do poder após o Golpe de 1930). Apoiou o General Franco na Guerra Civil Espanhola, simpatizante de Hitler, e participou do governo de Vargas integrando um grupo que tinha por objetivo combater a influência da cultura bolchevique no Brasil. Foi nomeado reitor da Universidade Federal do Rio de Janeiro também durante a ditadura de Vargas.

No entanto, na segunda metade do século XX, passou a adotar atitudes mais progressistas, tendo sido uma das principais vozes que se levantaram na imprensa brasileira contra a ditadura militar de 1964, em defesa das transgressões à lei e da liberdade de imprensa e pensamento. Foi professor de Sociologia na Universidade Federal do Rio de Janeiro e também ministrou cursos em diversas outras universidades brasileiras, bem como estrangeiras.

4.5
Pensadoras latino-americanas da primeira metade do século XX

Com a chegada das ideias anarquistas trazidas pelos imigrantes no final do século XIX, uma das vertentes que se desenvolveram em terras latino-americanas foi o feminismo. Assim, surgiram periódicos, centros e coletivos de difusão das ideias feministas que tiveram como objetivo "aprofundar e difundir as ideias de emancipação radical da mulher como condição para o desempenho de seu protagonismo social" (Fornet-Betancourt, 2008, p. 86). Entre os principais nomes, podemos destacar: as uruguaias Virginia Bolten e Maria Collazo; a hispano-argentina Juana Rouco Buela; a porto-riquenha Luisa Capetillo (*Ensaios libertários* e *A humanidade no futuro*); e a mexicana Juana Belén Gutiérrez de Mendoza (*República feminina*). No Brasil, temos Maria Lacerda de Moura, sobre a qual nos aprofundaremos um pouco mais.

O início do século XX marcou, na América Latina, o protagonismo e o desenvolvimento de um número cada vez maior de mulheres que se envolveram com as questões políticas gerais, mas também específicas. Uma dessas protagonistas foi a venezuelana Teresa de la Parra, que, a partir de suas obras e de suas conferências, passou a "reclamar o reconhecimento do protagonismo social, político e intelectual das mulheres na história da América Latina" (Fornet-Betancourt, 2008, p. 92), desde a figura mítica de Malinche até Sóror Juana Inés de la Cruz, como importantes figuras na formação da alma latino-americana. Trata-se, segundo Fornet-Betancourt (2008, p. 93), de um segundo momento do pensamento feminino latino-americano: "de autoafirmação da independência intelectual da mulher". É o caso da chilena Inés Echeverría de Larraín, que defendia "o direito de a mulher pensar por si mesma".

Nessa mesma linha de pensamento, a escritora peruana Maria Jesús Alvarado Rivera uniu a reflexão intelectual com a ação política e a organização social com vistas a constituir um movimento mundial de libertação da mulher. Ela percebeu que a condição de opressão da mulher latino-americana se inseria em um processo maior de opressão a que estava submetida a América Latina – o que explicaria por que, às vezes, a mulher ainda buscava a tutela da família, da religião.

Outro exemplo de intelectual que aliou a atividade reflexiva com a militância política é o da escritora e professora argentina Herminia Brumana. Em sua obra *Cabeça de mulher*, "fala à mulher sobre seu ser mulher ou, dito com maior exatidão, sobre a necessidade de assumir a tarefa da autorrealização como uma obrigação ética" (Fornet-Betancourt, 2008, p. 96). Outra mulher protagonista na construção da autoafirmação feminina foi a professora universitária e ensaísta dominicana-cubana Camila Henríquez Ureña. A busca por realizar-se como "mulher intelectual" não era um capricho pessoal, mas parte de uma "tarefa coletiva". "Nesse sentido, harmoniza a tarefa docente e de investigação da cátedra universitária com atividades sociais em favor do reconhecimento dos direitos da mulher" (Fornet-Betancourt, 2008, p. 99).

Por fim, chegamos à jornalista e ensaísta cubana Mirta Aguirre Carreras, que, da mesma forma que as anteriores, uniu a atividade intelectual de compreensão e defesa dos direitos femininos às questões políticas para as conquistas reais das mulheres. Em 1941, doutorou-se em Direito pela Universidade de Havana. Escreveu dois importantes ensaios sobre duas mulheres latino-americanas em que destaca a contribuição delas no processo de libertação feminina na América Latina: Clara Zetkin e Sóror Juana Inés de la Cruz.

Também no Brasil tivemos um importante nome do movimento feminista e anarquista, mas que defendia as próprias ideias, questionando as contradições dos próprios movimentos de que participava. Estamos nos referindo a Maria Lacerda de Moura, educadora feminista, que adotou a pedagogia de Francisco Ferrer e acreditava que a mulher somente alcançaria sua emancipação se antes obtivesse sua liberdade intelectual: "Enquanto não souber pensar [a mulher] será instrumento passivo em favor das instituições do passado. E ela própria, inconsequente, trabalhará pela sua escravidão" (Moura, citada por D'Angelo, 2017).

Maria Lacerda de Moura fez conferências sobre feminismo tanto no Brasil como em vários países latino-americanos. Abordava temas polêmicos mesmo para os dias atuais: "direitos femininos, maternidade compulsória, antifascismo, amor livre e antimilitarismo" (D'Angelo, 2017). Escreveu a seguinte crítica ao feminismo de então, que qualificava de burguês:

> *A palavra "feminismo", de significação elástica, deturpada, corrompida, mal interpretada, já não diz nada das reivindicações feministas. Resvalou para o ridículo, numa concepção vaga, adaptada incondicionalmente a tudo quanto se refere à mulher. Em qualquer gazela, a cada passo, vemos a expressão "vitórias do feminismo" – referente, às vezes, a uma simples questão de modas.* (Moura, citada por D'Angelo, 2017)

Nascida no Rio de Janeiro, foi para São Paulo em 1921 e entrou em contato com lideranças feministas, anarquistas e comunistas. Ao mesmo tempo, viu de perto as reais condições de vida e de trabalho da classe operária paulista, formada principalmente por imigrantes e que tinham trazido as ideias anarquistas para o Brasil. Foi desse espanto que surgiu o engajamento político e social que aliou aos seus ideais feministas.

Assim fechamos este quarto capítulo, no qual buscamos trazer um pouco das muitas ideias que agitaram a intelectualidade brasileira e latino-americana na primeira metade do século XX – não somente aquelas que circularam pelos meios acadêmicos, mas também as que se fizeram movimento real, político, social e que inspiraram lideranças, tanto de direita quanto de esquerda, a agir como sujeitos sociais e políticos.

Síntese

Neste capítulo, examinaremos a filosofia latino-americana produzida durante as primeiras décadas até meados do século XX, em meio aos governos populistas que caracterizaram esse período, bem como outros que se aproximaram de governos nazifascistas, como foi o caso de Getúlio Vargas, no Brasil. Em termos políticos e econômicos, foi a fase em que os Estados Unidos marcaram definitivamente sua hegemonia sobre o restante da América Latina, com a Doutrina Monroe, o *Big Stick*.

Quanto ao pensamento filosófico, surgiu uma pequena burguesia anti-imperialista que não necessariamente defendia uma mudança radical de ordem estrutural. Trata-se de uma geração antipositivista e, por vezes, também espiritualista, influenciada pelo filósofo espanhol Ortega y Gasset. Foi assim que os pensadores latino-americanos passaram a ser influenciados por filósofos e correntes como Wittgenstein ou Frege, o estruturalismo, a fenomenologia, o existencialismo, Sartre, Heidegger, a Escola de Frankfurt, entre outros. No campo do pensamento mais à esquerda, anarquistas e comunistas disputaram a hegemonia – estes últimos acabaram por se sobressair. Destacamos aqui a obra de José Carlos Mariátegui pela relevância de seu pensamento para as ideias filosóficas, antropológicas e sociológicas latino-americanas.

No Brasil, esse também foi um período de intensos debates, em que predominaram as ideias de Farias Brito, Tristão de Ataíde, Jackson de Figueiredo e outros. Entre os nomes femininos, destacamos Virginia Bolten, Maria Collazo, Juana Rouco Buela, Luisa Capetillo e Juana Belén Gutiérrez de Mendoza. Incluímos nesse rol Maria Lacerda de Moura, educadora feminista que adotou a pedagogia de Francisco Ferrer e acreditava que a mulher somente alcançaria sua emancipação se antes obtivesse sua liberdade intelectual.

Atividades de autoavaliação

1. Leia este texto:

   O anarcofeminismo, por ser mais uma vertente do anarquismo, almeja a construção de uma sociedade não autoritária, baseada na cooperação, no cuidado, no apoio mútuo e no amor livre. Ou seja, almeja o que muitas feministas chamam de "feminização" da sociedade, o que, para as anarcofeministas, não pode ser alcançado na sociedade capitalista, onde há igualdade somente do ponto de vista formal (liberalismo).
   (Mendes, 2018)

   Tendo em vista esse texto e os conteúdos deste capítulo, analise as afirmações a seguir e assinale a alternativa correta sobre a chegada das ideias anarquistas e comunistas no Brasil e na América Latina:

   a) As ideias anarquistas e comunistas chegaram juntamente com as levas de imigrantes espanhóis e italianos que vieram para o Brasil e a América Latina no final do século XIX e início do século XX.

   b) No final do século XIX, vários integrantes da elite pequeno-burguesa paulista e carioca enviaram seus filhos à Europa para estudar, os quais, quando voltaram, trouxeram tais ideias.

   c) A vinda dos anarquistas e comunistas para o Brasil e a América Latina fazia parte de um projeto de internacionalização desses movimentos.

   d) Nas primeiras décadas, os comunistas tiveram mais influência do que os anarquistas nos movimentos políticos, sindicais e sociais.

2. Leia o texto a seguir:

José Carlos Mariátegui, considerado o "pai" do marxismo latino-americano, ainda é, em grande medida, um desconhecido em nosso país. Restrita, quando muito, ao meio acadêmico, sua obra ainda não conseguiu penetrar de forma mais incisiva no mercado editorial brasileiro, ainda que alguns de seus escritos tenham sido lançados em anos recentes. Seu livro Sete ensaios de interpretação da realidade peruana, *publicado em 1928, é apontado como o mais influente, original e inovador estudo do processo histórico de uma nação realizado por um intelectual na América do Sul.*
(Pericás, 2010, p. 335)

Considerando seus estudos, analise as afirmações a seguir sobre o pensamento de José Carlos Mariátegui e marque V para a(s) verdadeira(s) e F para a(s) falsa(s):

( ) Segundo Mariátegui, o conhecimento produzido na Europa é imprescindível à salvação da América Latina.

( ) Por ser um antiuniversitário, Mariátegui acreditava que a transformação não viria do conhecimento, mas das ações.

( ) Uma das ideias defendidas por Mariátegui em *Sete ensaios...* é a de que as questões étnicas na América Latina misturam-se com as de classe.

( ) Mariátegui fez severas críticas àqueles que imaginavam que a elevação dos indígenas se daria pela miscigenação com os espanhóis.

( ) A adesão de Mariátegui ao socialismo, segundo ele, ocorreu por duas razões: porque os indígenas já viviam um socialismo primitivo e porque o socialismo entendia o problema indígena a partir das questões econômicas e não administrativas.

Assinale a alternativa que apresenta a sequência correta:
a) V, F, V, V, V.
b) F, V, F, V, F.
c) V, V, F, F, V.
d) V, V, V, V, V.

3. Leia o excerto de texto a seguir:

Duas concepções filosóficas constituíram boa parte das análises do passado entre as décadas de 1870 e 1940 no Brasil e na Argentina. Mais especificamente, o positivismo teria sido predominante entre 1870 e 1910, enquanto o neotomismo se apresentou com força entre as décadas de 1920 e 1940, após um processo de reconciliação entre Estado e Igreja. Se o positivismo apagava a fé em prol da razão e do empirismo, o neotomismo trazia para muitos intelectuais a possibilidade de conjugar fé e razão, tradição e modernidade, o que condizia com as expectativas de futuro da classe dominante.
(Silva, 2009, p. 2)

Agora, analise as afirmações a seguir sobre a filosofia no Brasil no início do século XX e assinale a alternativa correta:
a) O positivismo continuou predominante no início do século XX, sem ter encontrado nenhum tipo de oposição.
b) O culturalismo, o neotomismo, o pragmatismo, o anarquismo e o comunismo são importantes correntes filosóficas do pensamento filosófico brasileiro do início do século XX.
c) Influenciado por Spinoza, Farias Brito era contra as ideias de que "o mundo é a atividade mesma do pensamento divino" e de que "o mundo é Deus pensando".
d) Jackson de Figueiredo foi um pensador que procurou alinhar as ideias do comunismo, do liberalismo e do anarquismo com o catolicismo.

4. Leia fragmento a seguir:

Como jornalista, um dos elementos que mais revoltava Alceu Amoroso Lima era a falta de liberdade de imprensa. Em carta de 9 de fevereiro de 1969, ele escreve: "Leitura descansada dos jornais, embora estes continuem a apresentar o aspecto melancólico e, sobretudo o 'Correio da Manhã', de uma imprensa autoamordaçada pelo milito-totalitarismo". Em seguida, ele diz concordar com um amigo que, em 1964, afirmou que o país teria "20 anos de fascismo". (Meireles, 2013)

Sobre Alceu Amoroso Lima, é correto afirmar:
   a) Simpatizante do comunismo, do liberalismo, do anarquismo, combateu o fascismo no Brasil, na Espanha e na Alemanha.
   b) Ajudou a fundar o Movimento Democrático Cristão Brasileiro, um dos grupos que pertenciam à Aliança Nacional Libertadora.
   c) Como integrante do governo de Vargas, tinha por objetivo combater os bolcheviques no Brasil.
   d) No final da vida, coerente com seu conservadorismo, apoiou a ditadura militar implantada em 1964.

5. Tendo em vista os conteúdos tratados neste capítulo, analise as afirmações a seguir e assinale a alternativa correta sobre as pensadoras latino-americanas:
   a) Segundo Maria Jesús Alvarado Rivera, a opressão da mulher latino-americana não estava relacionada à opressão a que estava submetida a América Latina.
   b) Segundo Camila Henríquez Ureña, a busca por realizar-se como "mulher intelectual" era apenas um capricho pessoal.
   c) De acordo com Maria Lacerda de Moura, a mulher poderia alcançar sua emancipação se antes pudesse alcançar sua liberdade intelectual.

d) Como as demais pensadoras latino-americanas, Inés Echeverría de Larraín defendia "o direito de a mulher pensar por si mesma".

Atividades de aprendizagem

Questões para reflexão

1. José Carlos Mariátegui é, sem sombra de dúvida, um dos mais importantes pensadores latino-americanos do século XX. A importância de sua obra ultrapassa as fronteiras do Peru, bem como da antropologia e da sociologia. Reflita sobre a afirmação a seguir a respeito da relação dos indígenas e da relação ontológica com a Terra (Natureza):

"A terra sempre representou toda a felicidade do índio. O índio mesclou-se à terra. Sente que 'a vida provém da terra' e volta à terra. Finalmente, o índio pode ser indiferente a tudo, menos à posse da terra que suas mãos e seu esforço lavram e fecundam religiosamente" (Mariátegui, 1975, p. 30).

Agora, considerando esse fragmento e tendo em vista a leitura do capítulo, elabore um texto dissertativo sobre a relação ontológica e ecológica dos povos indígenas com a natureza.

2. Releia o seguinte enunciado:

"Enquanto não souber pensar [a mulher] será instrumento passivo em favor das instituições do passado. E ela própria, inconsequente, trabalhará pela sua escravidão" (Moura, citada por D'Angelo, 2017).

Com base nessas afirmações, de autoria de Maria Lacerda de Moura, educadora feminista que adotou a pedagogia de Francisco

Ferrer, elabore um texto dissertativo sobre as principais ideias dessa pensadora brasileira do início do século XX.

Atividade aplicada: prática

1. *Sete ensaios de interpretação da realidade peruana*, de José Carlos Mariátegui, é uma das mais importantes obras latino-americanas para quem quer começar a compreender a realidade de nosso continente. Ao mesmo tempo, resenhar livros, capítulos e mesmo artigos é uma das tarefas com as quais um filósofo e/ou professor de Filosofia mais tem de estar acostumado. Assim, escolha um dos capítulos da referida obra e elabore uma resenha crítica dele.

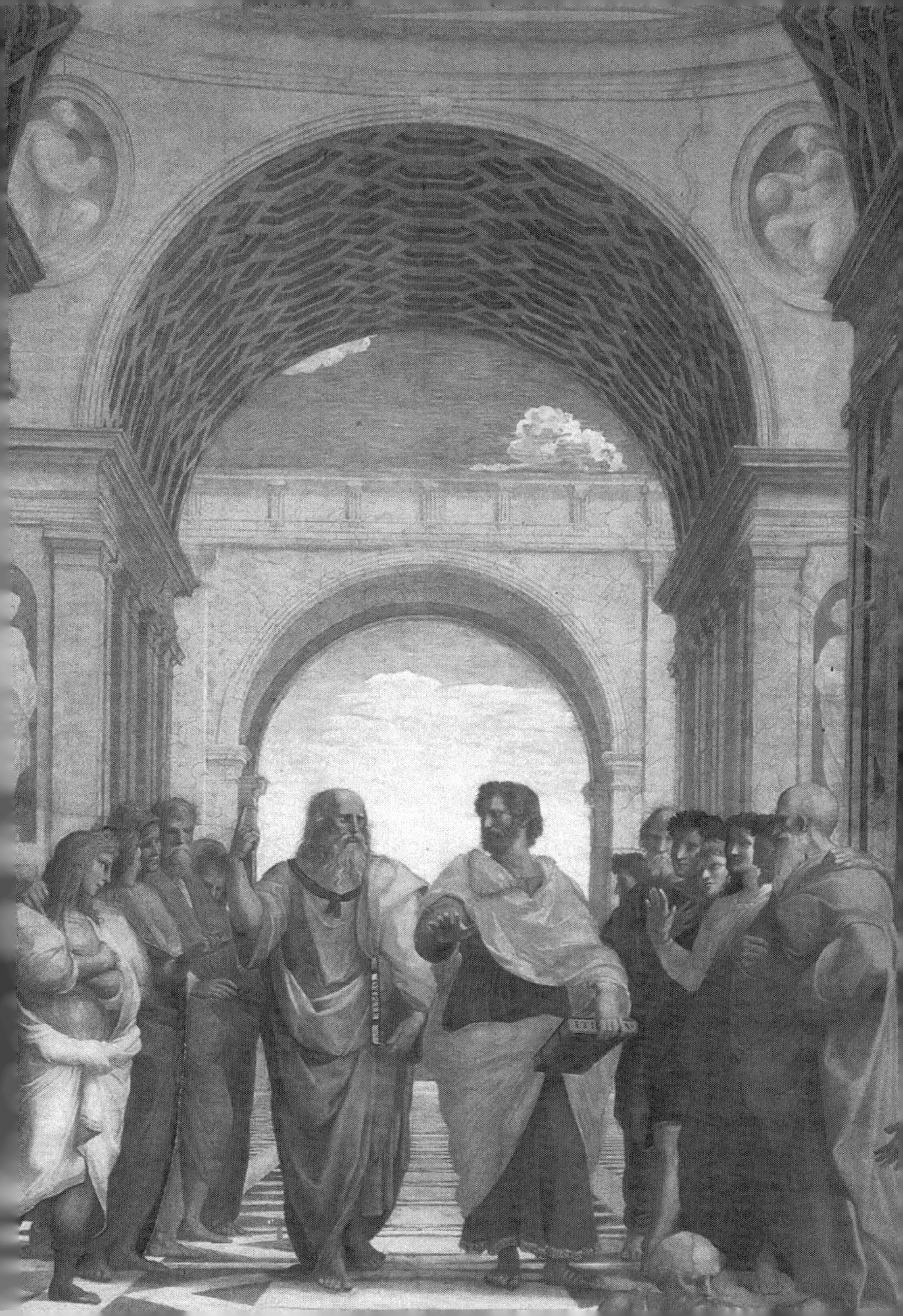

5

*Filosofia latino-
-americana e brasileira
contemporânea*

Nosso objetivo, neste capítulo, é apresentar o pensamento filosófico latino-americano contemporâneo e brasileiro. Por contemporâneo entendemos aqui o período que vai da segunda metade do século XX até o início do século XXI. Seguiremos a mesma dinâmica: faremos uma breve contextualização histórica, econômica e social do período para, posteriormente, identificar as principais ideias filosóficas e os pensadores mais importantes. Finalizaremos o capítulo destacando o pensamento feminino e as representantes de maior importância.

5.1
Contexto histórico, político e socioeconômico

Na ordem internacional, o que caracterizou a política e a economia foram, basicamente, duas questões: a Guerra Fria (disputa geopolítica entre os Estados Unidos da América e a União das Repúblicas Socialistas Soviéticas – URSS – por áreas de influência em todos os continentes) e a reconstrução europeia e japonesa (Hiroshima e Nagasaki) por conta da Segunda Grande Guerra.

Em virtude da Guerra Fria, houve uma intensa guerra de espionagem e contraespionagem entre as duas nações, assim como políticas de intervenção na autonomia política de vários países. Na prática, a Doutrina Truman, que defendia a intervenção norte-americana para manter "livres" os países que "quisessem resistir ao comunismo", os tornava subjugados aos Estados Unidos. A Guerra Fria acabou provocando uma corrida armamentista, em que o principal objetivo dos dois países que lideravam cada um dos blocos em conflito, bem como de seus principais aliados, era demonstrar, cada vez mais, maior potencial militar e de guerra. Assim, possuir as mais novas e potentes armas e, ainda, uma bomba atômica era sinal de prestígio tanto na esfera internacional quanto na regional. Tal corrida quase levou o mundo a uma guerra nuclear no evento que ficou conhecido como *Invasão da Baía dos Porcos*, em 1961, o que acendeu o sinal de alerta para as duas superpotências e para os demais líderes mundiais.

Internamente, os norte-americanos viveram a política de perseguição a todo militante de esquerda – bem como àqueles que fossem simpatizantes da União Soviética, liderada por Joseph McCarthy, senador por Wisconsin. Muitos atores, diretores e outros profissionais do cinema, da televisão e do teatro se viram, de uma hora para outra, desempregados e sem convites para novos trabalhos. Alguns simplesmente foram embora, como Charles Chaplin. Muitos outros trabalhadores das mais diversas áreas também foram perseguidos e demitidos e, por não terem renda, acabaram perdendo suas casas. No Brasil, por exemplo, foi estabelecido o Comando de Caça aos Comunistas (CCC), criado por Raul Nogueira de Lima em 1963, que viria a se tornar um torturador do Departamento de Ordem Política e Social (DOPS) e chefiado por João Marcos Monteiro Flaquer, o qual havia sido treinado pelo Exército. Os militantes desse movimento, assim como de outros de extrema-direita que surgiram no Brasil na década de 1960, estavam ligados à Universidade Mackenzie, à Faculdade de Direito do Largo São Francisco e à Pontifícia Universidade Católica de São Paulo (PUC-SP), aos quais se somavam integrantes da Opus Dei e da Tradição, Família e Propriedade (TFP).

Essa política de perseguição aos comunistas e simpatizantes se estendeu à América Latina, seja por meio da criação de movimentos, seja por meio da intervenção ou apoio a golpes de Estado que caracterizaram as décadas de 1950, 1960 e 1970, de forma direta e aberta e, recentemente, mais velada. No Brasil, começou com a tentativa de deposição de Getúlio Vargas em seu segundo mandato até levá-lo ao suicídio e estendeu-se até o golpe civil-militar que implantou a ditadura militar, a qual perdurou até 1985.

Na Bolívia, houve os golpes de 1964, 1969, 1971, 1978 e uma série de outros até 1989. No Peru, o gople ocorreu em 1975. No Panamá, foi em 1989, com a invasão e prisão do presidente Noriega, acusado de traficante e levado para os Estados Unidos para ser julgado, condenado e preso. No Uruguai, ocorreu em 1972; no Paraguai, em 1954; na Argentina, em 1955 e em 1976; no Chile, em 1973. Desse período, vale destacar a Revolução Cubana, iniciada em 1959, que, apesar de todos os percalços e o bloqueio econômico imposto pelos Estados Unidos, ainda hoje persiste e resiste. Da mesma forma, é preciso mencionar a Revolução Sandinista, em 1979, na Nicarágua, com a derrota eleitoral dos sandinistas em 1990, após um processo intenso de intervenção e financiamento de grupos armados contrarrevolucionários por parte do governo norte-americano iniciado por Ronald Reagan.

Nos anos de 1980, iniciou-se um processo de estabilização política, mas não econômica e muito menos social. As ditaduras militares perderam apoio interno e externo e passaram a ser substituídas por governos civis, todos alinhados à política externa norte-americana. As mudanças não foram acompanhadas das reformas estruturais necessárias e exigidas pelas respectivas sociedades; ao contrário, as antigas estruturas oligárquicas do período colonial e os privilégios mantidos pelas classes dominantes daquele período, em alguns casos, apenas trocaram de mãos.

Se em algumas economias houve um processo de industrialização, surgiram novos donos do poder – os industriais e os banqueiros –, que dividiram com os anteriores o comando dos respectivos países. Em linhas gerais, tais economias demonstravam ainda dependência em relação aos países industrializados, fornecendo-lhes matéria-prima e alimentos e consumindo produtos altamente industrializados. Houve pequenos surtos de indústrias de tecnologia de ponta em alguns países, porém nada que pudesse inverter o processo de economias periféricas. As crises econômicas foram uma constante até o início do século XXI, com raras exceções.

No caso brasileiro, as décadas de 1980 e de 1990 também assistiram ao reflorescimento dos movimentos sociais e populares que pressionaram os governos por mais políticas públicas para os setores menos favorecidos, como educação, saneamento básico, moradia e outros. Tais movimentos tiveram seu auge nos anos de 1990 e, na segunda metade desse decênio, enfrentaram o crescimento das organizações não governamentais (ONGs) e também uma forte campanha midiática de criminalização deles, além de alguns equívocos em seus encaminhamentos, o que resultou em um processo de refluxo.

Nosso objetivo não é fazer uma análise histórica, política e econômica da América Latina e brasileira desse período, mas apenas levantar algumas questões para situarmos o contexto em que se desenvolveram algumas ideias filosóficas, bem como os principais representantes do pensamento filosófico latino-americano da segunda metade do século XX e início do XXI. Assim, vamos prosseguir com essa apresentação para, em seguida, abordarmos os principais nomes desse período.

5.2
Problemas e correntes da filosofia latino-americana e brasileira na contemporaneidade

No final da década de 1950, o XX Congresso do Partido Comunista da União Soviética e a Revolução Cubana provocaram um terremoto político no marxismo global. As denúncias de violências e o culto à personalidade praticada por Stalin levaram a uma onda de revisionismos e/ou reformismos tanto dos intelectuais quanto dos partidos políticos comunistas. Estes últimos, aliás, deixaram de ser os legítimos e únicos guardiões do pensamento marxista, abrindo espaço para a produção teórica de intelectuais da academia e autodidatas fora dos cânones ortodoxos marxistas. Segundo Netto (2012, p. 12, grifo do original),

> EM POUCAS PALAVRAS: OS PARTIDOS COMUNISTAS DEIXARAM EFETIVAMENTE DE TER UMA ESPÉCIE DE MONOPÓLIO DO MARXISMO, SEJA NA SUA DIVULGAÇÃO, SEJA NA SUA UTILIZAÇÃO. *Outras agências (movimentos sociais, universidades, institutos de pesquisa etc.) passaram a intervir de modo novo na elaboração marxista. O resultado imediato desse processo foi uma notável renovação do marxismo no subcontinente.*

Da mesma forma, o pensamento de outros teóricos marxistas não ortodoxos chegou até aqui, como Antonio Gramsci, Henri Lefebvre, Erich Fromm, Roger Garaudy, Louis Althusser, Mikhail Bakhtin, Edward Thompson, Eric Hobsbawm, Karl Korsch, Georg Lukács, Herbert Marcuse, Max Horkheimer, Theodor Adorno, Walter Benjamin, Ernst Bloch e Rosa Luxemburgo. No interior da crise do marxismo, surgiu sua reorganização com os pensadores que se propunham a refletir sobre a América Latina tendo como ponto de partida a teoria da dependência, com base nas teses da Comissão Econômica para a América Latina e Caribe (Cepal). Entre eles podemos destacar os brasileiros Celso Furtado, Fernando Henrique Cardoso, Florestan Fernandes e Octavio Ianni. Na filosofia, vale citar Leopoldo Zea, Augusto Salazar Bondy, Enrique Dussel, Leandro Konder, Adolfo Sánchez Vázquez e outros.

Entre os mais diferentes autores marxistas desse período*, merece atenção Adolfo Sánchez Vázquez, e pela sua importância e influência nos deteremos um pouco mais nele. Nasceu na Espanha, em 1915, e faleceu no México, em 2011. Licenciado em Filosofia e Letras pela Universidade de Madri, em 1939, exilou-se no México por sua militância política e por conta da Guerra Civil Espanhola. Doutorou-se em filosofia pela Universidade Autônoma do México, onde se tornou professor emérito. Era um filósofo marxista, porém crítico do regime autoritário implantado por Stálin quando este assumiu o poder na antiga União Soviética, principalmente pelos abusos cometidos. Segundo ele, "o socialismo real" implantado na URSS e comandado por Stalin era um sério obstáculo à utopia socialista (Sánchez Vázquez, 2001).

---

* Segundo Beorlegui (2010), podemos destacar, entre outros, os seguintes nomes: Eli de Gortari, Wenceslao Roces, Astrojildo Pereira, Leoncio Bashaum, Alvaro de Faría, Celso Furtado, Luis Carranza Siles e Rolando Requena.

Fugindo da ortodoxia stalinista, buscou uma compreensão da estética marxiana diretamente nas obras de Marx. Ele defendia que a arte estava desvinculada da ideologia. Para J. L. Abellán (citado por Beorlegui, 2010, p. 568, tradução nossa), "Na concepção desse autor, a arte é uma atividade prático-criativa intimamente ligada à teoria do trabalho como essência do homem e da produção material como fator determinante no processo histórico-social". Conforme Sánches Vázquez (2001), a rejeição do capitalismo à arte, transformando-a em mercadoria, devia-se ao fato de separar trabalho de prazer e beleza, o que não ocorreria se, nas atividades prático-criadoras, a arte fosse vista como essencial.

Sua compreensão de práxis, expressa na que talvez seja a principal obra desse pensador – *Filosofia da práxis* –, parte de sua compreensão de estética, "ligada à atividade prático-criativa do ser humano" (Beorlegui, 2010, p. 569, tradução nossa). Para Sánchez Vázquez (2001), alguns tipos de práxis são fundamentais: a criadora, a espontânea e a reflexiva – as duas últimas, aliás, essenciais à práxis revolucionária, principalmente a correta relação entre ambas. Por fim, considerava de vital importância a intencionalidade do sujeito: "porque a práxis tem de ser de um sujeito consciente, seja um sujeito individual, seja um sujeito coletivo, embora, posteriormente, nem sempre seja possível alcançar os objetivos a que ele tende" (Beorlegui, 2010, p. 569, tradução nossa).

De acordo com o teórico, o ser humano é condicionado, mas não determinado como concebia Althusser, para quem as pessoas acabavam por diluir-se nos determinismos da história (Sánchez Vázquez, 1978). E, apesar dos malefícios à utopia socialista oriundos do "socialismo real" experienciado na URSS, "ele [Vázquez] não abandonou sua fé de que o socialismo representa uma fórmula fundamental para construir um modelo de sociedade em que o ser humano seja considerado em seu verdadeiro valor e dignidade e não como um mero objeto de mudança e exploração" (Beorlegui, 2010, p. 571, tradução nossa).

Nesse período, foi também decisiva a mudança de rota de parte importante da Igreja Católica na América Latina. A partir do pontificado de João XXIII e do Concílio Vaticano II, bem como do Conselho Episcopal Latino-Americano (Celam), parte considerável da hierarquia episcopal rompeu com a defesa do *status quo* e passou a assumir bandeiras e lutas tradicionalmente dos movimentos de esquerda. Teólogos como José Comblin, Gustavo Gutiérrez, Hugo Assmann, Leonardo Boff, Clodovis Boff, Enrique Dussel e outros criaram a Teologia da Libertação, congregando cristãos que se engajavam tanto nos partidos políticos como nos movimentos sociais e sindicais de esquerda, como a Juventude Universitária Católica (JUC), a Ação Popular, a Frente Sandinista, as Comunidades Eclesiais de Base (CEBs) e as Ligas Camponesas.

A década de 1970 foi um momento de refluxo. A morte de Che Guevara e a derrota de vários movimentos guerrilheiros, de um lado, e a implantação de diversas ditaduras na América do Sul, de outro, afetaram duramente os intelectuais marxistas latino-americanos, e muitos foram obrigados a se exilar para escapar das prisões e até mesmo da morte. A partir da década de 1980, com o fim da URSS e da Guerra Fria, os partidos comunistas latino-americanos e de outros continentes, assim como seus dirigentes, viveram momentos de capitulações e apostasias, indo desde a simples mudança de nome até o redirecionamento político-ideológico. No entanto, até por ter como um de seus principais fundamentos a dialética,

> *Em todos os quadrantes do subcontinente, pesquisadores mais jovens assumem o marxismo como referência central do seu trabalho. Trata-se de um marxismo diferenciado ou, como o designamos,* POLIFÔNICO: *sinfonia executada em tons diversos por músicos autônomos, mas tão criativa e promissora que merece uma audiência mundial.* (Netto, 2012, p. 22, grifo original)

A par de economias desenvolvimentistas que se projetaram no continente, também surgiram tendências filosóficas que se supunham neutras e que viam nas ciências um potencial para ajudar nesse projeto desenvolvimentista. Segundo Dussel (1994), isso ocorreu graças ainda à herança dos governos populistas, o que possibilitou a alguns jovens latino-americanos estudar em universidades europeias, primeiramente francesas e alemãs depois inglesas e, mais tarde, estadunidenses e canadenses. De lá, por exemplo, trouxeram as ideias de Wittgenstein e Frege, a lógica matemática e a simbólica, a filosofia da ciência, a filosofia da linguagem, o estruturalismo, a axiologia, a fenomenologia, o existencialismo e a Escola de Frankfurt. Algumas dessas correntes, como a filosofia da ciência e a filosofia da linguagem, consideraram o esforço latino-americano para constituir um pensamento próprio e original "como falta de rigor científico, de precisão e pertinência, como folclórico, acientífico, um historicismo anedótico" (Dussel, 1994, p. 45, tradução nossa).

Alguns pensadores buscaram a constituição de ideias originais, tentando fundar um pensamento latino-americano. Porém, pecaram em suas premissas, como Edmundo O'Gorman e sua ideia de "invenção" da América. Essa tese implica adotar descrições dessa "invenção" que "simplesmente negam ou aniquilam as culturas pré-europeias da América" (Dussel, 1994, p. 45, tradução nossa).

Foi nesse período que surgiu, segundo Dussel (1994), a segunda Filosofia da Libertação (isso porque a primeira havia surgido com Bartolomé de las Casas ainda no século XVI, mesmo que de modo arcaico), cujas raízes, para Dussel, estão no momento em que Augusto Salazar Bondy preconizou haver uma relação entre a filosofia e a dependência, bem como entre a libertação latino-americana e a filosofia definida como *filosofia da libertação*.

Vejamos agora um rápido histórico da Filosofia da Libertação, uma vez que esse assunto será tema de um capítulo à parte. Primeiramente, é necessário afirmar que ela surgiu dentro do contexto de questionamentos em diferentes áreas de conhecimento – sociologia, psicologia, pedagogia, teologia, direito, antropologia e outras – que buscavam uma forma de pensar suas questões independentemente das teses e categorias indo-europeias. Procuravam produzir um pensamento original, e não ser meros repetidores e/ou comentadores de intelectuais indo-europeus ou norte-americanos de suas respectivas áreas.

O ponto de partida foi a publicação da obra ¿*Existe una filosofía de nuestra América?*, de Augusto Salazar Bondy, em 1968. Nela, após uma retrospectiva histórica da filosofia no continente latino-americano, o autor se pronunciou positivamente a respeito de tal existência. Em 1969, o filósofo mexicano Leopoldo Zea, com o livro *La filosofía americana como filosofia sin más*, deu continuidade ao debate, afirmando que, à medida que os pensadores latino-americanos buscavam soluções universais para problemas locais, produziam filosofia. Desse debate também participou o filósofo brasileiro João Cruz Costa.

Na década de 1970, surgiu um de seus principais representantes e propagadores: Enrique Dussel, filósofo argentino, exilado e radicado no México desde 1975, depois de sofrer dois atentados praticados por agentes da ditadura militar argentina. O autor tem uma vasta obra que inclui teologia e passa por história, ética, filosofia política e outros temas. Mantém um diálogo com pensadores do Hemisfério Norte, de diferentes matizes ideológicas: Karl-Otto Apel, Gianni Vattimo, Jürgen Habermas, Richard Rorty e Emmanuel Levinas. Forte crítico do pensamento indo-europeu, bem como da pós-modernidade, como Salazar Bondy, acredita que a libertação dos latino-americanos, assim como dos demais povos do Hemisfério Norte, pode significar um projeto de libertação dos que habitam todo o hemisfério: "vamos libertar [...] vocês também de seus próprios esquemas de dominação" (Salazar Bondy, 1973, p. 438, tradução nossa).

Segundo Matos (2008), a história da Filosofia da Libertação pode ser dividida em três períodos:

1. EMERGÊNCIA (1960-1970) – principais representantes: Arturo Roig, Rodolfo Kusch, Leopoldo Zea, Augusto Salazar Bondy, Enrique Dussel e Hugo Assmann.
2. PERÍODO DE CRÍTICA E DIFUSÃO (1970-1980) – principais representantes: Horacio Cerutti, Pablo Guadarrama e Raúl Fornet-Betancourt.
3. PERÍODO DE CONSOLIDAÇÃO – (1990 até o presente) – principal representante: Enrique Dussel.

Terminada essa fase de retrospectiva da filosofia latino-americana na segunda metade do século XX e início do XXI e feita uma breve retrospectiva da história da Filosofia da Libertação, é hora de voltarmos a atenção para alguns dos principais pensadores latino-americanos desse período. Essa não é uma tarefa fácil, dada a grande quantidade de teóricos relevantes a serem citados. Assim, nossa seleção, infelizmente, deixará de lado nomes importantíssimos que, ao final desta obra, indicaremos para aprofundamento dos estudos.

Fundada em 14 de junho de 2003, a Associação Filosófica do Caribe* – em inglês, Caribbean Philosophical Association (CPA) – é uma organização de estudiosos e intelectuais leigos dedicados à análise e à geração de ideias, com especial ênfase no encorajamento do diálogo Sul-Sul. Não é exclusiva a intelectuais profissionais nem restrita à região do Caribe, estando aberta a qualquer pessoa interessada em ser

---

* Os membros fundadores foram George Belle, B. Anthony Bogues, Patrick Goodin, Lewis Gordon, Clevis Headley, Paget Henry, Nelson Maldonado-Torres, Charles Mills e Supriya Nair.

protagonista no desenvolvimento de novas ideias. Ela se reúne anualmente e tem como tema central "mudar a geografia da razão", buscando, de maneira crítica, um diálogo Norte-Sul e Sul-Sul e outros que sejam possíveis. Em 2018, por exemplo, a temática tratada foi a das migrações e da diáspora. Conforme o próprio *site* do evento:

> *Enquanto as propostas que tratam do tema organizacional mais amplo do CPA ("deslocando a geografia da razão") serão bem-vindas, os organizadores estão especialmente interessados em apresentações e painéis que destacam questões sobre espaço, viagens, comunidades nacionais e transnacionais, gênero e sexualidade, e questões de raça e identidade entre migrações e diásporas, não apenas no Caribe, mas globalmente.* (CPA, 2018, tradução nossa)

O objetivo principal foi "investigar certas dimensões dos múltiplos lados da modernidade", […] "tomando-a não como uma disciplina acadêmica isolada, mas como uma reflexão teórica rigorosa sobre os problemas fundamentais enfrentados pela humanidade" (CPA, 2018, tradução nossa). A proposta da CPA

> *é uma forma transdisciplinar de interrogação, informada por saberes acadêmicos, bem como por práticas e expressões artísticas que elucidam questões fundamentais que emergem em contextos de descoberta, conquista, raça, gênero e dominação sexual, genocídio, dependência e exploração, bem como liberdade, emancipação e descolonização.* (CPA, 2018, tradução nossa)

Partimos do princípio de que esses temas são trabalhados não somente em textos filosóficos, mas também em textos literários, musicais e históricos.

5.3
Alguns dos principais autores e obras

Como a quantidade de pensadores latino-americanos desse período é bastante grande, assim como diversas são as correntes filosóficas e ideológicas às quais se filiaram, apresentaremos representantes de algumas delas. Incluiremos também aqueles considerados de direita, que serviram como legitimadores das muitas ditaduras militares que se estabeleceram em nosso continente, principalmente a partir dos anos 1960.

5.3.1 Augusto Salazar Bondy

Nascido em 1925, Augusto Salazar Bondy faleceu em 1974. Filósofo, educador e colunista peruano, começou sua formação acadêmica na Universidade de São Marcos e, em 1948, foi ao México participar de um congresso sobre o pensamento do filósofo espanhol José Gaos. Na mesma época, foi aluno na Universidade Autônoma do México, juntamente com Leopoldo Zea; depois concluiu os estudos em Paris e Munique – na capital francesa, foi aluno de Jean Hyppolite. Depois de defender seu doutorado, em 1953, começou a carreira universitária. Ministrou aulas de Ética e Pedagogia da Filosofia e das Ciências Sociais. Lecionou Filosofia no Colégio de Guadalupe e foi nomeado vice-presidente da Comissão da Reforma da Educação e presidente do Conselho Superior de Educação pelo então presidente do Peru, o nacionalista General Juan Velasco Alvarado.

Seu pensamento pode ser dividido em três momentos, acompanhando seu desenvolvimento cronológico: o primeiro período compreende uma etapa formativa, até 1961; o segundo período, de maturidade, entendeu-se de 1961 até 1968; e terceiro período corresponde à etapa da Filosofia da Libertação, que se iniciou com o lançamento da obra

¿Existe una filosofía de nuestra América? e foi interrompida com sua morte. A etapa formativa começou com os estudos de uma filosofia fenomenológica e historicista, passando por um aprofundamento no marxismo no período que residiu em Paris. A partir dos anos 1960, seu interesse voltou-se aos estudos analíticos. *Pari passu*, buscou uma síntese dessa última tendência filosófica com as duas anteriores, não pela via do ecletismo, mas como superação do processo de "dominação que se dava no Peru e na Ibero-América" (Beorlegui, 2010, p. 624, tradução nossa).

A etapa da maturidade se caracterizou pelo desenvolvimento de um pensamento em que afirmava "sua tese sobre a cultura e a filosofia da dominação" e já antecipa a terceira etapa. A partir de 1969, o autor buscou desenvolver uma filosofia que fosse de libertação, "encarregada de superar a filosofia imitadora dos países dominadores" (Beorlegui, 2010, p. 624, tradução nossa). Juntamente com o livro ¿*Existe una filosofía de nuestra América?*, é dessa época outro texto fundamental, porém não concluído: *Antropología de la dominación*.

5.3.2 Nimio Juan Manuel de Anquín

Filósofo e político argentino, Nimio Juan Manuel de Anquín nasceu em 1896 e faleceu em 1979. Tendo aprofundado seus estudos com Ernst Cassirer, na Alemanha, procurou conciliar o pensamento tomista com as ideias de Hegel. No campo da política, acreditava ser possível a constituição de um Estado nacional sindicalista. De 1929 a 1939, teve forte presença no movimento fascista argentino, tendo buscado até mesmo apoio ao General Franco em terras argentinas. Participou do Partido Fascista Argentino e do movimento Fascismo Argentino de Córdoba, bem como foi membro da Frente de Forças Fascistas e da União Nacional Fascista. Em 1939, o movimento fascista argentino já não tinha a mesma força, e Anquín retomou sua atividade docente em Córdoba e, a partir de 1955, em Santa Fé.

Entre as obras de Anquín, destacam-se três: *Escritos políticos*; *Ente y Ser. Perspectivas para una filosofía del ser naciente*; e *De las dos inhabitaciones en el hombre*. Foi reconhecido internacionalmente por seus estudos de lógica e metafísica, principalmente pela compreensão que tinha do pensamento de Aristóteles. Por sua aderência e envolvimento com o nacionalismo de Perón, após a queda deste em 1955 passou a sofrer perseguições, perdendo várias de suas cátedras. Somente as recuperou em 1969.

5.3.3 Golbery do Couto e Silva

General e geopolítico brasileiro, Golbery do Couto e Silva nasceu em 1911 e faleceu em 1987. Sua inclusão aqui não se deve a uma possível produção filosófica, mas ao fato de que, nos anos em que os países da América Latina viveram violentas ditaduras militares, que, aliás, estavam articuladas, como se pode verificar, por exemplo, pela execução da Operação Condor, ele foi um dos ideólogos de uma delas, a brasileira. Sua formação foi totalmente militar, parte dela nos Estados Unidos. Em 1937, ainda no primeiro governo de Vargas, já fazia parte do Conselho de Segurança Nacional. Em 1952, passou a integrar o Departamento de Estudos da Escola Superior de Guerra, cuja função, entre outras, era pensar o planejamento da segurança nacional e as estratégias necessárias à sua implementação. Objetivava formar uma elite dirigente, civil e militar, alinhada à Doutrina de Segurança Nacional e aos interesses norte-americanos. Tal doutrina pressupunha até mesmo a supressão de alguns direitos fundamentais inerentes à democracia.

Durante o segundo governo, Getúlio Vargas passou a sofrer forte pressão de parte considerável dos militares, que queriam maior alinhamento do Brasil com os Estados Unidos – política da qual, por vezes, se aproximava, mas pela qual não se decidia. Tais militares já haviam "comprado" a ideologia da Doutrina de Segurança Nacional propugnada por Golbery. A pressão aumentou com o Manifesto dos Coronéis, documento redigido por ele e que representava mais uma clara manifestação da insatisfação de tais militares, culminando, com o suicídio de Vargas o que atrasou em dez anos o golpe que acabou sendo dado em 1964.

Golbery esteve à frente do grupo que tentou impedir a posse de Juscelino Kubitschek, somente garantida pelo posicionamento de outro militar, o General Henrique Lott, contra quem se colocou publicamente e por essa razão sofreu algumas punições. Contudo, em 1961, voltou a fazer parte do Conselho de Segurança Nacional. Em 1955, havia publicado a obra *Planejamento estratégico*, na qual já esboçava suas ideias a respeito da Doutrina de Segurança Nacional, que foram aprofundadas na década de 1960, quando passou para a reserva.

Nesse momento, os estudos também tinham por objetivo combater o avanço do comunismo na América Latina. Em 1962, foi convidado pelo Marechal Humberto de Alencar Castelo Branco a trabalhar no Instituto de Pesquisas e Estudos Sociais (Ipes), local em que – pode-se dizer – se deu a conspiração que levou ao Golpe de 1964. Arquivos, gravações telefônicas e documentos produzidos pelo Instituto foram o ponto de partida para o Serviço Nacional de Informações (SNI), idealizado, criado e dirigido por Golbery a partir de 1964. Em 1966, lançou outra importante obra, *Geopolítica do Brasil*, com reconhecimento até em nível internacional.

Apesar de defender em sua Doutrina de Segurança Nacional a supressão de alguns direitos inerentes à democracia, um governo forte e centralizador, Golbery era contra a "linha dura" que se instalou na ditadura militar brasileira a partir de 1968, com o Ato Institucional n. 5

(AI-5). A partir de 1974, passou a trabalhar publicamente pela abertura política no Brasil, que culminou, em 1979, com a reforma partidária e a criação de outros partidos políticos, que não mais somente o MDB (Movimento Democrático Brasileiro) e a Arena. Claro que o principal objetivo era dividir a oposição que, naquele momento, estava toda concentrada no MDB. Controlou até o processo das eleições indiretas, e pode-se afirmar que tenha sido o responsável pela escolha dos nomes de Tancredo Neves e José Sarney para serem o futuro presidente e vice-presidente do Brasil.

Como mencionamos, não se trata de um filósofo, mas de um militar que pensava estrategicamente e, inspirado por suas ideias, interveio no processo político brasileiro por várias décadas.

5.3.4 Edmundo O'Gorman

Historiador mexicano, Edmundo O'Gorman nasceu em 1906 e faleceu em 1995. Graduou-se em Direito em 1928 e, depois de exercer a advocacia por vários anos, abandonou a carreira e obteve o mestrado em Filosofia, em 1948, e o doutorado em História, em 1951. Crítico da historiografia positivista ou tradicional, O'Gorman é um dos principais historiadores revisionistas de sua geração. Para ele, a história não era um mero recordar de datas e fatos; em suas obras, buscava vincular o passado ao presente, procurando refletir, interpretar e ressaltar o sentido dos acontecimentos.

No final do século XIX, alguns dos ideólogos que participaram da proclamação da República no Brasil olharam para nosso passado e descobriram que não tínhamos nossos "heróis", nossos "pais fundadores". Era, pois, necessário inventar o Brasil. Assim, uma série de personagens históricos, que até então haviam sido considerados como traidores, mudaram de *status* e passaram a ser vistos como heróis.

Entretanto, essa "invenção" do Brasil padeceu do mesmo mal que a *"invención"* da América proposta por Edmundo O'Gorman: desconsiderou dois fatos históricos fundamentais – a América Latina não foi descoberta, mas invadida por portugueses e espanhóis e, antes dos europeus, essas terras já eram habitadas por povos em distintos estágios de desenvolvimento, alguns dos quais, em determinados aspectos, mais avançados até mesmo do que os próprios colonizadores (o planejamento urbano dos povos astecas, por exemplo).

O'Gorman desenvolveu sua tese de "invenção" da América a partir do pensamento heideggeriano segundo o qual, para que um ser descobrisse algo no mundo, deveria ter conhecimento de sua preexistência (Dussel, 1994). Se atentarmos aos fatos históricos, perceberemos que Colombo morreu sem saber que tinha chegado a um continente que não era o asiático. Como afirma Dussel (1994), Colombo não havia "descoberto a América", ou seja, nem mesmo o "ser americano" ele chegou a conhecer, pois, para ele, o que tinha encontrado era o indiano.

Assim, a tese de O'Gorman sustentou que a América havia sido inventada porque sua invenção dependeu da cultura ocidental europeia, que tinha a "capacidade criadora de dotar, com seu próprio ser, a um ente que ela mesma concebe como distinto e alheio" (O'Gorman, citado por Dussel, 1994, p. 126, tradução nossa). Nesse sentido, para O'Gorman, quem inventou a América foi a cultura ocidental europeia, já que aquela não seria capaz de inventar-se a si própria.

Ora, vemos nessa forma de pensar alguns problemas: é de supor que a América e os povos latino-americanos somente passaram a "ser" após a chegada dos indo-europeus; em decorrência disso, quem transmitiu o "ser" aos povos latino-americanos foi o ser indo-europeu; não existiu história da e na América Latina antes da chegada dos indo-europeus. Como afirma Dussel (1994), a América não foi inventada, muito menos descoberta, mas invadida pelos europeus. E os "estragos" sociais, políticos, econômicos e culturais são sentidos ainda hoje. Os poucos avanços que conseguimos nessas áreas foram, na maioria dos casos, em governos populistas. Porém, a reação a esses mesmos governos nos levou às velhas políticas oligárquicas ainda herdadas do período colonial, apenas renovadas com a presença dos novos burgueses das indústrias e dos sistemas financeiros.

5.3.5 Leopoldo Zea

Filósofo mexicano, Leopoldo Zea nasceu em 1912 e faleceu em 2004. É um dos nomes fundamentais na Filosofia da Libertação, pertencendo a uma linha mais historicista. Em 1948, depois de apresentar sua tese intitulada "O positivismo no México", passou a defender a integração latino-americana, recuperando o ideal de Simón Bolívar. No entanto, atualizou a proposta deste, sugerindo uma ruptura tanto com o imperialismo norte-americano quanto com o neocolonialismo dele decorrente. Segundo o autor, há uma relação intrínseca entre os fatos históricos e as ideias. Nesse sentido, a filosofia trata de problemas universais, mas pensando questões locais, ou seja, as respostas que determinada filosofia dá são válidas para determinado tempo histórico.

Da mesma forma, Leopoldo Zea acreditava que o "descobrimento" da América, na realidade, foi um encobrimento de culturas e saberes ancestrais dos povos que aqui habitavam antes da chegada dos indo-europeus, por meio de um processo ideológico de mestiçagem e extermínio. Formou-se e atuou na Universidade Autônoma do México, onde teve como preocupação central patrocinar estudos sobre o pensamento latino-americano. Preconizou um humanismo diferente e em oposição ao positivismo, em que se busca a libertação dos povos latino-americanos, não pela atuação de um herói, mas da integração e da solidariedade latino-americana.

Em 1969, publicou *La filosofía americana como filosofía sin más*, em resposta à obra de Augusto Salazar Bondy, do ano anterior, intitulada *¿Existe una filosofía de nuestra América?*, em que os dois retomaram um debate iniciado ainda no século XIX por Juan Bautista Alberdi. Para Salazar Bondy, era necessário desenvolver um pensamento original, processo impedido pela chegada dos indo-europeus, que impuseram sua ontologia. Já para Zea, a originalidade estava em pensar os problemas latino-americanos, ainda que com as categorias desenvolvidas pelos filósofos europeus ou gregos. Não se trata de repetir o que estes pensaram, mas de utilizar tais referenciais teóricos para compreender a própria realidade. Porém, isso não significa conhecer como mero diletantismo, mas com vistas a um projeto de mudança da realidade, a um "que fazer". Zea destacou ainda que a Filosofia da Libertação de maneira alguma deve ser uma filosofia dominadora, mas, ao contrário, manifestar-se como uma filosofia dialógica, pois, segundo Beorlegui (2010, p. 816, tradução nossa), "A Filosofia da Libertação projeta a constituição de um diálogo humanista e humanizante, em que cada indivíduo e cada cultura pode expressar o próprio discurso, sem obstáculos e em plano de igualdade". Outra ideia preconizada por Zea era que construir uma história da filosofia latino-americana cumpria dois papéis: o de reconstruir a história das ideias latino-americanas e o de "tomar consciência da própria situação" (Beorlegui, 2010, p. 587, tradução nossa).

De acordo com Miró Quesada (1979), o pensamento de Leopoldo Zea passou por três etapas, sendo que a terceira se desdobrou em uma quarta: pensamento histórico como ponto de partida; descoberta da autenticidade da Ibero-América, como um exercício de responsabilidade; revelação da interioridade americana; e compromisso com a Filosofia da

Libertação. Pode-se concluir que essas etapas mostram um caminhar de tomada de consciência a partir da compreensão do presente com base no passado, já com vistas a um projeto de libertação. Contudo, o projeto de libertação que Zea defendia era diferente daquele dos europeus, que, no fundo, serviu apenas para justificar seus esforços de dominação de outros continentes e povos. A filosofia autêntica deve indicar um caminho de liberdade para todas as pessoas e povos, respeitando suas particularidades e autodeterminações.

O pensamento de Leopoldo Zea é vastíssimo, e aqui apenas pincelamos algumas de suas ideias. Ao final desta obra, indicaremos alguns escritos desse filósofo latino-americano.

5.3.6 Miguel León-Portilla

Filósofo e historiador mexicano, Miguel León-Portilla nasceu em 1926. Seu trabalho tem se voltado à cultura náuatle, bem como à implantação de escolas rurais bilíngues no México. Atualmente é professor da Universidade Nacional Autônoma do México. Suas pesquisas têm se direcionado ao resgate da cultura dos povos que habitavam o México antes da chegada dos espanhóis, tanto os de antes como os que sobreviveram ao massacre.

Conhecíamos apenas as versões da conquista relatadas pelos conquistadores. Com a publicação de *La visión de los vencidos*, em 1959, uma coletânea de relatos dos índios de Tenochtitlán, Tlatelolco, Tezcoco, Chalco e Tlaxcala, por León-Portilla, passamos a ter a visão "do outro lado" acerca do mesmo acontecimento. Com a publicação de *Los antiguos mexicanos a través de sus crónicas y cantares*, em 1961, o filósofo nos possibilitou ter contato com a história do pensamento náuatle por suas próprias palavras, mitos, relatos, análises e códigos.

5.3.7 Horacio Cerutti Guldberg

Filósofo argentino nascido em 1950, Horacio Cerutti Guldberg licenciou-se em Filosofia em 1973 pela Universidade Nacional de Cuyo, em Mendoza (Argentina) e obteve o doutorado em Filosofia em 1978 pela Universidade de Cuenca, em Azuay (Equador). Em 1993, naturalizou-se mexicano. Já ministrou aulas na Universidade Nacional de Cuyo, na Universidade de Cuenca, na Universidade Pedagógica Nacional do México e na Universidade Nacional Autônoma do México, entre outras instituições latino-americanas, como professor emérito ou convidado.

Depois de duas décadas do nascimento da Filosofia da Libertação, Cerutti Guldberg passou a defender a ideia de que era necessário um salto e passar de uma filosofia **de** a uma filosofia **para**, isto é, procurar uma nova direção; era hora de uma "Filosofia **para a** Libertação". Essa mudança deveria ter como objetivos a soberania, a autonomia e a autarquia, no sentido de autonomia em relação às demais correntes filosóficas gestadas no contexto indo-europeu. Nesse processo, mais importante do que criar uma filosofia latino-americana ou da libertação instaurar o próprio processo de libertação.

Cerutti Guldberg integrou o grupo de Salta, que fazia uma crítica radical à Filosofia da Libertação. Seu objetivo era "saber até onde era possível, e permitido, a constituição de uma tal filosofia liberadora e de libertação e como haveria de constituí-la, ou se já estava construída" (Beorlegui, 2010, p. 758, tradução nossa). As principais críticas endereçadas por esse grupo eram: a ilusão de construir um sistema filosófico, o problema da linguagem, o da ideologia e o metodológico, bem como as questões ontológicas e éticas da proposta filosófica. O grupo saltenho, liderado por Cerutti Guldberg, classificou a Filosofia da Libertação de pensamento populista. Como proposta de superação dessa corrente, era necessário superar a "fenomenologia do rosto do pobre" pela assunção da crítica marxista ou do freudismo como forma de refletir sobre as condições de produção do conhecimento (Beorlegui, 2010, p. 759, tradução nossa).

5.3.8 Raúl Fornet-Betancourt

Nascido em Cuba, em 1946, Raúl Fornet-Betancourt graduou-se em Filosofia e obteve o título de doutor pela Universidade de Salamanca. É doutor em Filosofia Linguística pela Universidade de Aachen (Aquisgrán – Alemanha). Mora na Alemanha desde 1972, onde dirige o Departamento da América Latina no Instituto Católico Missio, da cidade de Aachen. É professor convidado e tem feito conferências em várias universidades latino-americanas.

Como pensador, Raúl Fornet-Betancourt tem desenvolvido seus trabalhos e reflexões na direção de um diálogo intercultural, buscando a superação do multiculturalismo proposto pela pós-modernidade, "sobretudo com a razão comunicativa e ética de Habermas e de Karl-Otto Apel" (Beorlegui, 2010, p. 818, tradução nossa). Tem sido também um grande difusor do pensamento latino-americano, pesquisando e divulgando o nome de filósofos do continente que fizeram uso livre e original da razão. Tem aberto outra linha de pesquisa que é resgatar as pensadoras latino-americanas, bem como a relação destas com a filosofia e vice-versa (*Mulher e filosofia no pensamento ibero-americano: momentos de uma relação difícil*).

Segundo Diana de Vallescar, citada por Beorlegui (2010, p. 818-819, tradução nossa), o pensamento de Fornet-Betancourt divide-se em quatro etapas bem delimitadas: "a) recepção da filosofia europeia (1978-1986); b) ruptura ou mudança até o modelo intercultural (1987-1994); c) proposta de um novo paradigma: a filosofia intercultural (1995); d) momento de uma práxis ético-política da interculturalidade (desde 1995)". Na primeira etapa, a recepção da filosofia europeia se faz de maneira acrítica e, na discussão sobre a existência de uma filosofia latino-americana, põe-se do lado daqueles que entendem que a filosofia é uma construção humana, surgida no âmbito do continente europeu e no qual o pensamento que quiser ser reconhecido como filosófico tem de se inserir.

Sua forma de pensar mudou a partir de 1984, ao fazer uma releitura da história do pensamento latino-americano, principalmente quando entrou em contato com a Filosofia da Libertação e percebeu que ela já era capaz de estabelecer um diálogo em pé de igualdade com a filosofia europeia, pois já alcançara universalidade em suas reflexões (Beorlegui, 2010). Surge, então, a segunda etapa, ainda no interior da primeira, e que se caracteriza por pensar a filosofia latino-americana sob uma perspectiva intercultural, liberando-a de toda a racionalidade constituída e abrindo-se para a potencialidade polifônica.

Na terceira etapa, Fornet-Betancourt apresenta sua proposta de filosofia intercultural, tendo o diálogo e a troca como elementos centrais, principalmente em se tratando de América Latina, que se constituiu e ainda se constitui como um mosaico de culturas, não no sentido de uma *bricolage*, mas "de valorizar e recuperar toda a pluralidade de culturas, a maioria das quais foi atrasada e silenciada" (Beorlegui, 2010, p. 824, tradução nossa). Porém, esse modelo não serve apenas para a América Latina, mas para todos os demais continentes.

Por fim, dessa perspectiva de interculturalidade deriva uma ética, isto é, um modo de viver alternativo ao modelo dominante e vigente no contexto atual da globalização. No estágio atual desse processo, há a domesticação das culturas regionais e a homogeneização cultural. Ambos os processos sufocam as culturas regionais e impõem uma cultura dominante, que atende à lógica e aos interesses do mercado. À filosofia competiria desmascarar esse cenário de massacre das culturas regionais e, ao mesmo tempo, apresentar as condições para um diálogo que permitisse o livre desenvolvimento de cada uma das culturas.

Tendo visto alguns dos principais nomes da filosofia latino-americana recente, passemos agora ao pensamento filosófico brasileiro do mesmo período.

5.4
Filosofia no Brasil contemporâneo

O *pensamento filosófico* brasileiro contemporâneo pode ser dividido em três grupos distintos: dois partem de uma mesma premissa, mas se distinguem pelo posicionamento ideológico (aqui assumimos que nesse campo não existe neutralidade), tomando a filosofia em sua acepção universalista e desenvolvendo um pensamento filosófico com base na matriz europeia ou na estadunidense; e o terceiro toma a filosofia numa perspectiva local, tratando de problemas que são universais, mas partindo do contexto histórico, político, econômico e cultural local. Nos dois primeiros grupos, segundo Dussel, estão os pensadores inautênticos; no terceiro, os autênticos.

Com o golpe civil-militar de 1964, a filosofia e seu ensino, tanto na educação básica quanto na superior, sofreram um duro baque: ficou praticamente restrita aos departamentos de filosofia e às escolas particulares que entenderam o papel formativo dela, numa perspectiva de integralidade, para além dos horizontes ideológicos. Desde 1971, com a promulgação da Lei n. 5.692, em que a Filosofia e a Sociologia foram retiradas dos currículos das escolas públicas, filósofos, professores de Filosofia e associações de classe e de filosofia passaram a se organizar e a reivindicar sua volta.

Apesar da ausência na educação básica por quase 40 anos como disciplina curricular, esse foi um período em que despontou um grande número de filósofos e filósofas brasileiras das mais diferentes correntes. Surgiram os que se opunham ao positivismo e à metafísica clássica, adotando posições neopositivistas e neotomistas, respectivamente. Outros, tomando os problemas dos direitos humanos como questão filosófica, desenvolveram a corrente neo-humanista ou, ainda, a analítica, a existencialista, a personalista, a marxista, a existencialista cristã, a fenomenóloga, a teórica crítica, a fenomenóloga existencial, a Filosofia da Libertação, a multiculturalista e interculturalista, a pragmatista, entre outras.

A teoria crítica teve sua recepção no Brasil entre os anos de 1968 e 1978. Considerada modismo por alguns, consolidou-se como importante teoria epistemológica nas ciências sociais e na educação. As primeiras obras dos frankfurtianos foram traduzidas no final da década de 1960 – primeiramente Walter Benjamin, depois Herbert Marcuse e Theodor Adorno. No entanto, as referências aos filósofos desse grupo começaram ainda na década anterior. Vamireh Chacon (citado por Camargo, 2012, p. 128) "afirma ter mencionado publicamente Theodor W. Adorno pela primeira vez em 1955".

Na década de 1960, as categorias da teoria crítica foram utilizadas nos estudos literários e de comunicação. Segundo Camargo (2012), porém, em meio a esse desentendimento do que eram as ideias e noções da teoria crítica, o autor mais citado nesse período foi Walter Benjamin, principalmente nos estudos sobre arte.

Entretanto, com a divulgação de textos feitas pela *Revista Civilização Brasileira*, publicada entre os anos de 1965 e 1968, houve maior exposição das questões e perspectivas trabalhadas pela teoria crítica. Tal revista constituiu-se no "principal veículo de publicação de intelectuais de esquerda no período" (Camargo, 2012, p. 129). Da mesma forma, a Editora Tempo Brasileiro representou outro espaço fundamental para a divulgação dos teóricos frankfurtianos. Vale ressaltar que boa parte dos intelectuais brasileiros que se apropriaram de tais conceitos não eram frankfurtianos no sentido de se filiarem a "uma visão de mundo impressa pela 'ideia original de teoria crítica'", proposta por Horkheimer em 1937 (Camargo, 2012, p. 133). Entre os principais nomes desse período podemos destacar: Carlos Nelson Coutinho, Wolfgang Leo Maar, Bárbara Freitag, Newton Duarte, Vamireh Chacon, Jorge Coelho Soares, Roberto Schwarz, Günter Karl Pressler, José Guilherme Merquior, Leandro Konder, entre outros.

Recentemente, a filosofia tem ocupado as mídias, e talvez essa abertura se deva a duas mulheres: Viviane Mosé (com o quadro "Ser ou Não Ser", apresentado semanalmente em um programa de um canal de televisão aos domingos) e Marcia Tiburi (com sua participação crítica no programa *Saia Justa*). Atualmente, três pensadores – um historiador, um jornalista e um filósofo – têm marcado ainda mais presença na mídia: Leandro Karnal, Clóvis de Barros Filho e Mario Sergio Cortella, respectivamente.

Nesse cenário, fazer uma lista é incorrer em erro pela possibilidade de se omitirem nomes importantes. No entanto, proporemos uma, sabendo que não se pretende completa. Dela escolheremos alguns e apresentaremos um pouco mais sobre seu trabalho e suas ideias. São eles: Paulo Freire, Miguel Reale, Leandro Konder, José Arthur Giannotti, Oswaldo Porchat Pereira, Bento Prado Júnior, Marilena Chaui, Marcia Tiburi, Sueli Carneiro, Hugo Assmann, Salma Tannus Muchail, Viviane Mosé, Gerd Bornheim, Ernildo Stein, Newton Aquile von Zuben, Henrique Cláudio de Lima Vaz, Hilton Japiassu e Antônio Joaquim Severino.

Vejamos, agora, informações adicionais sobre alguns desses representantes do pensamento filosófico brasileiro.

5.4.1 Miguel Reale

Jurista, filósofo, professor e poeta brasileiro, Miguel Reale nasceu em 1910 e faleceu em 2006. Formou-se em Direito pela Universidade de São Paulo (USP) e fez brilhante carreira tanto na advocacia quanto na academia. Na juventude, foi ideólogo da Ação Integralista Brasileira, grupo fascista e nacionalista da década de 1930, criado por Plínio Salgado, e que combinava interesses e pessoas de ideologias diversas, mas com simpatia pelo fascismo de Mussolini, ainda que não todas. Ficou conhecido também por ter sido o autor da Emenda Constitucional n. 1, de 1969, que consolidou os atos institucionais elaborados pela ditadura militar de 1964 e que marcou o endurecimento jurídico e os anos de chumbo da ditadura. Participou do Movimento Constitucionalista de 1932, que exigia de Getúlio Vargas a promulgação de uma Constituição e a volta ao Estado de direito.

Na área de filosofia do direito, defendia a teoria tridimensional do direito, segundo a qual se deveriam considerar os aspectos sociológicos, axiológicos e normativos nas questões relativas a ele. Não se trata de uma teoria criada por Reale, uma vez que outros pensadores já a haviam concebido e trabalhavam com ela, como Emil Lask, Gustav Radbruch, Roscoe Pound e Wilhelm Sauer. Porém, suas ideias sobre essa teoria tiveram forte influência tanto no Brasil quanto na América Latina.

Em 1949, contribuiu decisivamente para a criação do Instituto Brasileiro de Filosofia (IBF). O primeiro trabalho desse instituto foi preparar um levantamento dos principais textos de filósofos e pensadores nacionais, fazendo-lhes uma revisão crítica para verificar até que ponto não eram tão somente meros repetidores de pensamentos alienígenas. Tinha como principal objetivo desenvolver um pensamento filosófico brasileiro.

Com o passar dos anos, Reale, por meio do IBF, passou a participar de congressos interamericanos de filosofia e descobriu que já havia um jeito latino-americano de fazer filosofia. Passou, então, a organizar congressos nacionais, interamericanos e internacionais da área. Em 1950, um ano após a criação do IBF, Reale lançou a *Revista Brasileira de Filosofia*, que inicialmente foi acompanhada de descrédito, mas que já tem mais de 50 anos de existência.

5.4.2 Paulo Freire

Educador, pedagogo e filósofo brasileiro, Paulo Freire, um dos maiores nomes da história mundial da pedagogia, nasceu em 1921 e faleceu em 1997. Filho de uma família da classe média pernambucana, vivenciou os efeitos da Crise de 1929, que levou milhares de brasileiros e outros trabalhadores na Europa e nos Estados Unidos a conviverem por anos com o desemprego e a fome. Com essa experiência, elaborou uma proposta de alfabetização de adultos que tomasse a realidade como ponto de partida, numa relação dialética com ela, em que o indivíduo deveria construir o próprio processo de educação, e não com base em um método previamente proposto por outrem. Tais ideias estão sistematizadas principalmente na obra *Pedagogia do oprimido*, traduzida para diversas línguas, na qual defende também, entre outros pontos, que a educação é um ato de formação da consciência pedagógica e política.

Suas ideias no campo da educação, de onde derivam também ideias filosóficas, influenciaram e ainda influenciam educadores, cientistas sociais, teólogos, pedagogos, militantes políticos e lideranças populares não somente da América Latina e da África, mas também dos Estados Unidos e de diversos países da Comunidade Europeia e de outros continentes.

As primeiras experiências de Paulo Freire com alfabetização de adultos mediante a aplicação da proposta que defendia começaram em 1963, no sertão do Rio Grande do Norte, fazendo 300 adultos lerem e escreverem em 45 dias. Mais do que um método de alfabetização, era um projeto político e pedagógico. Durante o governo de João Goulart, foi criado o Plano Nacional de Alfabetização, que teve Paulo Freire como coordenador, e sua proposta foi implantada em mais de 20 mil núcleos de cultura; o objetivo era erradicar o analfabetismo do Brasil. Esse projeto, no entanto, foi abortado pelo golpe militar em abril de 1964, meses depois de ser lançado.

Após o golpe, Freire se exilou na Bolívia, depois no Chile. Posteriormente, foi convidado como professor visitante de Harvard e trabalhou também em Cambridge. Mais tarde, mudou-se para Genebra, onde atuou no Conselho Mundial de Igrejas, desenvolvendo projetos de alfabetização nas antigas colônias portuguesas africanas.

Quanto às ideias, segundo Freire, a educação não é neutra: ou funciona como uma lógica de enquadramento do sujeito dentro do processo do atual sistema, ou é "prática de liberdade".

> *Não existe um processo educacional neutro. A educação ou funciona como instrumento usado para facilitar a integração da geração mais jovem na lógica do sistema atual e trazer conformidade à mesma, ou então torna-se a "prática da liberdade" – o meio através do qual homens e mulheres lidam crítica e criativamente com a realidade e descobrem como participar da transformação de seu mundo.* (Freire, 2000, p. 15)

Para compreender o pensamento de Paulo Freire, faz-se necessário um estudo de todas as suas obras, porém duas delas são fundamentais: *Pedagogia do oprimido* e *Conscientização*. Nelas, a tese central é a de que a conscientização se dá pela educação, num processo em que o oprimido toma consciência de sua condição e, ao mesmo tempo que se liberta, também liberta o opressor, mas com o cuidado de não reproduzir a situação anterior, passando ele próprio de oprimido a opressor. Nesse processo de educação, o educando deve ser sujeito ativo e não passivo nem mero receptor dos conhecimentos ensinados pelo professor. A relação entre mestre e educando deve ser dialógica, de troca, já que o educando não é uma tábula rasa nem o mestre aquele que já sabe tudo. Dessa forma, rompe-se com o que Freire chamou de "educação bancária".

Correndo o risco de certo reducionismo, podemos afirmar que quatro categorias são fundamentais no pensamento freiriano: conscientização, liberdade, emancipação e dialogicidade. Elas estão interligadas e devem ser centrais num processo educacional que se pretenda emancipador.

Em paralelo ou de maneira complementar a essas categorias, outras ideias são essenciais para se compreender seu pensamento. O mundo não é algo pronto e acabado, mas está em constante devir. O processo de aprendizagem não é isolado, mas coletivo, numa práxis que se faz da ação-reflexão-ação. Da mesma forma, é necessária uma constante leitura do mundo, que precede a própria leitura da palavra. Tais categorias, no entanto, não são apenas termos abstratos, mas categorias que conduzem diariamente o "que fazer" pedagógico. Percebendo-se como seres inconclusos, homens e mulheres veem-se construtores do próprio destino e do mundo e capazes, portanto, de transformar a própria realidade.

5.4.3 Henrique Cláudio de Lima Vaz

Conhecido como Padre Vaz, Henrique Cláudio de Lima Vaz nasceu em 1921 e faleceu em 2002. Graduou-se em filosofia e teologia e concluiu o doutorado em filosofia, tratando do problema da dialética e da intuição nos diálogos platônicos. Foi professor universitário por mais de 50 anos no Rio de Janeiro (Faculdade Eclesiástica de Filosofia) e em Minas Gerais (Universidade Federal de Minas Gerais - UFMG).

Na década de 1960, teve forte influência em dois movimentos: Juventude Universitária Católica (JUC) e Ação Popular. Em plena agitação política do período, de perseguição aos comunistas, Padre Vaz soube fazer uma leitura crítica do momento histórico, utilizando-se de ferramentas marxianas, sem o que ele entendia serem reducionismos, mas também oxigenando o meio católico, que se sentia asfixiado pelo tradicionalismo de parte considerável da Igreja naquele período.

Buscando conciliar fé e razão, suas principais influências foram Platão, Tomás de Aquino e Hegel. Ainda que seus estudos iniciais tenham se concentrado no campo da metafísica clássica, nos últimos anos de sua vida tratou os problemas da modernidade sob os aspectos filosóficos, éticos, políticos e religiosos. No âmbito desses problemas, Padre Vaz apontou um deles: a dificuldade que a modernidade tem para criar uma ética universal. Na sua opinião, ainda que haja projetos civilizatórios universalizantes, não temos um horizonte normativo compatível com eles; ao contrário, o que se vislumbra são o relativismo universal e o niilismo ético. Sua última obra, *Raízes da modernidade*, trata dessa problemática.

5.4.4 Gerd Bornheim

Filósofo, professor e crítico de teatro, Gerd Bornheim nasceu em 1929 e faleceu em 2002. Graduou-se em Filosofia em 1951 e iniciou sua carreira universitária em 1955, depois de quase três anos de estudos na Europa, onde teve contato com Jean Hyppolite, Jean Wahl, Maurice Merleau-Ponty, Jean Piaget e Gaston Bachelard. Em 1969, foi cassado de sua cátedra na universidade e trabalhou por dois anos como professor de curso pré-vestibular. Mensalmente teve de comparecer à Polícia Federal para explicar-se por conta de sua influência diante de alunos que lutavam contra a ditadura militar. Em 1972, foi convidado a lecionar no Instituto de Filosofia da Universidade de Frankfurt. Depois, viajou a

Paris, onde morou por quatro anos, dando aulas de alemão e cuidando de uma galeria de arte. Em 1976, retornou ao Brasil e, em 1979, recebeu convite para lecionar na Universidade Federal do Rio de Janeiro (UFRJ), onde permaneceu até sua aposentadoria, em 1991.

De sua tese de livre docência originou-se a obra *Introdução ao filosofar: o pensamento filosófico em bases existenciais*. Porém, não se trata de uma retrospectiva de toda a história da filosofia, mas de um questionamento sobre o motivo originante do filosofar. Entre as três atitudes sugeridas por Jaspers – admiração, dúvida metódica e insatisfação moral de Epiteto –, Bornheim opta pelo *tó thaumázein* grego, o espanto ou admiração como o primeiro motor que leva o indivíduo a filosofar.

5.4.5 José Arthur Giannotti

José Arthur Giannotti nasceu em 1930, na cidade de São Carlos, São Paulo, graduou-se em Filosofia pela USP, doutorou-se em 1960 e tornou-se livre-docente da USP em 1965. Contudo, em 1969, com o endurecimento da ditadura militar, foi aposentado compulsoriamente, juntamente com Bento Prado Júnior. Diferentemente de outros intelectuais, bem como do próprio Prado Júnior, Giannotti permaneceu no Brasil e, juntamente com outros pensadores, fundou o controverso Centro Brasileiro de Análise e Planejamento (Cebrap) – um centro de pesquisas voltado à formulação de políticas alternativas à ditadura militar –, que foi constituído com recursos da Fundação Ford e do próprio presidente dessa organização. Desse grupo participaram professores universitários que se tornariam políticos ou referências intelectuais a partir da década de 1990, entre os quais Bóris Fausto, Fernando Henrique Cardoso, José Serra, Ruth Cardoso, Francisco Weffort, Octavio Ianni, Paul Singer e Roberto Schwarz.

Em 1979, com a anistia, reassumiu sua cadeira na USP. Conhecedor do pensamento de Marx, pode-se dizer que faz uma leitura sociodemocrata de sua obra, diferentemente de outros como Marilena Chaui, Francisco de Oliveira, Paul Singer, Octavio Ianni ou Bento Prado Júnior. Nos últimos anos, tem sido um crítico ferrenho do partido político que ajudou a criar no final da década de 1980. Seu pensamento é também fortemente marcado pela fenomenologia e pelo estruturalismo francês. Sua contribuição, no entanto, para a compreensão da obra do pensamento de Marx ajudou a superar a limitação da compreensão dos ideólogos do Partido Comunista Brasileiro (PCB), que faziam até então uma leitura ortodoxa da obra do pensador alemão.

5.4.6 *Leandro Konder*

Advogado criminalista e trabalhista, professor universitário e filósofo brasileiro, Leandro Konder nasceu em 1936 e faleceu em 2014. Graduou-se em Direito pela UFRJ onde também obteve o título de doutor em Filosofia em 1984. Em 1964, foi demitido dos sindicatos em que trabalhava como advogado por causa da ditadura militar. Forçado a sair do Brasil, em 1972 foi trabalhar na Alemanha e na França. Retornou em 1978 com a anistia e, de 1984 a 1997, lecionou na Universidade Federal Fluminense (UFF). A partir de 1985, também foi professor do Departamento de Educação da Pontifícia Universidade Católica do Rio de Janeiro (PUC-Rio). É o principal introdutor do pensamento de Georg Lukács no Brasil. Entre suas obras, podemos destacar: *A derrota da dialética*; *Flora Tristan: uma vida de mulher, uma paixão socialista*; *Walter Benjamin: o marxismo da melancolia*; *O que é dialética*; e *O futuro da filosofia da práxis*.

5.4.7 Bento Prado Júnior

Filósofo, escritor, professor e crítico literário, Bento Prado Júnior nasceu em Jaú, interior de São Paulo, em 1937, e faleceu em 2007. Foi professor da USP, da PUC-SP e da Universidade Federal de São Carlos (UFSCar). Em 1969, quando lecionava na USP, foi aposentado compulsoriamente pelos militares, autoexilando-se na França e retornando no final dos anos 1970, quando da anistia.

É considerado um dos principais pensadores brasileiros, apesar da curta produção literária: *Presença e campo transcendental: consciência e negatividade na filosofia de Bergson*; *Filosofia da psicanálise*; *Alguns Ensaios*; *Erro, ilusão, loucura*; e *A retórica de Rousseau e outros ensaios*.

5.4.8 Oswaldo Porchat Pereira

Filósofo brasileiro e criador do neopirronismo, Oswaldo Porchat Pereira nasceu em 1933 e faleceu em 2017. Graduou-se pela USP, onde também obteve o doutorado. Foi aluno de importantes filósofos franceses do século XX, como Victor Goldschmidt, Martial Gueroult, Maurice Merleau-Ponty, Paul Ricoeur e Jean Hyppolite.

Os principais temas de investigação ao longo de sua vida foram a epistemologia, a filosofia da ciência e, na filosofia moderna, particularmente, os empiristas. Ainda que por um curto período de sua vida tenha deixado de lado o ceticismo, quando se dedicou a estudar lógica, esta foi uma preocupação central de seu pensamento, assim como a ideia de que uma vida comum deveria estar no horizonte do pensamento filosófico. Ao tratar da formação dos cursos de Filosofia no Brasil, Porchat Pereira fez uma autocrítica, afirmando que os departamentos têm feito excelente trabalho de formar bons historiadores de filosofia, porém têm desestimulado nos alunos o desejo do filosofar com genuinidade.

O espanto e a dúvida cartesiana têm sido mortos como impulsos originais, em troca da exegese exaustiva dos textos clássicos, tidos como sagrados em muitos departamentos. O departamento francês de ultramar ainda funciona por aqui…

Assim encerramos nossa seleção de alguns dos nomes da filosofia contemporânea brasileira. Não é força de expressão dizer que essa não é uma lista completa, pois outros representantes precisariam ser inseridos. Porém, como já mencionamos, o espaço é exíguo ante o tamanho da demanda. Passemos agora ao pensamento filosófico feminino do mesmo período. Diferentemente dos capítulos anteriores, ficaremos apenas com autoras brasileiras, dada a quantidade de nomes.

5.5
Algumas filósofas brasileiras contemporâneas

As mulheres – ou a questão de gênero de forma mais ampla – sempre estiveram presentes na filosofia. Entre os textos clássicos da filosofia grega, encontramos vários pensadores do sexo masculino que apresentaram as questões das mulheres, numa espécie de reflexão sobre o papel e o sentido da mulher.

Simone de Beauvoir, em seu livro *O segundo sexo*, já discutia esses temas, refletindo sobre o quanto as mulheres, historicamente, foram colocadas próximas da natureza, representando o senso comum que traduz e espelha o próprio pensamento, a história das ideias no Ocidente, ou seja, enfatiza-se a ideia de que a mulher está muito mais ligada à emoção, ao instinto, ao irracional. Essa dicotomia que se construiu e que delegou à mulher uma emoção e ao homem uma racionalidade é vista a partir de uma hierarquia, isto é, dentro dessa relação em que o emocional tem um peso menor do que o racional.

É importante recuperar a contribuição das mulheres na história da filosofia e conhecer pensadoras dos diferentes momentos históricos, fazendo justiça às mulheres, muitas vezes silenciadas na filosofia e, também, pela filosofia. Nesse sentido, vejamos algumas das que se destacaram no universo filosófico brasileiro que, até meados do século XX, era uma exclusividade masculina. Não obstante possamos encontrar filosofia em muitas escritoras e poetisas brasileiras, bem como em militantes políticas, na academia ela será pensada praticamente apenas no masculino. Não obstante nem todas as mulheres que começam a se destacar nesse mundo o façam a partir de uma perspectiva de gênero, somente o fato de haver a presença feminina já representa a quebra de um paradoxo e de um paradigma que atravessou a história da filosofia, expressa nas palavras de Kant segundo as quais somente faltaria à Marquesa de Châtelet a barba para que pudesse expressar toda a sua capacidade racional – o que se aplicaria, por extensão, às demais mulheres.

No entanto, algumas delas já colocam esse tema como um problema filosófico, da mesma forma que um dia ousaram fazer, por exemplo, tantas pensadoras latino-americanas e mesmo Simone de Beauvoir. Vejamos um pouco mais sobre elas. Destacamos que, em virtude dos limites desta obra, há muitas outras não citadas aqui.

5.5.1 *Marilena Chaui*

Nascida em 1941, Marilena Chaui é filósofa e professora universitária. Iniciou a carreira profissional como professora da educação básica e depois universitária na USP, a partir de 1987, onde entrou por meio de concurso. Leciona História da Filosofia Moderna e Filosofia Política, áreas em que se especializou. É crítica feroz de uma parte da classe média e da elite econômica brasileira por suas atitudes inadequadas do ponto de vista ético-moral, bem como distantes da realidade brasileira.

Da mesma forma, identifica tais grupos como muito próximos em ideias daqueles que gestaram os regimes fascistas na Europa nas décadas de 1930 e 1940. Fez parte do Conselho Nacional de Educação, no qual analisava pedidos de credenciamento de instituições de ensino superior, bem como autorizações de cursos.

Trata-se de uma intelectual extremamente produtiva e que tem colhido controvérsias ao longo da carreira. Recentemente, fenômeno característico das redes sociais brasileiras, algumas de suas falas têm sido retiradas de seus contextos originais, com objetivos escusos. Em suas obras, são temas recorrentes a cultura, a ideologia, a democracia e a violência. É reconhecida nacional e internacionalmente como especialista em Espinosa. Entre suas principais obras, podemos destacar: *Cultura e democracia: o discurso competente e outras falas*; *O que é ideologia*; *espinosa: uma filosofia da liberdade*; e *Contra a servidão voluntária*.

5.5.2 Sueli Carneiro

Filósofa, escritora e ativista antirracismo do movimento social negro brasileiro, Aparecida Sueli Carneiro Jacoel nasceu em 1950. Filha de uma ex-costureira e de um ferroviário, é doutora em Educação e Filosofia pela USP e uma das criadoras do grupo o Geledés Instituto da Mulher Negra, que combate o preconceito étnico-racial e de gênero contra as mulheres negras no Brasil. Segundo ela, a mulher negra sofre uma dupla opressão: de gênero e de etnia. Essas foram as principais motivações para a criação do grupo.

Unanimidade entre os militantes sociais, tanto de gênero quanto de etnia, o Geledés foi responsável por uma dupla mudança: o enegrecimento das discussões de gênero*, de um lado, e a feminização das questões de etnia, de outro. Escreveu as seguintes obras: *A cor do preconceito*; *Mulheres que fazem São Paulo*; e *A mulher negra brasileira na década da mulher*.

5.5.3 *Viviane Mosé*

Poetisa, filósofa, psicóloga, e psicanalista, Viviane Mosé nasceu em 1964. Tem mestrado e doutorado em Filosofia pela UFRJ. Em 2005 e 2006, apresentou um quadro no programa de televisão *Fantástico* intitulado "Ser ou Não Ser", em que abordou temas clássicos de filosofia. Ao aproximá-los do cotidiano das pessoas, pode-se dizer que contribuiu para a popularização da área. Desde então, juntamente com outros acadêmicos midiáticos não polêmicos, é figura constante em programas televisivos e radiofônicos regulares ou como convidada.

Um dos questionamentos que faz, com base nos males a que a modernidade nos obriga, refere-se à "ditadura da felicidade", que nos impede de viver plenamente, como *amor fati*, o sofrimento, portanto não como sadismo, mas como uma experiência que nos conduz ao crescimento, ao desenvolvimento. Percebe-se aí a influência nietzschiana em seu pensamento, que já estava presente em sua tese de doutoramento, publicada em 2005, sob o título *Nietzsche e a grande política da linguagem*.

Com relação à questão de gênero, tem uma opinião diversa da de muitas pensadoras feministas. Segundo ela, as mulheres se tornaram cada vez mais arrogantes, à medida em que foram conquistando mais e mais poder. Transformaram-se em verdadeiras tiranas.

---

* Com a expressão *enegrecimento das discussões de gênero* fazemos referência à necessidade de levar para as discussões de gênero as pautas específicas relacionadas às mulheres negras.

5.5.4 Marcia Tiburi

Artista plástica, filósofa e escritora, Marcia Tiburi nasceu em 1970. Tem graduação e mestrado em Filosofia pela Pontifícia Universidade Católica do Rio Grande do Sul (PUCRS) e doutorado também em Filosofia pela Universidade Federal do Rio Grande do Sul (UFRGS). Atualmente seus temas de pesquisa são ética, estética, filosofia do conhecimento e feminismo; sobre este último, iniciou uma vasta pesquisa a respeito das mulheres na história da filosofia. Acerca do tema, publicou *As mulheres e a filosofia* e *A mulher de costas*. Quanto à questão ética, abordando assuntos como genocídio indígena, racismo e classismo, homofobia, feminicídio e manipulação de crianças, publicou *Como conversar com um fascista*.

Dos cinco anos de participação no programa *Saia Justa*, de um canal de televisão pago, resultou a obra *Olho de vidro: a televisão e o estado de exceção da imagem*, na qual analisa a hiperexposição midiática e os processos de alienação. Não raras vezes, entrou em conflito com as demais participantes de programa, principalmente pela deficiência na capacidade de análise e compreensão das questões que apresentavam.

No campo da ética, outra questão que a tem preocupado é o medo que as pessoas têm de ser e dizer o que pensam. É como se ainda vivêssemos num Estado de exceção, com receio de sermos cassados, presos, punidos por falar o que pensamos. Há um excesso de preocupação de viver agradando a todo mundo, o que, segundo ela, é um viver inautêntico. Apesar de sua idade, podemos dizer que já tem uma extensa obra: já publicou 24 livros, individualmente, em parceria ou como organizadora.

Aqui, finalizamos este capítulo sobre o pensamento filosófico contemporâneo. No próximo, trataremos da Filosofia da Libertação.

Síntese

Neste capítulo, abordamos a filosofia latino-americana e brasileira contemporânea ou, mais especificamente, a que se desenvolveu na segunda metade do século XX e primeiras décadas do século XXI. Em termos globais, vimos que esse período ficou marcado pelos horrores da Segunda Grande Guerra, dos campos de concentração, dos milhões de mortos e mutilados, bem como pelas duas bombas nucleares lançadas sobre Hiroshima e Nagasaki e que colocaram um novo problema na ordem do dia: a possibilidade de uma guerra nuclear com efeitos imprevisíveis e incalculáveis. Foi também o período da Guerra Fria, em que duas potências políticas, econômicas e militares disputaram a hegemonia da influência sobre os demais países, formando blocos de apoio, ao mesmo tempo que apoiaram e incentivaram guerras, revoltas e revoluções, bem como golpes de Estado.

Na América Latina, o período foi marcado por constantes golpes militares e algumas tentativas de revolução, duas das quais foram vitoriosas: a cubana, que permanece até hoje, com as devidas análises críticas que se possam fazer a seu respeito, mas sem ignorá-la quanto aos diversos avanços que conquistou; e a nicaraguense, que trilhou um caminho completamente distinto, derrotada num processo eleitoral após uma série de intervenções e financiamentos de terroristas e mercenários por parte dos Estados Unidos. Outros processos que buscaram a via democrática foram interrompidos bruscamente por meio de golpes militares, como o caso do governo de Salvador Allende, no Chile.

Nesse contexto, pensamentos de esquerda, de direita e de centro buscaram a hegemonia política nos meios sociais e políticos. As ideologias de segurança nacional deram o rumo de muitos governos e operações, como a Condor e a Bandeirantes.

No campo do pensamento filosófico de esquerda, a morte de Stalin, o XX Congresso do Partido Comunista da União Soviética e a Revolução Cubana provocaram um terremoto político no marxismo global. Na América Latina, não foi diferente, o que levou a que pensadores marxistas não ortodoxos pudessem ser lidos e discutidos por aqui, tais como Gramsci, Lefebvre, Fromm, Garaudy, Althusser, Bakhtin, Thompson, Hobsbawm, Korsch, Lukács, Marcuse, Horkheimer, Adorno, Benjamin, Bloch e Rosa Luxemburgo. Na filosofia latino-americana, surgiram importantes nomes: Leopoldo Zea, Augusto Salazar Bondy, Enrique Dussel, Leandro Konder, Adolfo Sánchez Vázquez e outros. No campo da teologia, em particular da Teologia da Libertação, alguns realizaram um profundo diálogo com a Filosofia da Libertação: Comblin, Gutiérrez, Assmann, Leonardo Boff e Clodovis Boff.

Vimos também um importante debate que se deu no final da década de 1960 entre Salazar Bondy e Leopoldo Zea acerca da existência de uma filosofia genuinamente latino-americana. Nesse mesmo período, surgiu um dos mais importantes nomes da filosofia latino-americana e da Filosofia da Libertação, Enrique Dussel, com vasta obra que passa pela teologia, pela história, pela ética, pela filosofia política e por outros temas. Também nos detivemos na abordagem sobre o pensamento de alguns dos principais representantes da filosofia na América Latina dessa época. Finalizamos o capítulo analisando a filosofia no Brasil, destacando os principais nomes e pensadores, tanto homens quanto mulheres.

A filosofia contemporânea, tanto a latino-americana quanto a brasileira, tem se mostrado muito produtiva, com importantes nomes, ideias e contribuições para o pensamento filosófico – seja de comentadores de pensadores clássicos já consagrados, seja de produtores de um pensamento original. Se o reconhecimento de todos os teóricos ainda não se dá como ocorreu com Paulo Freire ou Enrique Dussel, por exemplo, não é pela qualidade de sua produção, mas por questões de relações de poder que perpassam até mesmo o campo das ideias. Como um país e um continente que ainda ocupam uma posição subalterna na ordem mundial, até mesmo nossas ideias pagam o preço por essa submissão.

Atividades de autoavaliação

1. Leia este texto:

   Inspirada na História do marxismo, *edição coordenada por Eric Hobsbawm (1983-1989) entre 1978-1982 e traduzida no Brasil a partir de 1983, a versão brasileira foi planejada em torno de três eixos temáticos: "a recepção e apropriação teórica do marxismo no Brasil, sua influência na análise e interpretação da sociedade brasileira e a trajetória das organizações que nele se inspiraram" (Quartim de Moraes; Aarão Reis, 2007a, p. 7). Esses eixos foram desdobrados em blocos distintos, "(1) o influxo das teorias, doutrinas e revoluções internacionais; (2) a formulação do marxismo no Brasil: autores e correntes; (3) a história das organizações marxistas no Brasil: experiências e momentos relevantes (ibidem)".* (Musse, 2008, p. 327)

   Tendo em vista os conteúdos abordados no capítulo, analise as afirmações a seguir sobre a relação entre o pensamento filosófico latino-americano da segunda metade do século XX e os acontecimentos históricos do mesmo período e marque V para a(s) verdadeira(s) e F para a(s) falsa(s):

   ( ) O XX Congresso do Partido Comunista da União Soviética e a Revolução Cubana provocaram profundas mudanças no pensamento marxista latino-americano.

   ( ) Segundo Paulo Netto, os partidos comunistas deixaram de ter uma espécie de monopólio sobre o marxismo, abrindo espaço para pensadores marxistas não ortodoxos chegarem à América Latina.

( ) As mudanças provocadas pela Igreja Católica a partir do Concílio Vaticano II e do Conselho Episcopal Latino-Americano aproximaram religiosos e pastorais com bandeiras e lutas tradicionalmente dos movimentos de esquerda.

( ) Segundo Dussel, à época dos governos populistas, alguns jovens puderam estudar na Europa e, quando regressaram, trouxeram ideias tais como as de Wittgenstein e Frege, a lógica matemática e a simbólica, a filosofia da ciência, a filosofia da linguagem e outras.

Assinale a alternativa que apresenta a sequência correta:

a) F, V, V, V.
b) V, V, V, V.
c) V, F, F, V.
d) F, V, V, F.

2. Leia o excerto de texto a seguir:

A FL (filosofia da libertação) é considerada a mais importante corrente filosófica surgida no continente americano, mais especificamente na Argentina com Enrique Dussel, em inícios da década de 70, mas com importantes antecipações no México (Leopoldo Zea) e Peru (A. Salazar Bondy). Um saber filosófico que pensa e actua no sentido da busca da soberania cultural (no mais amplo sentido) latino-americana, e que faz contra o sentimento de "dominação colonizadora", a sua imagem de marca.
(Gomes, 2015)

Tendo em vista os conteúdos tratados neste capítulo e o excerto reproduzido, analise as afirmações a seguir sobre a história da Filosofia da Libertação e marque V para a(s) verdadeira(s) e F para a(s) falsa(s):

( ) Sua história pode ser dividida em três períodos: emergência; período de crítica e difusão; e período de consolidação.
( ) Surgiu na década de 1970 a partir das reflexões do filósofo argentino Enrique Dussel.
( ) A Filosofia da Libertação, surgida na década de 1970, foi a segunda, pois a primeira remete ainda ao período colonial, com Bartolomé de las Casas.
( ) Segundo Dussel, a libertação não é somente dos latino-americanos, mas também dos demais povos do Hemisfério Norte.

Assinale a alternativa que apresenta a sequência correta:
a) F, V, V, F.
b) F, V, V, V.
c) V, V, V, V.
d) V, F, F, V.

3. Leia o texto a seguir:

As universidades latino-americanas seguem sendo, em grande medida, um refúgio do pensamento conservador. Certamente, as universidades criadas durante a época colonial haviam mudado. Sem embargo, no início do século XX, a Igreja Católica havia recuperado sua influência anterior e, sobretudo, as oligarquias utilizavam a universidade para defender um sistema de pensamento criticado no exterior. (Dabène, 2003, p. 61)

Considerando os conteúdos do capítulo e o excerto apresentado, analise as afirmações a seguir sobre o pensamento de Nimio Manuel de Anquín e de Golbery do Couto e Silva e assinale a alternativa correta:

a) Influenciado pelas ideias de Hegel, Anquín era contra a constituição de um estado nacional sindicalista, determinado por ideias fascistas.
b) Grande conhecedor da lógica e da metafísica de Aristóteles, Anquín sofreu perseguição por seus posicionamentos contra as ideias fascistas.
c) Golbery foi o principal articulador da "linha dura" que se instalou na ditadura militar brasileira a partir de 1968, com o AI-5.
d) Golbery do Couto e Silva foi o principal ideólogo da Doutrina de Segurança Nacional que orientou os militares durante o regime militar de 1964 a 1985.

4. Leia o excerto a seguir:

A constante da obra de Zea é a realidade histórica da América Latina. O continente é o marco referencial de sua obra que se situa e se explica desde a própria América Latina. A propósito, usou o termo "América Latina" ou "Latinoamérica", desconsiderando o termo "Iberoamérica", por exemplo. Zea não tem compromissos com a potência colonizadora. E nele é constante a preocupação por conseguir estabelecer um discurso libertador desde – e sobre – a América Latina. (Altmann, 2005, p. 146-147)

Tendo em vista os conteúdos do capítulo e esse texto, analise as afirmações a seguir sobre as características do pensamento filosófico de Leopoldo Zea e marque a alternativa correta:

a) Segundo Zea, o "descobrimento" da América foi um encobrimento de culturas e saberes ancestrais dos povos que aqui habitavam por meio de um processo ideológico de mestiçagem e extermínio.

b) Sua filosofia defendia que a libertação dos povos latino-americanos foi obra de um herói como Simón Bolívar e não da integração e da solidariedade latino-americana.

c) Para Zea, não há originalidade no pensar os problemas latino-americanos, pois é feito com as categorias desenvolvidas pelos filósofos europeus ou gregos.

d) Leopoldo Zea concorda com o entendimento de Augusto Salazar Bondy de que não existe uma filosofia original em nosso continente, mas mera repetição do pensamento europeu.

5. Leia este texto:

Lecionando "Pensadoras da Educação" e "As Pensadoras: mulheres invisíveis, sujeitos esquecidos na história da filosofia", percebi o quanto estamos longe de reunir e articular, significativamente, aquelas personas femininas que filosofaram, em uma obra de referência que ilumine os seus saberes e práticas, num conjunto capaz de revelar os interesses destas mulheres que nos precederam, e suas contribuições culturais para nós todos. Personas femininas capazes de contar outra história, uma possível história das pensadoras brasileiras e latino-americanas, com as quais pudéssemos dialogar, desde o presente, rumo ao passado multicultural que nos constituiu nestas longitudes e latitudes. (Wuensch, 2015, p. 115)

Considerando os conteúdos tratados no capítulo, analise as afirmações a seguir sobre o pensamento das filósofas brasileiras e assinale V para a(s) verdadeira(s) e F para a(s) falsa(s):

( ) Marilena Chaui é crítica feroz de uma parte da classe média e da elite econômica brasileira pelo fato de suas ideias estarem próximas daqueles que gestaram os regimes fascistas na Europa.

( ) Segundo Sueli Carneiro, a mulher negra sofre uma dupla opressão: de gênero e de etnia.

( ) Para Viviane Mosé, a "ditadura da felicidade" nos impede de viver plenamente, como *amor fati*, até mesmo o sofrimento, como uma experiência que poderia nos conduzir ao crescimento.

( ) Segundo Marcia Tiburi, é fácil conversar com um fascista, pois ele sempre está aberto ao diálogo.

( ) Segundo Marcia Tiburi, há um medo exagerado hoje de as pessoas dizerem o que pensam, com medo de serem cassadas, presas, punidas.

Assinale a alternativa que apresenta a sequência correta:

a) F, V, V, F, V.
b) V, V, V, F, V.
c) V, V, V, V, F.
d) V, F, F, V, V.

Atividades de aprendizagem

Questões para reflexão

1. Leia o seguinte fragmento:

   Debater a possibilidade da filosofia na América Latina não é tema novo e já foi enfrentado na célebre e talvez falsa polêmica entre o mexicano Leopoldo Zea e o peruano Augusto Salazar Bondy. Pontua-se talvez falsa porque, apesar da divergência entre afirmar ou negar um pensamento filosófico latino-americano existente entre os autores, uma premissa era comum a ambos: a importância de problematizar o assunto. A simples intenção de discutir o tema no modelo da provocação e da resposta já era representativa de um consenso. (Berclaz, 2014)

   Agora, considerando o estudo do capítulo, bem como as leituras realizadas até aqui, responda à "provocação" de Augusto Salazar

Bondy: Existe uma filosofia latino-americana? Justifique sua resposta por meio de um texto dissertativo sobre o tema.

2. Leia o excerto a seguir:

"A prática pedagógica é sempre tributária de determinada teoria que, por sua vez, pressupõe determinada concepção filosófica" (Saviani, 1990, p. 8). Por exemplo, quando nos referimos à Pedagogia Histórico-Crítica sabemos que sua filosofia é o marxismo ou o materialismo histórico. No entanto, quando nos referimos à Pedagogia do Oprimido de Paulo Freire, temos dificuldade em identificar qual é a filosofia deste educador, uma vez que o mesmo dialoga com muitos autores de filosofias diferentes.
(Zanella, 2010, p. 102)

Agora, considerando o excerto e a leitura do capítulo, elabore um texto em que você se posicione criticamente a respeito da seguinte afirmação de Paulo Freire: "Não existe um processo educacional neutro. A educação ou funciona como instrumento usado para facilitar a integração da geração mais jovem na lógica do sistema atual e trazer conformidade à mesma, ou então torna-se a 'prática da liberdade'" (Freire, 2000, p. 15).

Atividade aplicada: prática

1. Uma das atividades primordiais da filosofia é o trabalho com conceitos. Por outro lado, o mapa mental é uma excelente ferramenta para quem quer trabalhar com conceitos de maneira visual e, por vezes, quer relacionar aqueles de diferentes autores sobre um mesmo problema. Como atividade prática deste capítulo, elabore um mapa mental relacionando a aprendizagem dialógica de Paulo Freire com o conceito de alteridade de Enrique Dussel.

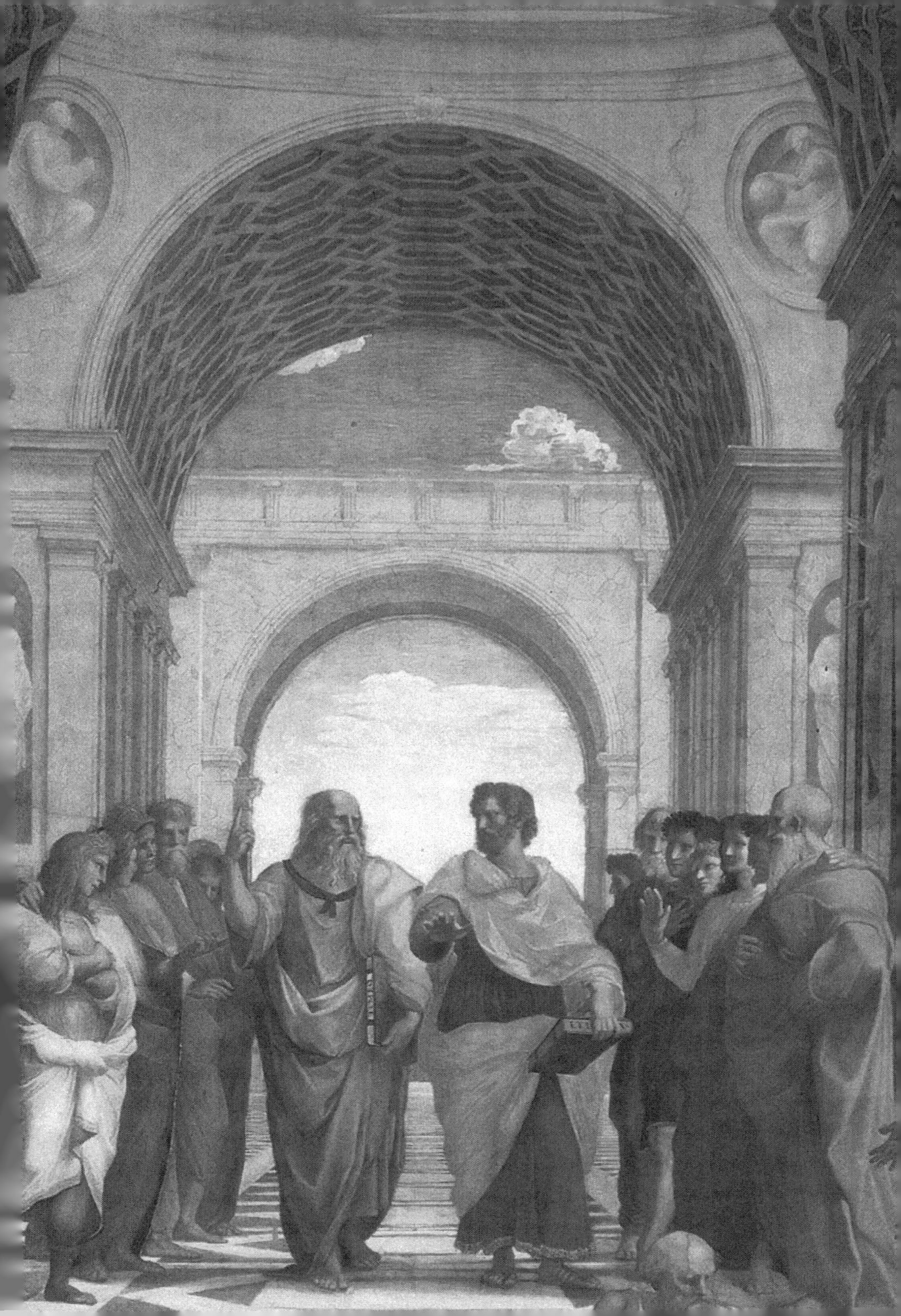

Filosofia da Libertação

Neste capítulo, nosso objetivo é situar as filosofias latino-americanas da libertação, alguns de seus principais expoentes e suas contribuições no contexto da filosofia contemporânea. Ao final, analisaremos como vem ocorrendo a construção dessas filosofias no Brasil.

6.1
Nascimento da Filosofia da Libertação

Ao término do capítulo anterior, aludimos à Filosofia da Libertação e neste vamos desenvolver um mais pouco o tema, que tem suas origens na América Latina. Como início da reflexão sobre o nascimento da Filosofia da Libertação, observemos a gravura de Joaquín Torres García* (Figura 6.1).

Figura 6.1 – América invertida (1943)

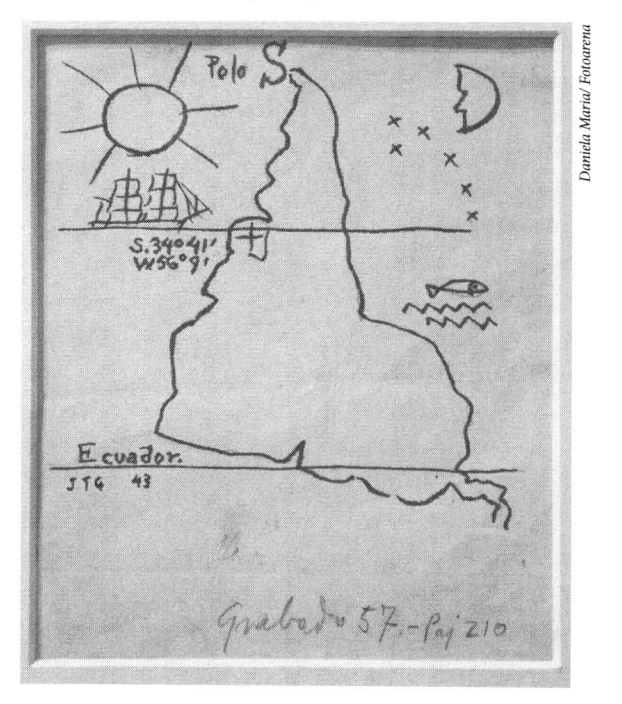

![América invertida by Joaquín Torres García, 1943]

GARCÍA, J. F. **América invertida**. 1943. Tinta sobre papel; 22 × 16 cm. Fundación Joaquín Torres García, Montevideo.

---

* Joaquín Torres García (1874–1949), importante artista uruguaio do século XX, foi desenhista, pintor, escritor, professor, escultor e reconhecido internacionalmente por seu trabalho. É possível encontrar mais informações sobre esse autor e suas obras em: <http://www.artemercosur.org.uy/artistas/torres/>. Acesso em: 13 ago. 2018.

"Nosso Norte é o Sul, por isso agora colocamos o mapa ao contrário", declarou o artista (García, 1943, p. 291), chamando à reflexão sobre o fato de que para nós, latino-americanos, não deveria haver norte, senão em oposição ao sul.

O que essa imagem e essa afirmação provocam? Olhar o mapa em outra perspectiva, inverter o mapa é um convite a observarmos espaços, territórios, suas gentes e suas histórias de modo não habitual, reeducando o olhar. O norte como referência deu origem ao verbo *nortear* como sinônimo de *orientar, guiar, encaminhar, conduzir, dirigir, regular*. O Norte a que nos referimos diz respeito à Europa Ocidental que se impôs sobre os povos do Sul no processo de conquista e de colonização da América.

A gravura nos convida a buscar outra orientação, a partir de nós mesmos, outro guia: o Sul. A arte de Joaquín Torres García é uma das expressões de percursos multidisciplinares – nos quais se inclui a filosofia – que representam elaborações acerca das diversas condições históricas de dominação na América Latina. Trata-se, portanto, de "sulear", ou seja, desenvolver outro olhar, crítico e criativo sobre a América Latina.

Olhando criticamente para a América Latina, Galeano* (1990, p. 7) afirma:

> *Não nascemos na Lua, não moramos no sétimo céu. Temos a alegria e a desgraça de pertencer a uma região atormentada do mundo, a América Latina, e de viver num tempo histórico que nos golpeia com força e dureza. As contradições da sociedade de classes são, aqui, mais ferozes que nos países ricos. A miséria generalizada é o preço que os países pobres pagam para que seis por cento da população mundial possa consumir impunemente a metade da riqueza gerada pelo mundo inteiro. É muito maior a distância, o abismo, que se abre na América Latina entre o bem-estar de poucos e*

---

* Escritor e jornalista uruguaio, Eduardo Galeano (1940-2015) escreveu mais de 40 livros, entre eles: A*s veias abertas da América Latina*; *Memória do fogo* (trilogia); *O livro dos abraços*; *As palavras andantes*; *Mulheres*; e *Os filhos dos dias*.

a desgraça de muitos; e são mais selvagens os métodos necessários para manter essa distância intocada.

Ribeiro* (2010, p. 20), outro importante intelectual latino-americano, argumenta: "Nós, latino-americanos, só temos duas opções: nos resignarmos, ou nos indignarmos. Eu não vou me resignar nunca". Essa expressão ilustra o que move as filosofias da libertação desde sua origem: não se resignar, não renunciar à possibilidade de outro mundo sem dominação e opressão.

A América Latina é resultado de um processo civilizatório de mais de cinco séculos que começou com a expansão europeia, extinguiu milhares de povos e exterminou pelo menos três altas civilizações**. Na descrição de Darcy Ribeiro, o povo latino-americano teve sua configuração histórica marcada pela violência do projeto civilizatório iniciado pelos navegadores portugueses e espanhóis no século XV:

> *Somos filhos da multiplicação prodigiosa de uns poucos europeus e contados africanos sobre milhões de ventres de mulheres indígenas, sequestradas e sucessivamente estupradas. [...] Sobre esses mestiços, filhos de ninguém, culturalmente empobrecidos, é que fomos feitos, num continuado etnocídio regido pelo mais hediondo eurocentrismo.*
> (Ribeiro, 2010, p. 107)

Essa configuração histórica é também marcada por lutas por libertação e remete a séculos de resistência dos povos originários, dos povos afrodescendentes filhos da diáspora africana e demais lutas populares, desde a modernidade até a globalização atual.

---

* Antropólogo, escritor, educador e político brasileiro, Darcy Ribeiro (1922-1997) escreveu, entre outras obras: *O povo brasileiro: a formação e o sentido do Brasil*; *Os índios e a civilização: a integração das populações indígenas no Brasil moderno*; *O dilema da América Latina: estruturas de poder e forças insurgentes*.

** Darcy Ribeiro refere-se à extinção das civilizações inca, maia e asteca.

No início do século XVI, ou seja, no vigor das atrocidades cometidas pelo processo colonizador, o frade dominicano Bartolomé de las Casas* viajou à Espanha para denunciar as violências praticadas contra os indígenas e dedicou sua vida à defesa desses povos. Enrique Dussel, no livro *Política da libertação*, recupera a importância de Bartolomé de las Casas como o primeiro antidiscurso libertador contra o nascente pensamento filosófico da modernidade, ao argumentar em favor da humanidade dos índios e africanos escravizados:

> *Bartolomé de las Casas é um crítico da Modernidade cuja sombra cobre os últimos cinco séculos. É o "máximo de consciência crítica mundial possível", não só desde a Europa – como eu mesmo pensava até escrever estas páginas –, mas, também, desde as próprias Índias, desde os ameríndios. [...] Diante de uma realidade de uma violência que se estenderá posteriormente à África e à Ásia, diante do não-ouvido para o grito do Outro, se levantou esse primeiro antidiscurso filosófico da Modernidade. [...] Por isso, queremos dar ao pensar filosófico político de Bartolomé de las Casas uma importância epistemológica ainda não reconhecida na história da filosofia moderna.*
> (Dussel, 2014, p. 214-215)

Reformulando a história acerca da modernidade, Enrique Dussel situa seu marco inicial em 1492, com o processo de conquista da América Latina, ou seja, a modernidade teria como a outra face do colonialismo** a conquista e o encobrimento do Outro periférico. Essa releitura desloca a concepção oficial de que a modernidade teria se iniciado com as

---

* Bartolomé de las Casas (1484-1566), espanhol de nascimento, chegou à América como soldado e depois se tornou sacerdote católico. Considerado o primeiro religioso ordenado nesse continente, foi teólogo, escritor e bispo de Chiapas, México.

** O intelectual peruano Aníbal Quijano utiliza o termo *colonialismo* para se referir à experiência específica da conquista e colonização que gestou padrões de dominação social sem precedentes na história até o século XV.

Revoluções Burguesas*, nos séculos XVII e XVIII, e inclui Espanha e Portugal, séculos antes, como precursores da modernidade europeia (Dussel, 1993, p. 22-24).

A América Latina chegou ao século XX marcada por profundas desigualdades sociais, com altos índices de concentração de riquezas, implementou a modernização industrial capitalista, acirrou um modelo de Estado autoritário pela violência política das ditaduras civil-militares, com a violação dos direitos humanos mediante torturas, perseguições, exílios e mortes. Esse contexto foi o terreno fértil que fomentou os debates sobre a temática da libertação.

A Filosofia da Libertação é um movimento filosófico que nasceu na América Latina e se projetou mundialmente. É representativo da tomada de consciência da realidade periférica latino-americana em relação às forças coloniais e imperiais de países da Europa ou dos Estados Unidos e da necessidade de um pensamento próprio, não apenas original, mas que proporcione processos de transformação. Essa tomada de consciência dialoga criticamente com a tradição filosófica e o modo como incide sobre o Sul periférico, efetivando críticas ao monopólio do saber centrado na Europa ou nos Estados Unidos.

Os antecedentes da Filosofia da Libertação remetem a uma geração de pensadores latino-americanos que, no período posterior à Segunda Grande Guerra, nas décadas de 1950 e 1960, produziram importantes reflexões sobre a América Latina, em especial sobre a história das ideias no continente: Leopoldo Zea (México); Arturo Ardao (Uruguai); Francisco Romero (Argentina); Augusto Salazar Bondy (Peru); João Cruz Costa (Brasil); e outros.

---

* São consideradas Revoluções Burguesas as ocorridas na Inglaterra, a Puritana e a Gloriosa, no século XVII, e a Francesa, ocorrida em 1789.

O trabalho realizado por esses intelectuais é um marco para a filosofia latino-americana, pois pela primeira vez organizam obras sobre a história da filosofia por países e iniciam interpretações em conjunto, recuperando autores, analisando diferentes correntes filosóficas europeias e suas implicações na realidade latino-americana, construindo um importante debate acerca da natureza e do sentido do filosofar no continente.

De maneira geral, torna-se evidente que a filosofia latino-americana, desde a invasão europeia de 1492, não tem um rosto próprio, é um filosofar sob a perspectiva do Norte, em que filósofos aplicam na realidade local aquilo que aprendem na Europa e posteriormente nos Estados Unidos.

Para o filósofo peruano Francisco Miró Quesada, desde a década de 1950, Leopoldo Zea

> *começa a elaborar os conceitos básicos de uma filosofia da libertação, complemento inevitável da teoria da cultura da dependência, que está em gérmen nos trabalhos de 1956 e que culmina em 1969 com a publicação de seu livro* La Filosofía Americana Como Filosofía Sin Más, *com contribuições à filosofia da libertação numerosas e sistemáticas.* (Miró Quesada, 1981, citado por Mance, 2000, p. 34-35)

Na origem do movimento da Filosofia da Libertação, Raúl Fornet-Betancourt, filósofo cubano residente na Alemanha, situa a contribuição da teoria da dependência* como categoria interpretativa

---

* A teoria da dependência surgiu no início dos anos 1960, vinculada à Comissão Econômica Para a América Latina e o Caribe (Cepal) como uma tentativa de explicar o desenvolvimento socioeconômico da América Latina, em especial a partir de sua fase de industrialização. Propunha-se a entender a reprodução do sistema capitalista de produção na periferia, na condição de um sistema que criava e ampliava diferenciações em termos políticos, econômicos e sociais entre países e regiões, de forma que a economia de alguns países era condicionada pelo desenvolvimento e expansão de outras.

que iria contribuir na compreensão da realidade latino-americana, abrindo um horizonte para os debates e buscas de alternativas de libertação (Fornet-Betancourt, 1993). Essa teoria produziu importantes elaborações acerca do subdesenvolvimento latino-americano, não como um estado natural nem como simples produto de uma história isolada, mas como produto do desenvolvimento histórico e da hegemonia do poder econômico-político do mundo moderno.

Desse ponto de vista, de uma realidade de dependência e dominação, a filosofia encontrou um ponto de partida, ou seja, foi levada a assumir o contexto latino-americano como horizonte de elaboração e proposição. O que de início estava caracterizado como filosofia latino-americana passou a ser Filosofia da Libertação em virtude das determinações históricas que exigem a reflexão, a compreensão e a temática da libertação como problema filosófico:

> *E, levando-se em conta que a América Latina é, dentro do marco interpretativo da teoria da dependência, o horizonte de compreensão que possibilita seu próprio descobrimento como realidade oprimida e alienada em sua verdadeira identidade, esta determinação significa que a pergunta pela constituição de uma filosofia latino-americana implica a consciência do americano em seu sentido peculiar e próprio, em sua diferença ontológica e antropológica. Vemos, portanto, que, ao operar com a realidade americana como horizonte de compreensão determinante de sentido da atividade filosófica, leva a concretizar a pergunta inicial pela possibilidade de constituir uma filosofia da libertação e a propor consequentemente esta questão como o problema da elaboração de uma filosofia que, inserindo-se no movimento geral da libertação, funde-se como reflexão afirmadora do americano em sua peculiaridade e contribua, assim, para sua plena libertação.* (Fornet-Betancourt, 1993, p. 139)

Para o filósofo brasileiro Euclides André Mance, a Filosofia da Libertação, de modo mais sistemático, desenvolveu-se a partir da década de 1960, em diálogo com diversas correntes como: Pedagogia Libertadora, de Paulo Freire (início dos anos 1960); Sociologia da Libertação, de Pedro Negre Rigol (1975); Teologia da Libertação, de Gustavo Gutiérrez (1971), Leonardo Boff (1972), Juan Luis Segundo (1975) e outros; filosofia latino-americana, com vários autores, destaque num primeiro momento para Enrique Dussel (1972); Ciência e Libertação, de José Leite Lopes (1969); na África, elaborações de Frantz Fanon e Ebénézer Njoh-Mouelle (1961); na Europa, Herbert Marcuse (1969); e, nos anos 1980-1990, ampliou-se com o diálogo filosófico internacional sobre as temáticas de libertação no Programa de Diálogo Filosófico Norte-Sul. Como filosofia, sua origem não pode ser compreendida como obra de um autor, de uma única região ou de uma única síntese.

Houve um núcleo importante de propulsão da Filosofia da Libertação a partir da Argentina, na década de 1970. Em Buenos Aires, um grupo de jovens filósofos organizou a I Semana Acadêmica na Universidade de Salvador, em agosto de 1970, que teve como temática o pensamento argentino, latino-americano e antieurocêntrico. No ano seguinte, ocorreu o I Congresso Nacional Argentino de Filosofia, com importantes debates acerca da possibilidade de um filosofar autêntico no continente.

Outro marco constitutivo da Filosofia da Libertação, segundo o filósofo brasileiro Hugo Assmann, foi o II Congresso Nacional de Filosofia em Córdoba (1972), Argentina (Schnorr, 2012). Foi criada a *Revista de Filosofia Latino-Americana*, e outros periódicos passaram a publicar essas temáticas, assim como foram realizados diversos eventos como seminários e congressos em vários países, como Chile, Colômbia, Peru e Brasil (Schnorr, 2012).

Na IV Semana Acadêmica, em agosto de 1973, na Argentina, ocorreu um Simpósio da Filosofia Latino-americana, que contou com a participação de mais de 800 pessoas e a presença de expoentes do pensamento latino-americano, como Leopoldo Zea (México), Augusto Salazar Bondy (Peru) e Félix Schwartzmann (Chile), entre outros importantes filósofos.

Foi nesse contexto argentino que, segundo Assmann (citado por, Schnorr, 2012), surgiu o termo *Filosofia da Libertação*; no entanto, como afirmado anteriormente, não é possível vincular a origem dessa vertente a um único país ou autor, pois se trata de um movimento plural.

A gestação e gradual sistematização da Filosofia da Libertação tiveram forte referência extrauniversitária e aproximação com movimentos sociais populares. Nesse período, as ditaduras estavam em expansão e a situação de repressão política aumentou. Assassinatos de lideranças, desaparecimentos, prisões e torturas marcaram o solo latino-americano, e os filósofos da libertação também foram atingidos. Em 2 de outubro de 1973, a residência de Enrique Dussel, na Argentina, sofreu um atentado a bomba numa ação organizada pela direita peronista.

Em 1975, realizou-se o Encontro de Filosofia de Morelia (México), que significou o lançamento formal e público da Filosofia da Libertação para toda a América Latina. Nesse mesmo ano, teve início o exílio de vários filósofos da libertação em decorrência do aumento da repressão dos regimes ditatoriais.

A partir da década de 1980, passa a vigorar o Programa de Seminários do Diálogo Filosófico Norte-Sul* e, em 1982, houve a constituição da Asociación de Filosofía y Liberación (Afyl), coordenada por Enrique Dussel e hoje com eventos em vários países.

A Filosofia da Libertação, portanto, desde sua emergência nos anos 1960 e 1970 até os dias atuais, representa uma perspectiva de filosofar aberta, como corrente complexa da qual nascem diferentes posições e contribuições (Schnorr, 2012).

---

* De acordo com Mance (2000, p. 62), até 1997 ocorreram seis encontros do programa: 1º) Freiburg-in-Brisgau, em 1989, com o tema "Filosofia da Libertação: Fundamentação da Ética na Alemanha e América Latina"; 2º) Cidade do México, em 1991, com maior participação de filósofos norte-americanos e no qual apresentaram trabalhos Raúl Fornet-Betancourt, Karl-Otto Apel, Edmund Arens, Michael Barber, Michael Candelaria, Enrique Dussel, Vittório Höesle, Heinz Krumpel, James Marsch e Hans Schelkshorn; 3º) Mainz, na Alemanha, em 1992, com o tema "Diálogo Intercultural no Conflito", com apresentação de trabalhos de Hugo Assmann, Sirio Lopez Velasco, James Marsch, Michael Barber, Michael Candelaria, Enrique Dussel, Osvaldo Ardiles, Helmut Thielen e Franz J. Hinkelammert; 4º) São Leopoldo-RS, em 1993, com o tema "Razão e Contextualidade"; 5º) Eischstätt, Alemanha, em 1995, com o tema "Pobreza, Ética e Libertação: Interpretações e Modelos de Ação na Perspectiva Norte-Sul"; 6º) também em Eischstätt, em 1996, com o tema "Pobreza, Globalização e Direito à Própria Cultura". Segundo Jovino Pizzi (2010), o sétimo seminário foi realizado na Escola Superior de Teologia, em São Leopoldo, em maio de 2010, sob o tema "Vida Cotidiana: lugar de intercâmbio ou nova colonização entre norte e sul?". Mais recentemente, instaurou-se mais um importante espaço de debate com a realização, no Brasil, de Congressos de Filosofia da Libertação (um deles foi o sediado pela Universidade Federal da Bahia, que ocorreu no Kilombo Tenondé).

6.2
Alguns dos principais nomes e obras

É ampla a produção da Filosofia da Libertação, e são inúmeros os autores e autoras que se destacam nesse movimento. Nos limites deste capítulo apontaremos apenas alguns desses nomes e obras de destaque.

6.2.1 Augusto Salazar Bondy

Augusto Salazar Bondy nasceu em Lima, no Peru, e estudou Filosofia em seu país de origem, no México e na França. Dedicou-se a estudos sobre fenomenologia, marxismo e filosofia analítica num esforço de síntese e de superação dessas tendências filosóficas. Atuou na vida política de seu país, participando do Movimento Social Progressista (1955), para o qual escreveu o documento "Bases del Socialismo Humanista Peruano", que contém fundamentos de um programa para as eleições presidenciais de 1962; no entanto, com a derrota, o movimento se dissolveu. Foi vice-presidente da Comissão de Reforma da Educação no Peru, em 1969, e, em 1971, elegeu-se presidente do Conselho Superior de Educação.

Em 1948, participou, no México, do seminário História do Pensamento Hispano-Americano, organizado por José Gaos*, filósofo espanhol radicado nesse país. Após o contato com Gaos e com Leopoldo Zea, assumiu a necessidade de contribuir para a construção da história das ideias de um ponto de vista legitimamente peruano.

O livro *¿Existe una filosofía de nuestra América?* (1968), de Salazar Bondy, oferece uma importante contribuição no tocante à questão "Qual o sentido do filosofar neste contexto, a América Latina?", a qual esteve no cerne dos primeiros debates que deram origem à Filosofia da Libertação.

---

* José Gaos foi um filósofo espanhol que residiu no México na condição de exilado em virtude da Guerra Civil Espanhola, adotando-o posteriormente como seu país.

Como pontuamos anteriormente neste livro, Salazar Bondy, ao apresentar argumentos de que o pensamento filosófico latino-americano não tinha autenticidade, realizou uma análise crítica desse pensamento. Para esse estudioso, na América Latina, a tradição de pensamento indígena não foi incorporada ao processo de filosofar latino-americano, e adaptamos nosso pensamento do modelo europeu colonial.

Os principais escritos de Salazar Bondy são: *La filosofía en el Perú: panorama histórico* (1954); *Irrealidad e identidad* (1958); *En torno de la educación (ensayos y discursos)* (1965); *Historia de las ideas en el Perú contemporáneo* (dois volumes) (1965); e *¿Existe una filosofía en nuestra América?* (1968).

6.2.2 Leopoldo Zea

O filósofo mexicano Leopoldo Zea é um dos grandes expoentes da filosofia latino-americana. Foi professor na Universidade Autônoma do México e dedicou sua vida à produção teórica com efetiva inserção social e política na defesa da unidade cultural latino-americana. Seus escritos são marcados por diversas influências teóricas e pela realidade instável das sociedades latino-americanas. José Gaos o apresentou à fenomenologia de Edmund Husserl e Martin Heidegger. Zea teve também contato com a sociologia do conhecimento de Karl Mannheim, com a filosofia da história de Georg Hegel e com a antropologia de Jean-Paul Sartre e dialogou com as contribuições do filósofo espanhol José Ortega y Gasset e do mexicano José Vasconcelos, o pensador da raça cósmica.

Leopoldo Zea discordava dos argumentos de Salazar Bondy e, no livro *La filosofía americana como filosofía sin más* (1969), expôs sua posição. A filosofia latino-americana, que teria se desenvolvido de uma situação de alienação e dominação, contemplava, para esse autor, momentos autênticos que deviam ser considerados. Zea defendeu que a criação filosófica latino-americana se realiza imitando o espírito das filosofias europeias e que com esse esforço se configura uma série de filosofias nacionais. A história das ideias filosóficas em nosso continente apresenta um horizonte que não é inferior ao das ideias filosóficas europeias, apenas distintos, pois são expressões de experiências humanas que correspondem a situações distintas. Enfocam problemas que nos preocupam, e isso não é menos filosofia.

Humanista, analisando as condições de dependência cultural e as necessidades de libertação, Zea apresentou formulações filosóficas no campo das ontologias latino-americanas, avançando para a universalidade desse filosofar, tal como ele o concebe: "a filosofia do mexicano, assim como a do americano, tratam de conciliar historicidade e universalidade, inserir-se **no** nacional e verificar a contribuição **do** nacional e **do** americano ao patrimônio filosófico mundial" (Cesar, citado por Mance, 2000, p. 36, grifo do original).

A libertação, para Zea, é a conquista do reconhecimento da dignidade e da liberdade de todos os latino-americanos, o que exige a superação de toda forma de alienação, o fim do imperialismo, da dependência e a afirmação da autenticidade.

Seus principais escritos são: *El positivismo en México: nacimiento, apogeo y decadencia* (1943); *Dos etapas del pensamiento en Hispanoamérica* (1949); *América como conciencia* (1953); *América en la conciencia de Europa* (1955); *América en la historia* (1957); *El pensamiento latinoamericano* (1965); *La filosofía americana como filosofía sin más* (1969); *Colonización y descolonización de la cultura latinoamericana* (1970); *Latinoamerica: emancipación y neocolonialismo* (1971); *Filosofía de la historia en América* (1976); e *Discurso desde la marginación y la barbarie* (1988).

6.2.3 Arturo Andrés Roig

Filósofo e historiador argentino, nascido em Mendonza, graduado em Filosofia pela Universidade Nacional de Mendoza e pós-graduado na França, Arturo Andrés Roig se especializou inicialmente em filosofia clássica e, a partir de 1960, passou a trabalhar com a América Latina como marco de suas preocupações, participando ativamente como teórico da história das ideias e da construção da Filosofia da Libertação.

É um filósofo da libertação que, como outros pensadores latino-americanos, estudou a história das ideias na América Latina e propôs um diálogo entre a filosofia e as lutas populares no continente como condição importante para um filosofar próprio e libertador. Fazer filosofia como história das ideias representa acompanhar o processo de "nos amarmos como valiosos" em que "temos como valioso nos conhecermos" (Roig, 1981, p. 11, tradução nossa). Esse movimento incluiu modos de alienação que, como tais, devem ser compreendidos como etapa do processo histórico em busca da desalienação. Em tal compreensão, deve-se explicitar a conexão histórica, econômica, política e social entre o filosófico e o extrafilosófico (Schnorr, 2012).

O núcleo desse filosofar é ético, estético, político, antropológico e pedagógico, entendendo-se a filosofia como história das ideias e não como a tradicional história da filosofia. A razão dessa proposição é: querer fazer filosofia e história a partir de nossas coisas e fazer discurso sobre o que é nosso. Para isso, Roig propõe que a primeira tarefa é conhecer "nossas ideias", nossos pensadores, nossa cultura, nossas lutas.

Como a liberdade política não se reduz à liberdade de pensamento, a filosofia como libertação compartilha as ideologias dos oprimidos, seu estatuto epistemológico. Em sintonia com Leopoldo Zea, Roig assegura que, ante o modelo do filosofar europeu, cabe "filosofar sem mais", sendo o conteúdo latino-americano o que determinará o caráter desse filosofar:

> *devemos filosofar, não para fazer 'filosofia latino-americana', mas simplesmente para 'filosofar', mas um filosofar autêntico, isto é, que reúna dialeticamente o universal com o particular, o concreto, que não é outra coisa que o nosso [nossa realidade] enquanto objeto preeminente, por onde tal filosofar virá a ser americano.* (Roig, 1975, p. 115-116, tradução nossa)

Como tarefas da filosofia como libertação, entre outras, Roig denuncia a normatização filosófica e as formas acadêmicas de saber fundadas no modelo europeu que renegam a realidade latino-americana ou a mistificam.

Conforme já afirmamos em outro escrito (Schnorr, 2012), diante daqueles que afirmam a inexistência de um pensamento filosófico próprio na América Latina, esse pensador argumenta que depende da noção do sujeito histórico e, em particular, do sujeito do filosofar. Se o sujeito for aquele que "escreve" livros de filosofia – desde o século XIX –, o panorama será um; se entendermos que a filosofia não se reduz a um discurso tal como aquele que se tem praticado nas tradições acadêmicas, o panorama será outro e outra será a metodologia, outra será a filosofia (Roig, 1975).

Na filosofia como história das ideias, do mesmo modo que se poderia explicitar a relação entre filosofias acadêmicas e ideologias que sustentaram e sustentam sistemas de dominação, propõe-se pesquisar a relação entre as ideologias dos oprimidos e as filosofias de libertação no processo de desalienação. Nesse sentido, Roig ressalta a necessidade de interfaces entre a filosofia e outras áreas de conhecimento, como antropologia, literatura e teologia, fazendo-se filosofia crítica à medida que se tornar autocrítica.

Entre os principais escritos de Roig estão: *Teoría y crítica del pensamiento latinoamericano* (1981); *Filosofía, universidad y filósofos en América Latina* (1981); *Bolivarismo y filosofía latinoamericana* (1984);

El pensamiento latinoamericano del siglo XIX (1986); *Historia de las ideas, teoría del discurso y pensamiento latinoamericano* (1991); *Rostro y filosofía de América Latina* (1993); e *El pensamiento latinoamericano y su aventura* (1994).

6.2.4 Rodolfo Kusch

O filósofo argentino Rodolfo Kusch foi professor em escolas secundárias e da Universidade de Buenos Aires e realizou várias viagens a título de trabalho de campo na região noroeste da Argentina e na Bolívia. Como os demais autores aqui apresentados, organizou seminários, simpósios e jornadas acadêmicas sobre o pensamento latino-americano e tem vasta obra. Integrou o grupo de intelectuais coordenado por Juan Carlos Scannone* sobre investigações filosóficas acerca da sabedoria popular argentina e inseriu-se ativamente no movimento filosófico de libertação.

A produção filosófica de Kusch confere especial acento ao tema da cultura, explicitando a geocultura do dominador e tomando como ponto de partida os pensamentos indígena e popular, compreendidos como sabedoria popular. Para esse pensador, assumimos uma cultura que não é autêntica, em razão de ter-nos sido imposta. Diante dessa circunstância, "o problema da América em matéria de filosofia é saber quem é o sujeito do filosofar [...] O discurso filosófico tem um só sujeito e este será um sujeito cultural. [...] A filosofia é o discurso de uma cultura que encontra seu sujeito" (Kusch, 1976, p. 123, tradução nossa).

Como destacamos em outro escrito (Schnorr, 2012), para Kusch, o descobrimento e a colonização provocam o choque de duas culturas:

---

* O argentino Juan Carlos Scannone (1931), professor universitário, é autor de inúmeros livros e artigos, está nas origens do movimento da filosofia e, ao lado de Leonardo Boff (Brasil) e Gustavo Gutiérrez (Peru), é um dos importantes teólogos da libertação.

a do homem que está integrado aos ritmos do cosmos, que contempla a natureza e que com ela se identifica, e a do homem que busca ser alguém dominando-a, subjugando-a ao seu projeto, oprimindo índios e negros. Em sua obra *América profunda* (1962), Kusch argumenta que o continente latino-americano tem essas raízes opostas, que constituem sua própria possibilidade: Ser e Estar. Ambos são modos de compreender o mundo e nele existir. Nesse misto do Estar e do Ser, do americano e do europeu, emerge a ambiguidade dos símbolos, das linguagens que se impõem, na dinâmica de enfrentamento de dominação econômica, política e cultural. Somente desentranhando da América o sentido do Estar, a filosofia cumpriria seu papel no processo de superação da identidade do Ser ocidental, neste caso, dominador e opressor que se impôs à América (Mance, 1996, citado por Schnorr, 2012).

Para Rodolfo Kusch, a tarefa principal da filosofia latino-americana é a compreensão da cotidianidade. Para atingi-la, precisa construir conceitos que deem conta da multiformidade negra, indígena e europeia do fenômeno cultural americano, uma vez que ainda não teríamos formas satisfatórias de pensamento para compreendê-lo em sua complexidade, sendo necessário, desse modo, realizar uma tradução do cotidiano em linguagem filosófica, contradizendo o modo hegemônico de fazer filosofia.*

A obra de Rodolfo Kusch foi reunida em quatro volumes, publicada como *Obras completas* (1998-2007). Entre os principais títulos estão: *La seducción de la barbarie: análisis herético de un continente mestizo* (1953); *América profunda* (1962); *El pensamiento indígena y popular en América* (1971); *La negación del pensamiento popular* (1975); *Geocultura del hombre americano* (1976); e *Esbozo de una antropología filosófica americana* (1978).

---

* O pensamento de Rodolfo Kusch vem sendo retomado por diversos intelectuais em seminários, congressos, publicações etc. Desde 2013 vêm ocorrendo as Jornadas El Pensamiento de Rodolfo Kusch no âmbito do movimento Pensar a América em Diálogo.

6.2.5 Enrique Dussel

Enrique Dussel é argentino de nascimento, mas exilou-se no México em 1975 após um atentado a bomba em sua residência e, posteriormente, adotou esse país para viver. É professor na Universidade Autônoma Metropolitana (UAM) e na Universidade Autônoma do México (Unam). Sua trajetória teórica é vasta e permeada de revisões, autocríticas e superações*.

Dussel realiza uma análise da formação da sociedade ocidental e produz um sistema filosófico desde a exterioridade. Portanto, seu foco não é apenas a crítica ao modo como se faz filosofia na América Latina, pois realiza uma revisão das tradições grega, judaico-cristã, europeia, moderna e contemporânea e propõe uma filosofia da libertação com bases no Outro, na periferia.

Para o pensador, a Filosofia da Libertação objetiva somar-se teórica e praticamente àqueles que buscam transformar essa situação de dominação e dependência. Partindo da periferia, a filosofia da Dussel dirige-se ao centro, ao dominador com sua mensagem crítica. Assim, sua primeira tarefa é "destrutiva", quando critica a tradição ontológica tradicional desde Aristóteles, passando por autores modernos e com análises do pensamento de Emmanuel Levinas.

Sobre a ocidentalização do pensamento latino-americano, concorda com Leopoldo Zea, entendendo que a Filosofia da Libertação não pretende negar toda a tradição filosófica europeia, mas que, partindo desta, a supera, fazendo uma radical crítica à ontologia dialética que encobre a realidade social (Regina, 2000, citado por Schnorr, 2012). O método analético

---

* Euclides André Mance, em *Dialética e exterioridade* (1994b), realiza um estudo de categorias centrais na obra de Dussel, explicitando as revisões e superações críticas.

> *parte do outro enquanto livre, como um além do sistema da totalidade; parte, então, de sua palavra, desde a revelação do outro e que confiando em sua palavra, atua, trabalha, serve, cria... O método analético é a passagem ao justo crescimento da totalidade desde o outro e para "servi-lo" (ao outro) criativamente. A passagem da totalidade a um novo momento de si mesma é sempre dialética; tinha porém razão Feuerbach ao dizer que "a verdadeira dialética" (há pois uma falsa) parte do diálogo do outro e não do "pensador solitário consigo mesmo". A verdadeira dialética tem um ponto de apoio analético (é um movimento anadialético); enquanto a falsa, a dominadora e imoral dialética é simplesmente um movimento conquistador: dialético.* (Mance, 2000, p. 182)

Trata-se de uma abertura à palavra a todo ser a quem ela era negada, como os setores populares, que promovem uma práxis de transformação social e política. A filosofia não é política, mas tem uma função política:

> *o político é o que na libertação vai assumir o poder; o que vai organizar a nova ordem política. Enquanto que o filósofo "fica na rua", à intempérie, na exterioridade, porque ainda ante à nova ordem possível, terá que voltar-se para lançar a crítica libertadora ao sistema. Não obstante, uma é a questão política, o exercício do poder, e outra a função crítico-libertadora do pensar filosófico; uma é a política e outro o magistério. As duas funções são necessárias, porém cumprem papéis distintos e apontam a diversos fins estratégicos.* (Dussel, 1977, p. 131, citado por Schnorr, 2012, p. 115)

Enrique Dussel é reconhecido internacionalmente por seu trabalho no campo da ética, da filosofia política e do pensamento latino-americano. Como um dos fundadores da Filosofia da Libertação, dialoga com filósofos do Norte como Karl-Otto Apel, Gianni Vattimo, Jürgen Habermas, Richard Rorty, Emmanuel Levinas e outros. Seus escritos estão organizados em mais de 60 livros e mais de 400 artigos, em vários idiomas*. Entre os principais escritos** podemos citar: *1492: o encobrimento do outro – a origem do mito da modernidade* (1993); *Filosofia da Libertação: crítica à ideologia de exclusão* (1995); *Ética da libertação: na idade da globalização e da exclusão* (2000); "Europa, modernidade e eurocentrismo", artigo publicado em *A colonialidade do saber: eurocentrismo e ciências sociais* (2005); *20 teses de política* (2007); e *Política da libertação I: história mundial e crítica* (2014).

6.2.6 *Raúl Fornet-Betancourt*

Raúl Fornet-Betancourt nasceu em Holguín, Cuba, e depois de concluir os primeiros estudos, foi para a Espanha afim de cursar teologia, que trocou pelos estudos de filosofia. Seu envolvimento com o movimento estudantil e sua oposição ao regime de Franco o conduziram à extradição da Espanha. Exilado na França, deu continuidade aos estudos em Paris, quando se encontrou com Emmanuel Levinas, Michel Foucault e Jean-Paul Sartre. Residiu dois anos no Peru, período em que colaborou com o teólogo da libertação Gustavo Gutiérrez, e desde 1972 vive na Alemanha.

Desde a década de 1970, Fornet-Betancourt tem orientado seu "que fazer" filosófico em duas direções principais que se complementam: 1º) numa leitura crítica da filosofia europeia e da filosofia latino-americana, potencializando a Filosofia da Libertação como um movimento filosófico inovador; e 2º) ao abordar a potencialidade da Filosofia da Libertação rumo a um programa de filosofia intercultural – que toma maior força a partir de 1989 – do qual é considerado um dos pioneiros.

---

* A maioria de sua produção está disponível em: <http://enriquedussel.com/Home_cas.html>. Acesso em: 13 ago. 2018.

** Optamos em elencar algumas das obras desse autor disponíveis em língua portuguesa. No *site* indicado na nota anterior consta a lista completa.

Nessa abordagem, destaca-se um esforço em centrar suas reflexões acerca da Filosofia da Libertação intercultural no contexto da globalização atual, que se caracteriza pelos conflitos Norte-Sul, com o objetivo de que tal filosofia possa emergir como uma proposta alternativa em face da globalização neoliberal.

Quanto à sua trajetória teórica, recebeu, num primeiro momento, a influência da filosofia europeia, com destaque a Herder, Sartre, Marx e Levinas. Sua trajetória intelectual foi marcada também pelas contribuições de José Martí e, posteriormente, de vários autores da filosofia latino-americana, como José Vasconcelos, Leopoldo Zea, José Gaos, Agustín Basave, Luis Villoro, Alberto Wagner Reina e outros. Sua filosofia foi impactada pelo projeto da Teologia da Libertação representado por teólogos como Gustavo Gutiérrez, Leonardo Boff e Juan Carlos Scannone, assim como pela Filosofia da Libertação de Enrique Dussel, Arturo Andrés Roig e Rodolfo Kusch, autores com os quais mantém diálogo.

A filosofia, para Fornet-Betancourt, não tem um mundo próprio, fechado em si, teórico; seu mundo é cotidiano, ação-reflexão-ação. Ou seja, qualquer distinção de filosofia como atividade estritamente teórica ou puramente prática é artificial, não responde à questão central, que é o fato de que a filosofia não pode ignorar a política, pois esta é o lugar do encontro com o Outro no âmbito da interpelação sobre igualdade e justiça.

Fornet-Betancourt elaborou um programa de transformação intercultural da filosofia e estabeleceu um diálogo crítico com o pensamento filosófico latino-americano e da libertação. Para esse autor, as filosofias latino-americanas e da libertação situam-se no campo das teorias críticas, como o marxismo e a teoria da ação comunicativa, e efetivam importantes contribuições. Ao inserir o tema da interculturalidade nesse debate, situa a necessidade de uma transformação epistemológica, hermenêutica e metodológica mais profunda, que supere a perspectiva monocultural ainda presente nesses modos de filosofar:

> Pelo fato de serem transformações da filosofia não superam o horizonte de sua cultura ou âmbito cultural correspondente. São preferivelmente, transformações monoculturais da filosofia; enquanto agora nos encontramos numa situação histórica e intelectual que parece pedir uma transformação da filosofia mais radical que aquela que poderia ser levada a cabo, recorrendo ao materialismo crítico de uma determinada tradição cultural. Esta nova constelação de saberes e culturas é para nós, precisamente, a transformação intercultural; e entendemos com isso o programa de criar uma nova figura da filosofia. (Fornet-Betancourt, 1994, p. 10)

A filosofia intercultural coloca-se como essa nova figura filosófica, que se propõe a superar os esquemas filosóficos de comparação, mais aberta, convivendo com experiências filosóficas da humanidade toda, pois são inúmeras as vozes que não se expressam na filosofia (indígenas, africanas, femininas etc.). Fazendo-se polifônica, fomenta o intercâmbio, não sacraliza nem absolutiza a cultura, propondo a intercomunicação solidária como ponto de encontro entre culturas no exercício do diálogo, da crítica e da autocrítica. Renunciando à hermenêutica reducionista, ao recusar operar com um único modelo teórico-conceitual como paradigma interpretativo, a filosofia intercultural descentralizadora

> não é somente antieurocêntrica, não só liberta a filosofia das amarras da tradição, europeia, mas sim, vai além, crítica a vinculação dependente e exclusiva da filosofia com qualquer outro centro cultural, Assim, neste sentido, crítica igualmente qualquer tendência latino-americana-centrista ou de afro-centrismo etc. Sua visão é, pelo contrário, fixar a reflexão filosófica no momento da interconexão, da intercomunicação; e abrir um espaço, desse modo, a figura de uma razão interdiscursiva.
> (Fornet-Betancourt, 1994, p. 11)

Entre os principais escritos de Fornet-Betancourt, podemos elencar: *Filosofía latinoamericana: ¿Posibilidad o realidad?* (1992); *Questões de método para uma filosofia intercultural a partir da Ibero-América* (1994); *Problemas atuais da filosofia na Hispano-América* (1993); *Transformación intercultural de la filosofía latinoamericana: ejercicios teóricos y prácticos de la filosofía intercultural en el contexto de la globalización* (2001); "La interculturalidad a prueba", artigo publicado na revista *Concordia* (2006); *Filosofar para nuestro tiempo en clave intercultural* (2004); *Interculturalidade, críticas, diálogo e perspectivas* (2004); e *Mulher e filosofia no pensamento ibero-americano: momento de uma relação difícil* (2008).

6.3
Filosofia da Libertação no Brasil

O passado colonial da filosofia na América Latina confere uma conformação peculiar à experiência de filosofar. Em nosso continente, a atividade filosófica ocorre fundamentalmente nas instituições universitárias, com raízes no modelo institucional europeu, ou seja, sob as bases do colonialismo europeu – colonialismo com marcas econômicas, políticas e culturais que, por sua vez, caracterizam nossa tradição intelectual.

A filosofia ensinada em nossas universidades está voltada, principalmente, ao estudo do pensamento filosófico europeu e mais recentemente estadunidense. Exceções a essa regra são alguns professores pesquisadores que inserem no âmbito de suas disciplinas contribuições do pensamento filosófico brasileiro, latino-americano e africano. No Brasil, ainda são poucas as publicações disponíveis de títulos que revelem as contribuições de filósofos da América Latina.

Essa peculiaridade desconsidera as reflexões acerca do sentido do filosofar no continente que têm ocorrido principalmente após as proclamações de independência dos países latino-americanos em relação a seus colonizadores (Portugal e Espanha)*, com produções de diversos intelectuais brasileiros, e de forma mais significativa a partir da metade do século passado, quando temos as contribuições da Filosofia da Libertação, sinteticamente apresentada neste capítulo**.

Como mencionado anteriormente, o filósofo brasileiro Antônio Joaquim Severino, no livro *Filosofia contemporânea no Brasil* (2008), apresenta uma pesquisa que revela haver um rica produção filosófica em nossas universidades; no entanto, historicamente, a maioria dos intelectuais que praticam filosofia desenvolve seus trabalhos teóricos guiados por algum modelo já constituído, prática que leva ao risco de um transplante mecânico e descontextualizado de modelos teóricos externos.

Cabrera (2010), ao analisar a prática filosófica no Brasil, afirma que temos filósofos autênticos e "técnicos em filosofia", comentadores. Os técnicos em filosofia ocupam atualmente a quase totalidade dos departamentos de Filosofia das universidades brasileiras e não enxergam no país originalidade filosófica. Isso ocorre porque têm uma compreensão restrita de filosofia e muitas vezes desqualificam como sem sentido ou "como não sendo filosofia" aquilo que não se enquadra num certo conceito de filosofia.

---

* Por exemplo, o cubano José Martí, em 1891, publicou o ensaio filosófico e político com o título *Nuestra América*, no qual chama atenção para a necessidade de união dos povos hispano-americanos como forma de afirmação de si e em contraposição à América Anglo-Saxônica, até como modo de resistir ao imperialismo estadunidense.

** Para conhecer algumas referências sobre filosofia no Brasil, acesse: Banco de Textos sobre o Pensamento na América Latina, disponível em: <http://www.iphi.org.br/sites/filosofia_brasil/>. Sobre filosofia no Brasil, filosofia brasileira, filosofia latino-americana e Filosofia da Libertação, consulte: Grupo de Pesquisa Filosofia do Brasil e da América Latina (Fibral), disponível em: <http://fibral.blogspot.com.br/p/outros-grupos-de-pesquisa.html>. Acesse também o *site* do Instituto de Filosofia da Libertação (Ifil), disponível em: <http://www.ifil.org/>, e o *site* da Asociación de Filosofía y Liberación (Afyl), disponível em: <http://afyl.org/>.

Outra caraterística desse modo de praticar filosofia é o silenciamento da produção de filósofos brasileiros e latino-americanos. Ser bons intérpretes de autores clássicos não deveria excluir estudar autores nacionais e continentais e pensar a realidade contemporânea. Cabrera (2010) pontua que, para o ato de filosofar, o brasileiro poderia aprender com a antropofagia de Oswald de Andrade, no sentido de devorar o que é de fora, digerir e apropriar-se apenas de parte, dando-lhe sentido próprio.

Na década de 1980, a Filosofia da Libertação no Brasil sofreu uma campanha de deturpação, como podemos encontrar em Paim (1988), em um artigo intitulado "Quem tem medo da filosofia brasileira"*. Nele o autor situa os filósofos da libertação como inimigos da filosofia brasileira, deturpando o movimento e sua trajetória.

Mesmo nesse cenário adverso, a Filosofia da Libertação no Brasil tem contribuições relevantes. Como movimento em curso e, portanto, sempre se renovando, há que se destacar a existência de importantes iniciativas e produções teóricas. Desde 1995, em Curitiba, no Paraná, há o Instituto de Filosofia da Libertação, que difunde experiências de pesquisa, de educação e de filosofia em conjunto com movimentos e organizações sociais populares, refletindo a contribuição do pensamento filosófico latino-americano – particularmente, das filosofias da libertação – para a compreensão da realidade.

Há diversas e ricas produções no campo da Filosofia da Libertação no Brasil. Recentemente foi criado o Grupo de Trabalho Filosofia na América Latina, Filosofia da Libertação e Pensamento Pós-colonial,

---

* O artigo foi publicado no jornal *O Estado de S. Paulo* e reeditado pela revista *Presença Filosófica* em 1988. Dirige-se contra a Filosofia da Libertação, em especial por sua presença no Departamento de Filosofia da Pontifícia Universidade Católica (PUC-SP).

vinculado à Associação Nacional de Pós-graduação em Filosofia (Anpof) e vêm ocorrendo os Congressos Brasileiros de Filosofia da Libertação*.

Na fase atual dessa construção, tem havido maior divulgação dessas filosofias e têm sido realizados eventos significativos entre a temática da libertação e estudos sobre colonialidade, descolonialidade, filosofia africana e afro-brasileira, educação filosófica e ensino de filosofia, mulheres, feminismos e a Filosofia da Libertação, cultura e interculturalidade, economia solidária e outros.

Euclides André Mance desenvolve o conceito de libertação como práxis organizada em redes de colaboração solidária como estratégia anticapitalista em meio à globalização atual. Nesse sentido, a libertação se dá pela construção de redes complexas e concretas, com fluxos econômicos, políticos e culturais que afirmem as liberdades públicas e privadas eticamente exercidas, o que significa a afirmação do **bem viver** de cada e de todos como horizonte de libertação.

Em certa medida, podemos afirmar que a Filosofia da Libertação é um movimento amplo, que se organiza e se expressa em diversas redes, com diferentes fluxos de divulgação e promoção da utopia latino-americana relacionada à justiça e à libertação.

6.4
Alguns autores e obras da Filosofia da Libertação no Brasil

A *seguir, listamos* alguns autores e seus escritos a respeito da Filosofia da Libertação no Brasil.

---

* O V Congresso Brasileiro de Filosofia da Libertação aconteceu na cidade de Valença, povoado do Bonfim, no Kilombo Tenondé, Bahia, entre 19 e 21 de setembro de 2017. O eixo articulador foi o diálogo com os movimentos sociais populares; o evento ocorreu juntamente com o II Encontro Internacional de Filosofia Africana.

Antonio Rufino Vieira: *Libertação latino-americana: utopia concreta e socialismo* (2016); "Princípio Esperança e a ética material de vida" (2007); "A filosofia no terceiro milênio" (2000); "Manifesto Comunista: algumas questões de filosofia da história" (2000); e outros.

Antonio Sidekum: *Ética e alteridade: a subjetividade ferida* (2002); Ética do discurso e Filosofia da Libertação: *modelos complementares* (1994); e outros.

Celso Luiz Ludwig: *Para uma filosofia jurídica da libertação: paradigmas da filosofia, filosofia da libertação e direito alternativo* (2011); "A transformação jurídica na ótica da filosofia transmoderna: a legitimidade dos novos direitos" (2008); "Filosofia e filosofia do direito" (2007); "Diversidade cultural e fundamentação do direito na América Latina" (2007); e outros.

Daniel Pansarelli: *Filosofia latino-americana a partir de Enrique Dussel* (2013); *Filosofia latino-americana: suas potencialidades, seus desafios* (2013); e outros.

Eduardo David de Oliveira: *A produção de subjetividade em Félix Guattari* (2010); *Ética e práxis pedagógica: trajetória de um conceito* (2008); *Filosofia da ancestralidade: corpo e mito na filosofia da educação brasileira* (2007); *A ancestralidade na encruzilhada* (2007); *Cosmovisão africana no Brasil: elementos para uma filosofia afrodescendente* (2006); *Ética e movimentos sociais populares: práxis, subjetividade e libertação* (2006); e outros.

Euclides André Mance: *Hambre cero y economia solidaria* (2013); *Organizzare reti solidali. strategie e strumenti per un altro sviluppo* (2010); *Constelação Solidarius: as fendas do capitalismo e sua superação sistêmica* (2008); *La revolución de las redes* (2008); *Fame Zero: il contributo dell'economia solidale* (2006); "Redes de colaboración solidária" (2006); *Fome Zero e economia solidária: o desenvolvimento sustentável e a transformação estrutural do Brasil* (2004); *Como organizar* *redes solidárias* (2003); *La rivoluzione delle reti l'economia solidale per un'altra globalizzazione* (2003); *La révolution des réseaux* (2003); *Redes de colaboração solidária: aspectos econômico-filosóficos – complexidade e libertação* (2002); *A revolução das redes: a colaboração solidária como uma alternativa pós-capitalista à globalização atual* (1999); e outros.

Jesus Eurico Miranda Regina: *Moral moderna: a alteridade antropológica na filosofia cartesiana* (2000), *Filosofia latino-americana e filosofia da libertação* (2000); e outros.

Magali Mendes Menezes: *Anais do II Congresso Brasileiro de Filosofia da Libertação: historicidade e sentidos da libertação hoje* (2014); "O pensamento de Emmanuel Lévinas: uma filosofia aberta ao feminino" (2008); *As mulheres e a filosofia* (2002); "Um texto no feminino atravessado pela diferença: uma leitura de Nietszche através de Derrida" (2004); "Da academia da razão à academia do corpo" (2002); e outros.

Neusa Vaz e Silva: *La integración de América Latina y El Caribe: filosofía, geopolítica y cultura* (2011); *Teoria da Cultura de Darcy Ribeiro e a filosofia intercultural* (2009); *Temas de filosofia intercultural* (2004).

Paulo César Carbonari: *Sentido filosófico dos direitos humanos* (2013); *Direitos humanos e relações étnico-raciais: caminhos para a educação* (2012); *Direitos humanos no Brasil: diagnóstico e perspectivas* (2012); *Ética, educação e direitos humanos: estudos em Emmanuel Lévinas* (2008); *Ética da responsabilidade solidária: estudo a partir de Karl-Otto Apel* (2002).

Sírio Lopez Velasco: *Reflexões sobre a Filosofia da Libertação* (1991); *Ética de la producción* (1994); *Ética de la liberación v. 1 Oiko-nomia* (1996); *Ética para o século XXI: rumo ao ecomunitarismo* (2003); *Introdução à educação ambiental ecomunitarista* (2008); *Ecomunitarismo, socialismo del siglo XXI e interculturalidad* (2009); *El socialismo del siglo XXI en perspectiva ecomunitarista a la luz del socialismo real del siglo XX*; e outros.

Síntese

Neste capítulo, abordamos o nascimento da Filosofia da Libertação, alguns dos principais pensadores que se inserem neste movimento filosófico, alguns de seus conceitos e de suas obras. Por fim, apresentamos como tem ocorrido esse debate na sociedade brasileira, destacando autores e autoras que se inserem nesse campo de construção.

Atividades de autoavaliação

1. Tendo em vista os conteúdos do capítulo, analise as afirmações a seguir sobre a relação entre a gravura *América invertida* (1943), de Joaquín Torres García, e a Filosofia da Libertação, e assinale a alternativa correta:
    a) A inversão do mapa do continente latino-americano foi mera obra do acaso e não tem nenhuma relação com os objetivos da Filosofia da Libertação.
    b) A inversão do mapa feita pelo artista teve por objetivo observar a reação das pessoas, assim como a Filosofia da Libertação apenas quer verificar o que as pessoas pensam sobre si mesmas.
    c) Assim como existe a expressão *buscar meu norte*, por acaso o norte da Filosofia da Libertação é o sul, como poderia ser o leste ou o oeste.
    d) Assim como para o artista o norte para os sul-americanos deve ser a América do Sul, e não a América do Norte ou o Hemisfério Norte, para a Filosofia da Libertação o ponto de partida é a realidade latino-americana, e não a europeia.

2. Analise as afirmações a seguir sobre a importância que Enrique Dussel atribui ao pensamento de Bartolomé de las Casas e assinale a alternativa correta:
    a) Las Casas foi um frade dominicano que defendeu os indígenas contra a exploração espanhola.
    b) Las Casas representa o primeiro antidiscurso, o "máximo de consciência crítica mundial possível" contra o projeto de colonização europeu nas Américas.
    c) Las Casas comandou a primeira expedição de frades dominicanos que vieram para a América Central a fim de catequizar os indígenas.
    d) Las Casas rezou a primeira missa na América Central, quando os espanhóis chegaram nas caravelas de Colombo.

3. Analise as afirmações a seguir sobre o pensamento de Arturo Andrés Roig e marque V para a(s) verdadeira(s) e F para a(s) falsa(s):
    ( ) Para Arturo Andrés Roig, a filosofia é, além da concepção dos filósofos, concepções, ideias e ideologias populares.
    ( ) Arturo Andrés Roig propõe uma filosofia da libertação que comece pela pré-história do pensamento americano, incluindo aí os mitos indígenas e até as ideologias como forma de saber acrítico.
    ( ) Para Arturo Andrés Roig, a filosofia é história das ideias, e não um desfilar de nomes, problemas e obras.
    ( ) Para Arturo Andrés Roig, a Filosofia da Libertação deve querer fazer filosofia e história a partir de nossas coisas e fazer discurso sobre o que é nosso.

Assinale a alternativa que apresenta a sequência correta:

a) F, V, V, F.
b) V, V, V, F.
c) V, V, V, V.
d) V, F, F, V.

4. Leia este texto:

Em vários escritos, o próprio Enrique Dussel indica os estágios pelos quais sua trajetória biográfica e intelectual está acontecendo. Entre esses vários escritos, talvez o mais completo e significativo, no momento de descobrir os principais estágios de seu pensamento, é "Hermenêutica e libertação". Nessa escrita, Dussel aponta vários estágios em sua carreira filosófica. (Beorlegui, 2010, p. 732, tradução nossa)

Agora, analise as afirmações a seguir sobre o pensamento de Enrique Dussel e marque V para a(s) verdadeira(s) e F para a(s) falsa(s):

( ) Esse autor afirma que a Filosofia da Libertação é uma continuidade das tradições grega, judaico-cristã, europeia, moderna e contemporânea.

( ) Dussel faz uma crítica à tradição filosófica latino-americana e propõe uma filosofia da libertação com bases no Outro, na periferia.

( ) A filosofia que Dussel propõe é "destrutiva", uma vez que pretende simplesmente negar toda a tradição filosófica europeia.

( ) Dussel critica a tradição ontológica tradicional desde Aristóteles, mas pretende superá-la, fazendo uma radical crítica à ontologia dialética que encobre a realidade social.

Assinale a alternativa que apresenta a sequência correta:
  a) F, V, F, V.
  b) V, V, V, F.
  c) V, V, V, V.
  d) V, F, F, V.

5. Leia o excerto a seguir:

No final dos anos 60, como uma alternativa à dialética, ou como seu complemento, Enrique Dussel e Juan Carlos Scannone, entre outros, propuseram uma nova metodologia que denominaram analética. A rigor, o termo já havia sido formulado anteriormente por B. Lakebrink, mas nada tinha a ver com a filosofia da libertação.
(Mance, 1994b)

Considerando os conteúdos tratados no capítulo e esse excerto, analise as afirmações a seguir sobre as categorias *analética* e *exterioridade* e marque V para a(s) verdadeira(s) e F para a(s) falsa(s):

( ) A analética é um método que busca superar a dialética, porque parte da provocação do Outro excluído e não do Ser.
( ) A analética parte do Outro e regressa ao Outro para servi-lo, e não para dominá-lo.
( ) Os processos e projetos ontológicos de totalização negam o direito de qualquer exterioridade de ser, de existir que não seja dentro da totalidade totalizante.
( ) A analética é a possibilidade de abertura da totalidade à provocação da exterioridade metafísica do Outro, à alteridade.

Assinale a alternativa que apresenta a sequência correta:
  a) F, V, F, V.
  b) V, V, V, F.
  c) V, V, V, V.
  d) V, F, F, V.

Atividades de aprendizagem

Questões para reflexão

1. Leia o seguinte fragmento:

   Uma sociedade sustentada pelos pilares do respeito e da solidariedade faz parte da essência de UBUNTU, *filosofia africana que trata da importância das alianças e do relacionamento das pessoas, umas com as outras. Na tentativa da tradução para o português, ubuntu seria "humanidade para com os outros". Uma pessoa com ubuntu tem consciência de que é afetada quando seus semelhantes são diminuídos, oprimidos.* (Luz, 2014, grifo do original)

   Agora, considerando o fragmento de texto e sua leitura deste capítulo, reflita sobre que semelhanças há entre os conceitos de *analética* e *alteridade* de Dussel e o princípio da filosofia ubuntu e elabore um texto dissertativo sobre esse tema.

2. Leia o trecho a seguir:

   Dizemos que o início da filosofia americana depende daquela afirmação de Hegel a qual consideramos em seu sentido normativo e, portanto, a priori, a de "colocarmos a nós mesmos como valiosos". Em outras palavras, não há "princípio" da filosofia sem a constituição de um sujeito. (Roig, 2018, tradução nossa)

   Considerando esse trecho e a leitura do capítulo, responda à seguinte questão: Como Arturo Andrés Roig entende a expressão "filosofia sem mais", de Leopoldo Zea?

Atividade aplicada: prática

1. Faça o fichamento da obra *20 teses de política*, de Enrique Dussel, publicada em 2007. Na linha de descolonização da mente, nessa obra, dedicada aos jovens, o autor busca apresentar a política como um ofício nobre, patriótico, comunitário e apaixonante, ainda que tenha se corrompido, em particular pelas elites pós-coloniais, as quais ainda seguem o padrão de subserviência à metrópole da vez.

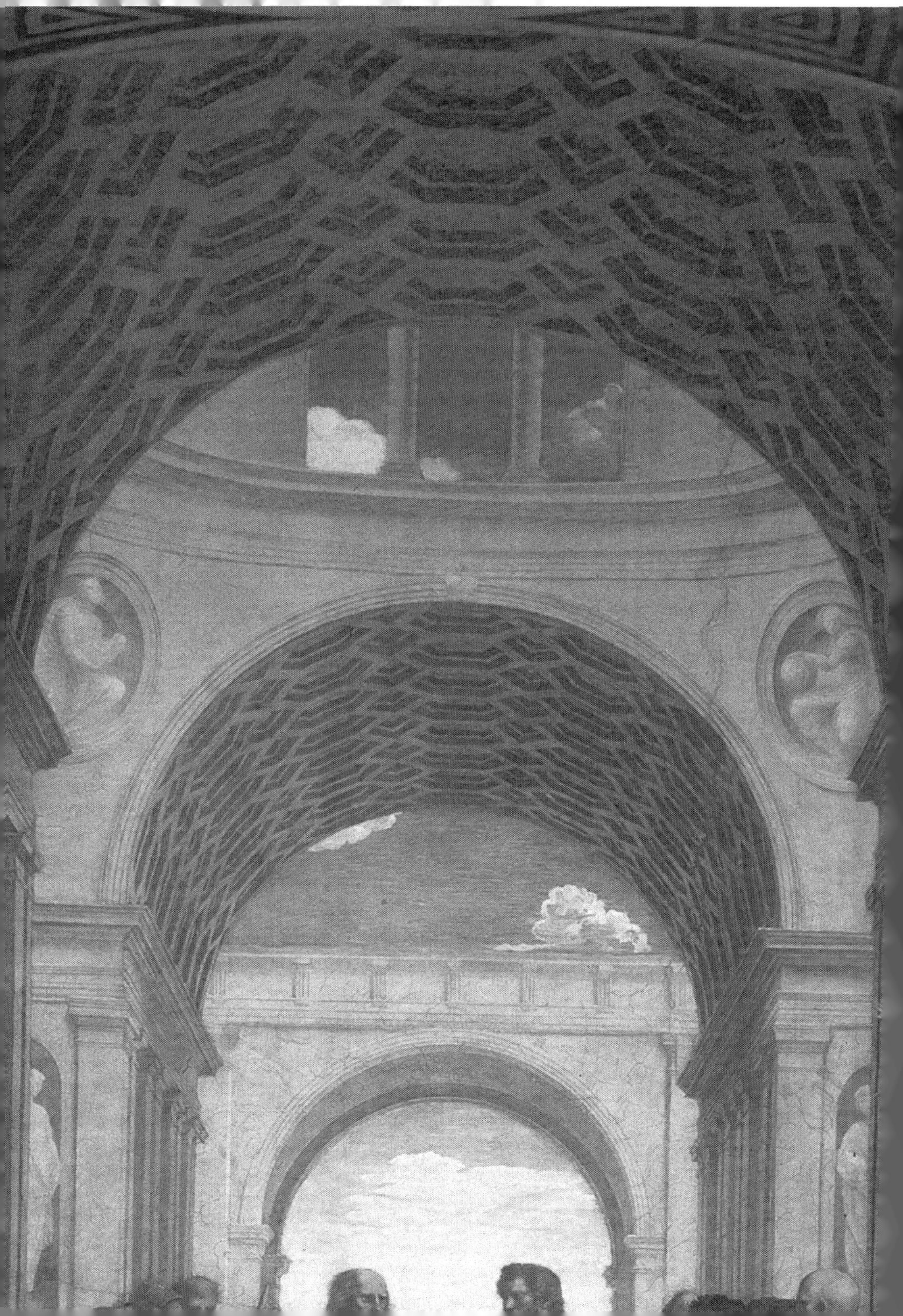

considerações finais

Chegar ao final desta obra, depois de um longo caminho percorrido, é como ter redescoberto, parcialmente, a história da América Latina e sua trajetória de formação histórica, política, acadêmica e filosófica. Podemos falar de uma América Latina de antes e depois da invasão luso-espanhola. Aliás, o nome *América Latina* já é resultado desse processo de invasão. Assim como os colonizadores impuseram tanto aos indígenas quanto aos africanos trazidos para cá como escravos uma cultura e um nome, também "batizaram" esse continente.

Como mencionamos no início do livro, não tínhamos a pretensão de produzir uma obra que esgotasse o assunto, mas que, em linhas gerais, apresentasse o que foi o desenvolvimento do pensamento filosófico latino-americano mediante o estudo de alguns de seus autores. O que buscamos mostrar – e fazemos questão de reafirmar – é que existe uma profunda e vasta produção filosófica em nosso continente, seja aquela feita a partir da tradição histórica indo-europeia, seja aquela desenvolvida por aqueles que, até mesmo fazendo uso de categorias construídas pelos pensadores europeus, procuraram e procuram fazer uma reflexão filosófica do ponto de vista de nossa própria realidade histórica, política, cultural, social e econômica. Há também aqueles que, buscando outra perspectiva epistemológica e filosófica, procuraram e procuram desenvolver um pensamento filosófico original, autóctone.

A responsabilidade é revelar esses mesmos autores, desconhecidos na maioria das universidades latino-americanas, para que se tornem conhecidos, estudados e apropriados pelos licenciandos em Filosofia, a fim de que estes os levem ao conhecimento não somente dos jovens da educação básica, mas também dos estudantes da educação superior. Trata-se de uma obra que tem não apenas um objetivo epistemológico e filosófico, mas também um objetivo político muito claro: reafirmar nossa identidade latino-americana com a prática da filosofia.

Cremos que a filosofia não tem somente uma certidão de nascimento, e sim várias. Ela é uma produção humana e pode ser pensada nas mais diferentes línguas e linguagens. Ao dizermos que somente algumas línguas desenvolveram palavras e conceitos capazes de expressar ideias filosóficas, na realidade o que queremos é afirmar um discurso ideológico, tanto em sentido marxiano* quanto em sentido gramsciano: existe uma racionalidade superior – a indo-europeia e estadunidense – que deve sobrepor-se às demais, pois são inferiores. O que defendemos é a existência de percursos civilizatórios, epistemológicos e filosóficos distintos, e nesses percursos distintos as reflexões filosóficas também serão diferentes.

Revisitar alguns conteúdos, textos e escritos é reconstruir uma memória e confirmar a certeza de que a solução se encontra muito mais perto do que imaginamos: o nosso norte é o Sul, isto é, para afirmarmos nossa autonomia, precisamos assumir e reafirmar nossa identidade. Muito além do que continuar a reafirmar nossa identidade e condição de periferia – pois isso significaria assumir que existe um centro a partir de onde emana racionalidade e ao redor do qual devemos continuar orbitando –, precisamos realizar uma nova revolução copernicana: da mesma forma que no Universo não existe um "em cima" e um "embaixo", há que se afirmar que cada realidade tem uma identidade própria, única, singular e que essas mesmas realidades podem conviver sem se anular ou se impor umas diante e/ou sobre as outras.

Lembramos aqui a máxima da filosofia ubuntu expressa em língua zulu: "*umuntu ngumuntu ngabantu*", ou "uma pessoa é uma pessoa através de outras pessoas". Ou seja, minha existência individual e singular somente faz sentido na presença relacional de outras existências, também individuais e singulares. Abrir mão de minha individualidade ou impor que o Outro abra mão da dele, incorporando outra identidade, é negar a própria existência. Do mesmo modo, na relação com o Outro, transformá-lo num "isso" é negar-lhe a existência.

---

* Utilizamos o termo *marxiano* e não *marxista* porque o segundo remete a uma compreensão ortodoxa do pensamento de Karl Marx, enquanto o primeiro não.

Essa máxima é semelhante ao conceito Eu-Tu desenvolvido por Martin Buber. Nessa perspectiva, o Eu e o Tu são dois entes que se relacionam de maneira dialógica, em que um e outro afirmam sua humanidade, sem negar, mas, pelo contrário, reafirmando a do Outro. "A ontologia da relação será o fundamento para uma antropologia que se encaminha para uma ética do inter-humano. Diz-se então que o homem é um ente de relação ou que a relação lhe é essencial ou fundamento de sua existência" (Buber, 2001, p. 29). Do contrário, impor a condição de "isso", "*res*", "coisa" ao Outro, ou aceitar que seja imposta à minha existência, é negar o princípio de humanidade de ambos.

Da mesma forma, no diálogo Norte-Sul, há que se preservarem as respectivas ontologias. Mais uma vez, podemos afirmar, o "berço da humanidade" nos apresenta um fundamento para resgate e afirmação de nosso princípio enquanto humanos: a relação intercultural, negando, em sentido analético, tanto a perspectiva totalizante imposta pela tradição indo-europeia quanto a multiculturalista proposta pela pós-modernidade, como fundamento e princípio ante os horrores do Holocausto, da fragilidade da existência durante o período da Guerra Fria ou da liquidez da existência e das relações nessa nova etapa do capitalismo. Como explica Fornet-Betancourt (2001), não se trata de afirmar um novo centro, seja latino-americano, seja africano, seja asiático, em oposição ao centro indo-europeu e/ou estadunidense, mas de superar os esquemas filosóficos de comparação, convivendo com experiências filosóficas de toda a humanidade.

Inúmeras são as vozes silenciadas pela filosofia indo-europeia. O que se propõe é a polifonia, o intercâmbio, a não sacralização nem absolutização da cultura, mas a intercomunicação solidária como ponto de encontro entre culturas no exercício do diálogo, da crítica e da autocrítica. Propõe-se a renúncia à hermenêutica reducionista, ao se recusar a operar com um único modelo teórico-conceitual como paradigma interpretativo.

A América Latina, juntamente com a África, a Ásia e a Oceania, apesar de seus processos de espoliação, no passado e no presente, pode ser/apresentar a alternativa ao modelo econômico/político/cultural em vigência nos últimos 150 anos. O capitalismo e sua lógica de construção de desigualdades, bem como de depredação da natureza, ainda que ele se reinvente constantemente, dão mostras de que não é capaz de resolver os grandes problemas da humanidade em seu sentido extenso.

Por outro lado, tanto os povos que habitavam e habitam o continente latino-americano quanto os novos pensamentos que surgem no continente africano, resgatando as velhas sabedorias, podem apresentar uma alternativa de humanidade, e para a humanidade, que realize nossa condição em plenitude.

Neste início do século XXI, alguns fantasmas que pareciam superados têm ressurgido em diferentes contextos, espaços e momentos. A intolerância, em suas mais diversas manifestações, tem vitimado física, psicológica e emocionalmente milhares de pessoas diariamente. O projeto civilizatório fundado no **ter** – e não no **ser** – tem conduzido o ser humano à frustração, à infelicidade, ao vazio. Diante desse cenário/existência, o pensamento filosófico latino-americano, assim como o africano, o asiático e o da Oceania, pode apresentar novos rumos, novas perspectivas para a humanidade.

No entanto, para que isso ocorra, é necessário que essas perspectivas filosóficas sejam publicizadas e popularizadas, tanto na academia quanto nas escolas da educação básica, não apenas como um conhecimento teórico a ser transmitido/assimilado, mas na perspectiva da recepção filosófica proposta por Heller (1983): um como se deve pensar, como se deve agir e como se deve viver.

referências

ABBAGNANO, N. **Dicionário de filosofia**. São Paulo: M. Fontes, 2007.

ACHUGAR, H. **Planetas sem boca**. Tradução de Lyslei Nascimento. Belo Horizonte: Ed. da UFMG, 2006.

AFONSO, G. B.; MOSER, A.; AFONSO, Y. B. Cosmovisão guarani e sustentabilidade. **Revista Meio Ambiente e Sustentabilidade**, v. 8, n. 4, p. 180-193, jan./jun. 2015.

ALBUQUERQUE, C. **Revolta de Túpac Amaru (1780)**. Disponível em: <https://www.estudopratico.com.br/revolta-de-tupac-amaru-1780/>. Acesso em: 13 ago. 2018.

ALMEIDA, A. C. S.; SANTIAGO, V. de N. Perspectivismo e circunstancialismo na obra de Gilberto Freyre: a presença de Ortega y Gasset em *Casa-Grande & Senzala*. **Especiaria – Cadernos de Ciências Humanas**, v. 16, n. 28, p. 321-335, jan./jun. 2016.

ALONSO, A. O positivismo de Luís Pereira Barreto e o pensamento brasileiro no final do século XIX. **Instituto de Estudos Avançados da Universidade de São Paulo**, São Paulo, 1995. Disponível em: <http://www.iea.usp.br/publicacoes/textos/alonso positivismo.pdf>. Acesso em: 13 ago. 2018.

ALTMANN, W. O legado do pensamento filosófico de Leopoldo Zea para a América Latina: o latino-americanismo universal. **História**, v. 9, n. 2, p. 145-147, maio/ago. 2005. Disponível em: <http://revistas.unisinos.br/index.php/historia/article/view/6421>. Acesso em: 13 ago. 2018.

ARANTES, P. E. **O fio da meada**. Rio de Janeiro: Paz e Terra, 1986.

ARANTES, P. E. **Um departamento francês de ultramar**. Rio de Janeiro: Paz e Terra, 1994.

ASANTE, M. K. A Filosofia tem sua origem na África: mito ou realidade? **Hebreu Negro**, 9 dez. 2015. Disponível em: <http://www.hebreunegro.com.br/2015/12/a-filosofia-tem-sua-origem-na-africa.html>. Acesso em: 13 ago. 2018.

ASANTE, M. K. Uma origem africana da filosofia: mito ou realidade? **Capoeira: Revista de Humanidades e Letras**, v. 1, n. 1, p. 116-121, 2014. Disponível em: <http://www.capoeirahumanidadeseletras.com.br/ojs-2.4.5/index.php/capoeira/article/view/13>. Acesso em: 13 ago. 2018.

BARRETO, T. **Estudos de filosofia**. 3. ed. Rio de Janeiro: Record; Brasília: INL, 1990.

BEORLEGUI, C. **Historia del pensamiento filosófico latinoamericano**. Bilbao: Universidad de Deusto, 2010.

BERCLAZ, M. Por um autêntico e desalienado pensamento filosófico descolonial para a América Latina. **Justificando**, 8 set. 2014. Disponível em: <http://justificando.cartacapital.com.br/2014/09/08/por-um-autentico-e-desalienado-pensamento-filosofico-descolonial-para-america-latina/>. Acesso em: 13 ago. 2018.

BRITO, R. de F. **O mundo interior**: ensaio sobre os dados gerais da filosofia do espírito. Brasília: Senado Federal, 2006.

BUBER, M. **Eu e Tu**. São Paulo: Centauro, 2001.

CABRERA, J. **A ausência de pensadores latino-americanos nos curricula de filosofia (uma microanálise)**. Disponível em: <https://drive.google.com/file/d/0B8lRhEwzaxOlODE1YjVub3psSmM/view>. Acesso em: 13 ago. 2018.

CABRERA, J. **Diário de um filósofo no Brasil**. Ijuí: Ed. da Unijuí, 2010.

CÁCERES, F. **História da América**. São Paulo: Moderna, 1992.

CAMARGO, S. S. A recepção da teoria crítica no Brasil: 1968-1978. **Em Debate**, Florianópolis, n. 7, p. 126-149, jan./jul. 2012.

CARVALHO, E. R. de. El krausismo en Latinoamérica y Cuba. **Cuadernos Americanos**, México, v. 1, n. 119, p. 11-45, 2007.

CESAR, C. M. Filosofia na América Latina: polêmicas. **Reflexão**, Campinas, n. 30, ano 9, p. 51-56, set./dez. 1984.

CHAUI, M. **Iniciação à filosofia**. São Paulo: Ática, 2011.

CHEVALLIER, J-J. **As grandes obras políticas**: de Maquiavel a nossos dias. Rio de Janeiro: Agir, 1973.

COMUNIELLO, S. Conhecendo Flora Tristan. **Revista Correo**, Caracas, n. 26, set. 1994. Disponível em: <https://www.nodo50.org/insurgentes/textos/mulher/13floratristan.htm>. Acesso em: 13 ago. 2018.

COSTA, J. C. **Contribuição à história das ideias no Brasil**: o desenvolvimento da filosofia no Brasil e a evolução histórico nacional. Rio de Janeiro: J. Olympio, 1956.

CPA – Caribbean Philosophical Association. Disponível em: <http://www.caribbeanphilosophicalassociation.org/>. Acesso em: 13 ago. 2018.

CRUZ, Sor Juana Inés de la. **Respuesta de la poetisa a la muy ilustre Sor Filotea de la Cruz**. 2006. Editorial del Cardo. Disponível em: <http://www.bdigital.unal.edu.co/39758/1/132027.pdf>. Acesso em: 13 ago. 2018.

DABÈNE, O. **América Latina no século XX**. Porto Alegre: EDIPUCRS, 2003.

D'ANGELO, H. Quem foi Maria Lacerda de Moura, feminista crítica dos movimentos em que militou. **Cult**, 16 maio 2017. Disponível em: <https://revistacult.uol.com.br/home/maria-lacerda-de-moura-feminista-e-anarquista-critica-dos-movimentos-em-que-militou/>. Acesso em: 13 ago. 2018.

DUSSEL, E. **1492**: o encobrimento do outro – a origem do mito da modernidade. Petrópolis: Vozes, 1993.

DUSSEL, E. Del descubrimiento al desemcubrimiento. **Reflexão**, Campinas, n. 34, ano 11, p. 5-15, jan./abr. 1986.

DUSSEL, E. **Historia de la filosofía latinoamericana y filosofía de la liberación**. Bogotá: Nueva América, 1994.

DUSSEL, E. **Método para una filosofía de la liberación**. Salamanca: Sigueme, 1977.

DUSSEL, E. **Política da libertação**: história mundial e crítica. Passo Fundo: Ifibe, 2014. v. I.

DUSSEL, E.; MENDIETA, E.; BOHÓRQUEZ, C. (Ed.). **El pensamiento filosófico latinoamericano, del Caribe Y "latino" (1300-2000)**: historia, corrientes, temas filósofos. México: Siglo XXI/Crefal, 2009.

ENGELMANN, A. A.; ENGELMANN, D. A.; CORRÊA, M. E. L. **História da filosofia no Brasil**. Curitiba: InterSaberes, 2015.

FORNET-BETANCOURT. **Mulher e filosofia no pensamento ibero-americano**: momentos de uma relação difícil. São Leopoldo: Oikos/Nova Harmonia, 2008.

FORNET-BETANCOURT. **Problemas atuais da filosofia na Hispano-América**. São Leopoldo: Unisinos, 1993.

FORNET-BETANCOURT. **Questões de método para uma filosofia intercultural a partir da Ibero-América**. São Leopoldo: Unisinos, 1994.

FORNET-BETANCOURT. **Transformación intercultural de la filosofía**: ejercicios teóricos y prácticos de filosofía intercultural desde Latinoamérica en el contexto de la globalización. Bilbao: Desclée de Brouwer, 2001.

FRANCA, L. **Noções de história da filosofia**. 16. ed. São Paulo: Companhia Editora Nacional, 1943.

FREIRE, P. **Pedagogia do oprimido**. 29. ed. Rio de Janeiro: Paz e Terra, 2000.

GALEANO, E. **A descoberta da América (que ainda não houve)**. 2. ed. Porto Alegre: Ed. da UFRGS, 1990.

GARCÍA, J. T. **Universalismo construtivo**. Buenos Aires: Poseidón, 1943.

GOMES, C. A. **Dussel e o problema essencial da filosofia da libertação**. Argentina, 14 fev. 2015. Disponível em: <http://filcarlos.com/

dussel-e-o-problema-essencial-da-filosofia-da-libertacao/>. Acesso em: 13 ago. 2018.

GÓMEZ DE AVELLANEDA, G. **Sab**. Madrid: Humanes de Madrid, 2003.

IBGE – Instituto Brasileiro de Geografia e Estatística. **Censo 2010**. Disponível em: <https://censo2010.ibge.gov.br/>. Acesso em: 13 ago. 2018.

HELLER, A. **A filosofia radical**. São Paulo: Brasiliense, 1983.

IHU ON-LINE – REVISTA DO INSTITUTO HUMANITAS UNISINOS. São Leopoldo, n. 342, ano X, set. 2010. Disponível em: <http://www.ihuonline.unisinos.br/media/pdf/IHUOnline Edicao342.pdf>. Acesso em: 13 ago. 2018.

INDEPENDÊNCIA da América Espanhola. Disponível em: <http://www.portalsaofrancisco.com.br/historia-geral/independencia-da-america-espanhola>. Acesso em: 13 ago. 2018.

JOSAPHAT, C. **Las Casas**: todos os direitos para todos. São Paulo: Loyola, 2000.

KANT, E. **Observações sobre o sentimento do belo e do sublime**. Campinas: Papirus, 1993. Acesso em: 13 ago. 2018.

KORN, A. **Obras completas**. Buenos Aires: Claridad, 1949.

KUSCH, R. **América profunda**. Buenos Aires: Bonum, 1975.

KUSCH, R. **Geocultura del hombre americano**. Buenos Aires: Fernando García Cambeiro, 1976.

LA JOUSSELANDIÈRE, V. S. V. de. A dupla marginalidade de José de Acosta: religião e soberania no Vice-Reino do Peru (séc. XVI). **Revista de História**, São Paulo, n. 164, p. 101-125, jan./jun. 2011.

LEÓN-PORTILLA, M. **La filosofía náhuatl**. Cidade do México: Unam, 2006.

LUCINDA, E. **O semelhante**. Rio de Janeiro: Record, 2006.

LUZ, N. da. Ubuntu: a filosofia africana que nutre o conceito de humanidade em sua essência. **Por Dentro da África**, 24 set. 2014. Disponível em: <http://www.pordentrodaafrica.com/cultura/ubuntu-filosofia-africana-que-nutre-o-conceito-de-humanidade-em-sua-essencia>. Acesso em: 13 ago. 2018.

MAJFUD, J. O complexo de Malinche. **Tlaxcala**, 23 ago. 2008. Disponível em: <http://www.tlaxcala.es/pp.asp?lg=po&reference=5844>. Acesso em: 13 ago. 2018.

MANCE, E. A. **Arturo Andrés Roig e a Filosofia da Libertação na década de setenta**. Curitiba, dez. 1994a. Disponível em: <http://www.solidarius.com.br/mance/biblioteca/Roig.htm>. Acesso em: 13 ago. 2018.

MANCE, E. A. **Dialética e exterioridade**. nov. 1994b. Disponível em: <http://www.solidarius.com.br/mance/biblioteca/Anadial%E9tica.htm>. Acesso em: 13 ago. 2018.

MANCE, E. A. Uma introdução conceitual às filosofias de libertação. **Libertação-Liberación**, Curitiba, n. 1, p. 25-80, 2000.

MARIÁTEGUI, J. C. **Política**. São Paulo: Ática, 1982. (Coleção Grandes Cientistas Sociais, n. 27).

MARIÁTEGUI, J. C. **Sete ensaios de interpretação da realidade peruana**. São Paulo: Alfa-Ômega, 1975.

MARTÍ, J. **Nossa América**. Brasília: Ed. da Universidade de Brasília, 2011.

MARX, K.; ENGELS, F. **A ideologia alemã**. 3. ed. São Paulo: M. Fontes, 2007.

MATOS, H. A. **Uma introdução à Filosofia da Libertação latino-americana de Enrique Dussel**. São Paulo, 2008. Disponível em: <https://nefilam.files.wordpress.com/2011/09/uma-intro

duc3a7c3a3o-c3a0-filosofia-da-libertac3a7c3a3o.pdf>. Acesso em: 13 ago. 2018.

MEIRELES, M. Cartas de Alceu Amoroso Lima à filha mostram autor indignado com ditadura militar. **O Globo**, 12 set. 2013. Disponível em: <www.oglobo.globo.com/cultura/cartas-de-alceu-amoroso-lima-filha-mostram-autor-indignado-com-ditadura-militar-9916643#ixzz4xU9n4Ftrstest>. Acesso em: 13 ago. 2018.

MENDES, I. **O que é "Cosmogonia"**. 21 fev. 2012. Disponível em: <http://www.etimologista.com/2012/02/o-que-e-cosmogonia.html>. Acesso em: 13 ago. 2018.

MENDES, S. C. **Anarquismo e feminismo**: as mulheres anarquistas em São Paulo na Primeira República (1889-1930). Disponível em: <http://legacy.unifacef.com.br/novo/publicacoes/IIforum/Textos%20EP/Samanta%20Colhado%20Mendes.pdf>. Acesso em: 13 ago. 2018.

MIRÓ QUESADA, F. Posibilidad y límites de una filosofía latinoamericana. In: CONGRESSO INTERAMERICANO DE FILOSOFIA, 9., 1979, Caracas. **Anais**... México: Sociedade Interamericana de Filosofía, 1979.

MUSSE, R. O legado de Marx no Brasil. **Estudos Avançados**, São Paulo, v. 22, n. 63, p. 327-333, 2008. Disponível em: <http://www.scielo.br/pdf/ea/v22n63/v22n63a26.pdf>. Acesso em: 13 ago. 2018.

NASCIMENTO, M; BRANT, F. Notícias do Brasil. In: **Caçador de mim**. Rio de Janeiro: BMG Ariola, 1981. Faixa 4.

NETTO, J. P. **Nota sobre o marxismo na América Latina 2012**. Disponível em: <http://marxismo21.org/wp-content/uploads/2012/07/O-marxismo-na-America-Latina-JP-Netto.pdf>. Acesso em: 13 ago. 2018.

NOGUEIRA, R. O tabu da filosofia. **Filosofia, Ciência & Vida**, São Paulo, n. 100, p. 45-50, 2017.

ORREGO, S. A importância da Segunda Escolástica no Ocidente. **IHU On-Line – Revista do Instituto Humanitas Unisinos**, n. 342, 6 set. 2010. Entrevista. Disponível em: <http://www.ihu online.unisinos.br/index.php?option=com_content&view=article&id=3485&secao=342>. Acesso em: 13 ago. 2018.

PACHECO, M. M. D. R. **Currículo, interdisciplinaridade e organização dos processos de ensino**. Araras: Fundação Hermínio Ometto, Uniararas, 2007.

PAIM, A. Quem tem medo da filosofia brasileira. **Presença Filosófica**, n. 13, p. 138-144, jan./dez. 1988.

PAIM, A. **História das ideias filosóficas no Brasil**. Londrina: Edições Humanidades, 2007. v. I.

PAZ, O. **Sor Juana Inés de la Cruz o las trampas de la fe**. México: Seix Barral e Biblioteca Breve, 1993.

PERICÁS, L. B. José Carlos Mariátegui e o Brasil. **Estudos Avançados**, São Paulo, v. 24, n. 68, p. 335-361, 2010. Disponível em: <http://www.scielo.br/scielo.php?script=sci_arttext&pid=S01 03-40142010000100023>. Acesso em: 13 ago. 2018.

PINHO, R. I. B. V. O ensino da filosofia no Brasil: considerações históricas e político-legislativa. **Educação e Filosofia**, Uberlândia, v. 28, n. 56, p. 757-771, jul./dez. 2014.

PINTO, P. R. M. O Padre Antônio Vieira e o pensamento filosófico brasileiro. **Síntese: Revista de Filosofia**, v. 35, n. 112, p. 167-188, 2008.

PINTO, S. R. O pensamento social e político latino-americano: etapas de seu desenvolvimento. **Sociedade e Estado**, Brasília, v. 27, n. 2, p. 337-359, maio/ago. 2012.

PIZZI, J. Prólogo. In: SALAS ASTRAIN, R. **Ética intercultural**: (re) leituras do pensamento latino-americano. São Leopoldo: Nova Harmonia, 2010. p. 9-12.

PORCHAT PEREIRA, O. Discurso aos estudantes sobre a pesquisa em filosofia. **Fundamento: Revista de Pesquisa em Filosofia**, Ouro Preto, v. 1, n. 1, p. 18-33, 2010.

RAMA, C. M.; CAPPELLETTI, A. J. **El anarquismo en América Latina**. Caracas: Biblioteca Ayacucho, 1990.

REGINA, J. E. M. Filosofia latino-americana. **Libertação-Liberación**, Curitiba, v. 1, n. 1, p. 9-23, 2000.

RIBEIRO, D. **A América Latina existe?** Rio de Janeiro: Fundação Darcy Ribeiro; Brasília: Ed. da UnB, 2010.

ROIG, A. A. De la historia de las ideas a la filosofía de la liberación. **Anuário de Estudios Latinoamericanos**. México: Unam, 1975.

ROIG, A. A. **Rostro y filosofía de América Latina**. Mendoza: Ediunc, 1993.

ROIG, A. A. **Teoria y crítica del pensamiento latinoamericano**. México: Fondo de Cultura Econômica, 1981. (Colección Tierra Firme).

ROIG, A. A. **Teoría y crítica del pensamiento latinoamericano**. Disponível em: <https://www.ensayistas.org/filosofos/argentina/roig/teoria/indice.htm>. Acesso em: 13 ago. 2018.

ROMERO, S. **Passe recibo**: réplica a Teófilo Braga. Belo Horizonte: Imprensa Oficial, 1904.

SALAZAR BONDY, A. Diálogo con los expositores. **Revista Stromata**, v. 29, n. 4, p. 393-397, out./dez. 1973.

SALAZAR BONDY, A. **¿Existe una filosofía de nuestra América?** México: Siglo XXI, 1968.

SÁNCHEZ VÁZQUEZ, A. **Ciencia y revolución (El marxismo de Althusser)**. Madrid: Alianza, 1978.

SÁNCHEZ VÁZQUEZ, A. **Entre a utopia e a realidade**: ensaios sobre política, moral e socialismo. Rio de Janeiro: Civilização Brasileira, 2001.

SANTOS, T. F. dos. Panorama histórico da filosofia no Brasil: da chegada dos jesuítas ao lugar da filosofia na atualidade. **Seara Filosófica**, n. 12, p. 113-127, 2016. Disponível em: <https://periodicos.ufpel.edu.br/ojs2/index.php/searafilosofica/article/view/7749>. Acesso em: 13 ago. 2018.

SCHNEIDER, A. L. O Brasil de Sílvio Romero: uma leitura da população brasileira no final do século XIX. **Projeto História**, n. 42, p. 163-183, jun. 2011.

SCHNORR, G. M. **Filosofia no ensino médio**: reflexões a partir de uma experiência filosófica libertadora. 171 f. Dissertação (Mestrado em Educação) – Universidade Federal do Paraná, Curitiba, 2006.

SCHNORR, G. M. Educação, filosofia e escola. In: HORN, G. B. (Org.). **Filosofia e educação**: temas de investigação filosófica. Curitiba: Juruá, 2012. p. 91-127. Cap. 6.

SEVERINO, A. J. **A filosofia contemporânea no Brasil**: conhecimento, política e educação. 5. ed. Petrópolis: Vozes, 2008.

SILVA, A. P. B. R. da. Positivismo x neotomismo: reflexões sobre práticas historiográficas no Brasil e na Argentina (1870-1940). In: SIMPÓSIO NACIONAL DE HISTÓRIA, 25., 2009, Fortaleza. **Anais...** São Paulo: Anpuh, 2009. Disponível em: <http://www.snh2011.anpuh.org/resources/anais/anpuhnacional/S.25/ANPUH.S25.0317.pdf>. Acesso em: 31 ago. 2018.

SILVA, N. C.; SOUSA, N. M. de. A gênese da Filosofia da Libertação na história das ideias latino-americanas. **Mnemosine**, v. 6, n. 1, p. 121-148, jan./jul. 2015.

TODOROV, T. **Conquista da América**: a questão do outro. São Paulo: M. Fontes, 2010.

TRINDADE, V. L. **O debate entre Salazar Bondy e Leopoldo Zea**. jan.1998. Disponível em: <http://www.ifil.org/Biblioteca/trindade.htm>. Acesso em: 13 ago. 2018.

TRISTÁN, F. **União operária**. São Paulo: Fundação Perseu Abramo, 2015.

VASCONCELOS, J. **La raza cósmica**. México: Espasa Calpe, 1948.

WUENSCH, A. M. A. Acerca da existência de pensadoras no Brasil e na América Latina. **Problemata**, v. 6, p. 113-150, fev 2015. Disponível em: <http://repositorio.unb.br/handle/10482/20778>. Acesso em: 13 ago. 2018.

ZANELLA, J. L. Considerações sobre a Filosofia da Educação de Paulo Freire e o Marxismo. **Quaestio – Revista de Estudos em Educação**, v. 9, n. 1, p. 101-122, 25 ago. 2010. Disponível em: <http://periodicos.uniso.br/ojs/index.php/quaestio/article/view/170>. Acesso em: 13 ago. 2018.

ZEA, L. **Discurso desde a marginalização e a barbárie**. Rio de Janeiro: Garamond Editora, 2002.

ZEA, L. **El pensamiento latinoamericano**. Barcelona: Ariel, 1976.

ZEA, L. **La filosofía americana como filosofía sin más**. México: Joaquin Mortis, 1969.

bibliografia comentada

BEORLEGUI, C. **Historia del pensamiento filosófico latinoamericano**. Bilbao: Universidad de Deusto, 2010.
Nessa obra, o autor faz uma retrospectiva crítica do pensamento latino-americano, desde o problema da identidade de um pensamento original, passando pelos principais autores, correntes filosóficas e obras.

DUSSEL, E. **1492**: o encobrimento do outro – a origem do mito da modernidade. Petrópolis: Vozes, 1993.

A obra reúne conferências proferidas em Frankfurt por ocasião dos 500 anos da chegada de Cristóvão Colombo ao continente latino-americano. O texto está dividido em três partes, além do epílogo e de quatro apêndices. Na primeira parte, que inclui quatro conferências, o autor disserta sobre o "ego" europeu e o encobrimento do Outro. Na segunda parte, que consta de duas conferências e um excurso, Dussel trata da revolução copernicana da chave hermenêutica, fazendo uma crítica ao mito da modernidade; e, na terceira parte, com duas conferências, o autor analisa o caminho da invasão até o descobrimento do Outro.

DUSSEL, E. D. **Filosofia da libertação**. São Paulo: Loyola, 1977.

Essa obra, que é um marco na história da Filosofia da Libertação, mais do que uma exposição sistemática de uma tese ou conjunto de teses, é a apresentação de um projeto de sistema filosófico, na forma como Dussel, ainda na década de 1970, entendia e já vinha defendendo, abordando, também, conceitos fundamentais dessa filosofia.

DUSSEL, E. D. **Para uma ética da libertação latino-americana**. São Paulo: Loyola; Piracicaba: Unimep, 1977.

Nessa obra, dividida em cinco volumes, Dussel trata dos principais fundamentos da Filosofia da Libertação. Neles são apresentados os fundamentos ontológicos, epistemológicos, éticos, pedagógicos e políticos desse pensamento.

FORNET-BETANCOURT, R. **Mulher e filosofia no pensamento ibero-americano**: momentos de uma relação difícil. São Leopoldo: Oikos/Nova Harmonia, 2008.

Nessa obra, o leitor poderá conhecer um pouco mais sobre o pensamento filosófico latino-americano, principalmente aquele produzido acerca das mulheres, bem como o produzido pelas mulheres sobre si mesmas. Trata-se se uma leitura muito rica para a compreensão do modo como as mulheres são abordadas por pensadores homens e como muitas têm sido invisibilizadas na história da filosofia, inclusive na América Latina.

LAS CASAS, B. de. **O paraíso destruído**: a sangrenta história da conquista da América Espanhola. Porto Alegre: L&PM, 2011.

Nessa obra, Las Casas, testemunha ocular do processo de colonização, faz um relato das crueldades praticadas pelos espanhóis contra as populações ameríndias, em nome do projeto "civilizatório" europeu. O autor denuncia o sentido desumanizante do processo colonial de conquista e expressa uma visão crítica e libertadora de mundo.

SALAZAR BONDY, A. **¿Existe una filosofía de nuestra America?** México: Siglo XXI, 1968.

Essa obra pode ser a porta de entrada para quem quer acompanhar e integrar o debate acerca de uma filosofia genuinamente latino-americana e brasileira.

SARMIENTO, D. F. **Facundo ou civilização e barbárie**. São Paulo: Cosac Naify, 2010.

Romance argentino baseado em fatos reais, nessa obra o leitor poderá compreender um dos fenômenos políticos latino-americanos que atravessou as fronteiras de diversos países: o caudilhismo ou populismo.

Da mesma forma, conhecerá a violência com que tais formas de governo ditatoriais subsistiram por décadas nesses mesmos países.

SEVERINO, A. J. **A filosofia contemporânea no Brasil**: conhecimento, política e educação. Petrópolis: Vozes, 2011.

Nessa obra, o autor lança um olhar sobre o pensamento filosófico brasileiro contemporâneo, procurando mostrar as tendências, os problemas e os pensadores que se propõem a filosofar sob o ponto de vista do contexto cultural brasileiro, ante os desafios históricos e sociais do momento. Ao analisar, com base em ampla pesquisa bibliográfica, o modo de construção da filosofia no Brasil, destaca a presença de importantes intelectuais e a paradoxal tendência da prática filosófica guiada por um pensar exterior.

TURNER, C. M. de. **Aves sin nido**. Colofon: México, 2006.

Nessa obra, o leitor encontrará outro tipo de literatura indigenista: a de denúncia dos maus-tratos recebidos pelos povos indígenas, em vez da literatura que retratava a ideia do *bon sauvage*.

respostas

Capítulo 1
Atividades de autoavaliação

1. c
2. d
3. a
4. b
5. d

Capítulo 2
Atividades de autoavaliação

1. b
2. c
3. d
4. a
5. b

Capítulo 3
Atividades de autoavaliação

1. c
2. d
3. d
4. c
5. d

Capítulo 4
Atividades de autoavaliação

1. a
2. a
3. b
4. c
5. d

Capítulo 5
Atividades de autoavaliação

1. b
2. c
3. d
4. a
5. b

Capítulo 6
Atividades de autoavaliação

1. d
2. b
3. c
4. a
5. c

sobre os autores

Rui Valese é doutor em Educação pela Universidade Federal do Paraná (UFPR), na linha de Cultura, Escola e Ensino, e graduado em Filosofia pela Pontifícia Universidade Católica do Paraná (PUCPR). É pesquisador do Núcleo de Estudos e Pesquisas sobre o Ensino de Filosofia da UFPR (Nesef/UFPR). Atualmente é professor de Filosofia e disciplinas correlatas do Centro Universitário Internacional Uninter nas modalidades presencial e a distância. É também professor concursado do Estado do Paraná, onde ministra as disciplinas de Filosofia e História na educação básica. Atua como consultor de artigos científicos em revistas especializadas.

Giselle Moura Schnorr é doutora em Educação pela Universidade de São Paulo (USP), mestre em Educação pela Universidade Federal do Paraná (UFPR), especialista em Organização do Trabalho Pedagógico (Setor de Educação UFPR) e graduada em Filosofia (UFPR). Professora do Curso de Filosofia da Universidade Estadual do Paraná (Unespar), *campus* de União da Vitória.

A Escola de Atenas (Scuola di Atene)
Rafael Sanzio, 1509-1510
afresco, 500 × 770 cm
Stanza della Segnatura, Musei Vaticani
Città del Vaticano

Impressão:
Março/2023